Excel
x
Python

퇴근 시간을 앞당겨주는
엑셀 업무자동화를 위한 첫걸음

코드 레시피 **125**

Kazumi Kanehiro
카네히로 카즈미 지음

김은철 , 유세라 옮김

시작하며

요즘 건망증이 심합니다. 중화냉면을 만드는 데 햄 넣는 것을 잊거나, 게살 계란 덮밥에 게맛살 넣는 것을 잊곤 합니다. 먹고 있는 동안에도 모르다가 다 먹고 나서 넣지 않은 걸 깨닫습니다. 나이 탓일까요?

프로그래밍에서도 그렇습니다. 책, 인터넷 기사를 일절 참고하지 않고 술술 코드를 쓸 수 있는 사람은 존경스럽습니다. 보통, 그리 간단하게 코드가 나오지 않습니다. 변명하자면 필자는 여러 개의 프로그래밍 언어를 사용하기 때문에 저쪽 언어에서 이쪽 언어로 전환할 때 좀처럼 코드가 나오지 않아서 곤란하곤 합니다. 저절로 코드가 나오게 될 때까지 시간이 걸리는 겁니다.

이야기를 바꿔, 인터넷에 게재되어 있는 프로그램 코드를 복사해서 그대로 자신의 프로그램에 이용하는 사람을 조롱해서 카피페라머*라고 한다고 합니다. 하지만 자신이 본래 하고 싶은 걸 실현하는 것을 중시하고 코드는 인터넷에서 찾아낸 것을 능숙하게 바꿔서 사용할 수 있는 사람은 프로그래머로서 확실히 성장합니다. 그대로 붙여넣기만 하는 사람은 시간이 지나도 그것을 반복하곤 합니다. 처음에는 조금이라도 좋으니까 스스로 「해본다」는 것이 중요합니다.

하지만 반대로 바쁜 직장인에게 있어서 이미 누군가가 생각한 해법―프로그래밍으로 말하자면 알고리즘이나 로직―이것을 처음부터 생각해 낼 시간은 좀처럼 나지 않을 거라 생각합니다. 이처럼 "수레바퀴의 재발명"을 하지 않도록 프로그래머나 저자는 스킬 향상에 도움이 되는 지식이나 정보를 폭넓게 전파하고 있습니다. 저도 그 중의 한 사람이라고 자부합니다.

이 책은 이것만 컴퓨터 바로 옆에 놔두면 Python으로 Excel 데이터를 가공 처리하고 싶을 때 필요한 코드는 「전부 실려 있다」를 목표로 정리했습니다. 자신이 하고 싶은 것을 실현하는 코드를 이 책에서 찾아서 점차 자신의 일에 도움이 되는 프로그램을 만드는 것이 이 책의 목적입니다.

아무쪼록 잘 활용해 주세요.

2021년 7월 　카네히로 카즈미

---

*역주 : 카피앤페이스트+프로그래머

Contents

Chapter 1

Python의 개요와 Excel을 다루는 라이브러리   11

Chapter 2

프로그래밍 환경 설치하기   33

샘플 파일의 다운로드

이 책에서 소개하는 프로그램 중, 프로그램 코드로서 게재한 것과 프로그램에서 읽어 들이는 파일은 아래의 Web 페이지의 「DLC 자료실」에서 다운로드해서 받을 수 있습니다.

https://cafe.naver.com/akpublishing

다운로드한 파일은 ZIP 형식입니다. 수록되어 있는 파일에 대해서는 ZIP 파일을 압축 해제하고 나오는 「먼저 읽어주세요.txt」를 참고해주세요.

- 이 책에서 소개하는 프로그램 및 조작은 2022년 4월 말 기준의 환경에 의거하고 있습니다. 또한, 프로그램의 조작에 대해서는 Python3.10.0에서 검증했습니다.
- 이 책 발행 후에 OS, Excel을 포함하는 Microsoft Office, Python, 관련된 라이브러리 등이 업데이터됨으로써 지면대로 동작하지 않거나 표시가 다를 수 있습니다. 미리 양해 부탁드립니다.
- 이 책에 의거해 조작한 결과, 직접적, 간접적 피해가 생겼을 경우에도 (주)AK 커뮤니케이션즈 및 저자는 어떠한 책임도 지지 않습니다. 자신의 책임과 판단하에 이용하시길 바랍니다.

Python의 개요와 Excel을 다루는 라이브러리

01 Python 개요

Python은 프로그래밍 언어입니다. 퍼스널 컴퓨터 등의 컴퓨터 기기를 자신의 생각대로 움직이고 싶을 때는 프로그래밍 언어를 사용해서 프로그램을 만듭니다.

프로그래밍 언어는 C 언어로 대표되는 컴파일러형 언어(미리 기계어로 번역한 후 실행)와 JavaScript로 대표되는 인터프리터 언어(1행씩 해석하면서 실행하는 언어)로 크게 나뉩니다. Python에 해당하는 것은 인터프리터 언어입니다.

Python은 비교적 최근의 언어로 객체 지향 프로그래밍 언어 중 하나입니다. Python에서 다룰 수 있는 데이터는 모두 객체(오브젝트)입니다. 이 책으로 프로그래밍이 처음이거나 프로그래밍을 시작한 지 얼마 되지 않은 분은 이렇게 말하면 당황할 수도 있습니다. 일단 「데이터는 모두 오브젝트다」만 기억해 두세요.

Python에는 2000년에 공개된 2.x계와 2008년에 공개된 3.x계가 있는데 현재 유지 보수되고 있는 주류는 3.x 계열입니다. 앞으로도 계속 사용할 것을 고려해서 이 책에서는 3.x계를 다룹니다.

Python은 읽고 쓰기 쉬운 프로그래밍 언어로 알려져 있습니다. 그 이유 중 하나는 언어 사양의 간단함입니다. Python이 학습 비용이 낮은 프로그래밍 즉, 비교적 단시간에 습득할 수 있는 이유는 예약어가 적기 때문입니다. 예약어란 이름 그대로 프로그래밍 언어 내에서 예약된 단어이며 특별한 의미를 갖습니다. True나 class가 대표적인 예약어입니다.

프로그램 내에서 특별한 의미를 가진 예약어의 종류가 많으면 프로그램을 작성하기 전에 알아 두어야 할 것이 많아집니다. Python은 Java 등과 비교하면 그 예약어가 적기 때문에 언어 사양이 간단하다고 말할 수 있는 것입니다.

Python 프로그램을 읽고 쓰기 쉬운 또 하나의 이유는 인덴트가 문법이라는 특징이 있습니다. 인덴트는 들여쓰기입니다. 많은 프로그래밍 언어에서는 인덴트는 사람이 프로그램을 보기 쉽게 하기 위한 "작법"입니다. 문법적으로는 의미를 갖지 않습니다. 그러나 Python에서는 인덴트가 문법적인 의미를 갖습니다. 보기 쉽게 하기 위한 작법과 문법이 일치하므로 코드가 읽기 쉬워진다는 특징이 있습니다.

02 Python의 이용 범위를 안다

Python에 대해서 잘 모르는 분을 위해 조금 더 깊이 있게 설명합니다.

폭넓은 환경에서 동작한다

　Python은 많은 사람이 이용하는 Windows나 MacOS는 물론 Ubuntu(우분투) 등의 Linux OS상에서도 동작합니다. 물론, 책상 위에서 사용하는 클라이언트 PC 뿐만 아니라 서버 혹은 클라우드에 있는 서버상에서도 동작합니다. 또한, 요구하는 리소스가 적으므로 Raspberry Pi와 같은 저렴한 원보드 컴퓨터상에서도 동작합니다. 여기에서 말하는 리소스란 메모리나 하드 디스크 등의 용량을 말합니다.

　각종 OS와 그에 대응하는 Python이 있으면 다양한 환경에서 목적하는 프로그램을 만들고 실행할 수 있는 것입니다.

Python이 힘을 발휘하는 영역

　Python에 국한하지 않고 프로그램을 작성하는 이유는 거기에 해결해야 할 문제가 있기 때문입니다. Python 프로그램은 어떤 목적에 사용되는 걸까요?

　필자가 보니까 Web 어플리케이션, 데이터 분석, 기계학습, 데스크톱 어플리케이션이 많은 것 같습니다. Web 어플리케이션은 브라우저에서 이용하는 소프트웨어로 서버상에서 장고(Django) 등 Python 프레임워크를 사용해서 동작하도록 개발합니다. 많은 Web 어플리케이션은 데이터베이스와 데이터를 주고받으며 그 결과를 HTML(Hypertext Markup Language: 하이퍼텍스트·마크업·랭귀지)로서 이용자의 브라우저로 반환합니다.

다른 영역에서의 이용에 대해서도 살펴봅시다. Python은 수치 계산에 강하다고 합니다. 그러므로 Python은 데이터 분석(해석)에 자주 사용합니다. 수치 계산 라이브러리인 Numpy나 과학기술 계산 라이브러리인 Scipy, 데이터를 가시화하는 그래프 그리기 라이브러리인 Matplotlib, Excel 데이터도 지원하고 있는 데이터 분석용 라이브러리 pandas 등을 사용해서 데이터 분석을 할 수 있습니다.

기계학습(Machine Learning, 머신러닝) 분야에서도 Python이 주목받고 있습니다. 그 이유는 언어의 습득에 걸리는 시간이 짧을 뿐만 아니라 기계학습 라이브러리가 충실하기 때문입니다. NumPy나 SciPy와 함께 사용하는 Scikit-learn(사이킷·런), TensorFlow(텐서플로우), PyTorch(파이토치) 등이 기계학습에서 자주 사용되는 라이브러리입니다.

시스템 프로그램이나 툴 개발에 많이 사용되는 Python이지만 GUI(Graphical User Interface, 그래피컬·유저·인터페이스)를 갖춘 데스크톱 어플리케이션의 개발에도 사용됩니다. 데스크톱 어플리케이션이라는 호칭은 Web 어플리케이션의 대의어처럼 퍼졌으나 컴퓨터에 설치되어 사용하는 보통의 어플리케이션입니다. 라이브러리 Tkinter, Kivy, PyQt를 사용해서 GUI 어플리케이션을 작성할 수 있습니다.

03 라이브러리를 안다

「라이브러리」라고 무심코 사용했으나 라이브러리는 Python의 특징 중 하나입니다. 프로그래밍 용어로 라이브러리라는 것은 어떤 목적을 달성하기 위한 프로그램 부품을 모은 것입니다. Python으로 다양한 목적의 프로그램을 작성할 수 있는 이유는 프로그램의 작성에 도움이 되는 라이브러리가 풍부하게 준비되어 있기 때문입니다. 「이런 기능이 필요하다」라고 했을 때에 모두 처음부터 스스로 만드는 것은 힘듭니다. 그 기능을 실현하기 위한 부품이 라이브러리입니다. 그러한 부품이 많이 준비되어 있기 때문에 Python으로 프로그램을 만드는 사람에게 도움이 되는 것입니다.

여기서는 조금 더 라이브러리에 대해서 자세하게 설명합니다.

표준 라이브러리와 외부 라이브러리

Python의 라이브러리에는 표준 라이브러리와 외부 라이브러리가 있습니다. 표준 라이브러리는 Python을 설치하면 동시에 설치되어 처음부터 이용할 수 있습니다. 한편, 외부 라이브러리는 필요에 따라 별도 설치하는 라이브러리입니다. 프로그램을 만드는 데 필요한 것만 설치하면 되는 것입니다.

그리고 이러한 라이브러리는 같은 절차로 이용할 수 있습니다. 설치가 필요한지 여부가 다를 뿐 프로그램에서 이용할 때에는 표준, 외부에 차이는 없습니다.

모듈과 패키지

라이브러리가 제공되는 형태로는 모듈과 패키지가 있습니다.

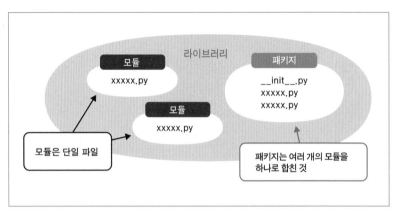

그림 1-1　라이브러리는 모듈이나 패키지로 제공된다

모듈은 하나의 xxxxx.py 파일로 제공되는 Python 프로그램입니다. 한편, 패키지는 모듈의 모임입니다. 패키지는 각각의 폴더에 하나로 합쳐서 제공되며 반드시 파일 __init__.py가 포함되어 있습니다.

표준 모듈과 패키지는 Python을 설치한 디렉터리 아래의 Lib 디렉터리에 설치됩니다.

대표적인 표준 라이브러리, 외부 라이브러리에는 다음과 같은 것이 있습니다.

표1-1 대표적인 라이브러리

라이브러리명	목적	구분
string	문자열 조작	표준
re	정규표현	표준
datetime	날짜나 시각을 다룬다	표준
random	난수 생성	표준
pathlib	객체 지향의 파일 시스템 경로	표준
sqlite3	sqlite3 데이터베이스	표준
zipfile	zip 압축	표준
shutil	고수준의 파일 조작	표준
NumPy	수치 계산	외부
SciPy	과학기술 계산	외부
pandas	데이터 분석	외부
Matplotlib	그래프 그리기	외부
Pygame	게임 작성용	외부
simplejson	JSON 인코드·디코드	외부
Django	웹 프레임워크	외부
Beautiful Soup	스크래핑(HTML로부터 정보 추출)	외부
scikit-learn	기계학습	외부
TensorFlow	기계학습	외부
Pytorch	기계학습	외부
Tkinter	GUI	외부
Kivy	GUI	외부
PyQt	GUI	외부

04 Excel용의 라이브러리를 안다

Excel 파일을 조작하는 라이브러리도 실은 상당한 수가 공개되어 있습니다.

표1-2 Python에서 Excel을 조작하기 위한 라이브러리

라이브러리명	목적
openpyxl	Excel 파일(.xlsx)을 읽고 쓸 수 있다
pandas	Excel 파일(.xls, .xlsx)을 읽고 쓸 수 있다
xlrd	Excel 파일(.xls, .xlsx)의 데이터를 읽어 들일 수 있다
xlwt	Excel 파일(.xls)에 데이터와 포맷을 써넣을 수 있다
xlswriter	Excel 파일(.xlsx)에 데이터와 포맷을 써넣을 수 있다

다만, 이 표를 보면 알 수 있듯이 대응하는 Excel 버전에 차이가 있습니다. 확장자[1]가 .xls인 파일은 Excel97-2003 형식의 Excel 파일입니다. .xlsx는 Excel 2007 이후의 Excel에서 사용할 수 있는 형식입니다. 만약 자신의 Windows 컴퓨터에서 확장자가 표시되지 않으면 파일 탐색기(익스플로러) 설정을 바꿔서 확장자를 표시해 보세요. Windows 10의 경우, 「보기」탭에서 「파일 확장명」에 체크를 넣으면 확장자가 표시됩니다.

---

[1] 확장자란 파일의 종류를 식별하기 위해 파일의 끝에 붙이는 .(도트)부터 시작되는 부분을 말합니다.

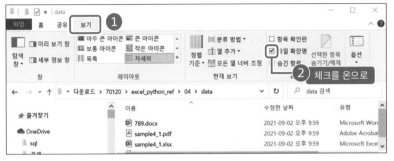

그림 1-2 익스플로러에서 확장자를 표시하는 설정

이 책에서는 현행의 파일 형식인 확장자가 .xlsx인 Excel 파일을 읽고 쓸 수 있으
며 세세히 조작할 수 있는 openpyxl 라이브러리를 중심으로 설명합니다.

또한, Excel상에서 동작하며 VBA를 대체할 수 있는 라이브러리도 있습니다.
pywin32는 Python에서의 COM[*2]을 이용한 Excel 조작을 실현하며, xlwings나
PyXLL로는 Excel상에서 VBA처럼 Python을 이용할 수 있습니다. 다만, 사용하기
위한 준비가 힘들고, PyXLL처럼 유료인 것도 있으므로 이 책에서는 다루지 않습니
다.

---

*2 COM은 Component Object Model(컴포넌트·오브젝트·모델)의 약자로 프로그램을 독립한 처리를 시행하는 소프트웨어·컴포넌
트로 구성하는 객체 지향 프로그래밍 모델의 하나입니다. COM은 여러 가지 프로그래밍 언어에서 호출할 수 있는 소프트웨어 부품의
기술 사양으로서 1990년대 후반에 Microsoft가 발표한 것입니다.

05 VBA가 아닌 Python으로 Excel을 다루는 이유를 안다

Excel이나 PowerPoint를 비롯한 Microsoft Office 소프트웨어에서는 VBA(Visual Basic for Applications)를 사용할 수 있습니다. 특히 설치를 하지 않아도 간단한 설정으로 전용 프로그래밍 환경을 이용할 수 있습니다. 그런데도 굳이 Python을 설치하고 Excel 파일을 다루는 이유는 무엇일까요?

프로그램과 데이터를 분리할 수 있다

Excel VBA에서는 같은 파일에 Excel 시트로 이루어진 데이터와 VBA에서 작성한 프로그램이 저장됩니다. 대부분의 경우 사용자가 다루는 Excel 파일은 많이 있으며, 같은 VBA 프로그램에서 가공하거나 집계하고 싶은 데이터는 여기 저기 파일에 분산되어 있습니다. VBA의 경우 사용하고 싶은 프로그램을 저쪽 Excel 파일에서 익스포트(꺼내기)하거나 이쪽 Excel 파일에서 임포트(넣기)할 수 없습니다. 즉, 데이터의 수만큼 프로그램이 필요합니다. 프로그램을 만드는 것은 1회로 끝난다고 해도 새로운 데이터가 생길 때마다 프로그램을 익스포트/임포트해야 합니다.

그에 반해 Python을 사용하면 프로그램과 프로그램을 나눌 수 있습니다. 새로운 Excel 파일이 증가해도 단지 단순하게 그 파일을 대상으로 프로그램을 실행하는 것만으로 처리할 수 있습니다.

또한, VBA를 사용해서 Excel 내에서만 동작하는 프로그램을 만들면 VBA로는 처리하기 어려운 부분은 시트상의 함수를 사용해서 보조해야 하는 등, 어디까지를 Excel 함수로 처리하고 어디까지를 프로그램으로 처리할지 구분하기 어려운 경우가 있습니다. 「만들어 넣은 Excel 데이터는 다루기 어렵다. 만든 본인 이외에는 손을 쓸수 없다」는 말은 이런 데에도 원인이 있습니다. Python으로 프로그램을 만들면 데이터와 프로그램으로 분리할 수 있으므로 이런 부분을 해소할 수 있습니다.

Excel 데이터에 풍부한 라이브러리의 기능을 적용할 수 있다

VBA는 Excel이나 Access에 특화되어 있으므로 그 전용 기능을 최대한 활용할 수 있습니다. 그 점에서 「VBA에서만 할 수 있는 것」이 있는 것은 사실입니다. 그러나 그 이외의 기능을 위해서 외부 소프트웨어를 사용하려고 하면 일반적인 방법으로는 구현할 수 없습니다.

또한, Python에는 풍부한 라이브러리가 있습니다. Excel 데이터를 데이터 분석용 라이브러리로 분석하거나 데이터베이스에 등록하면 Excel 데이터의 활용폭이 넓어집니다.

프로그래밍 학습에 있어서의 비용과 이점

만약 이 책을 읽는 여러분이 VBA를 이미 잘 다루고 있다면 거기에 덧붙여 Python도 공부하는 것을 추천합니다. 만약에 VBA도 Python도 처음이라면 먼저 Python을 공부하길 추천합니다.

프로그래밍 학습에 있어서 비용이라는 것은 돈이 아닙니다. 그 프로그래밍 언어를 습득하는 데 걸린 시간이 주는 이점에 비해 균형이 잘 잡혀 있는지를 생각하는 것입니다. Excel VBA를 배우면 Excel 데이터를 자유롭게 다룰 수 있을 뿐만 아니라 조금 더 공부를 하면 Access의 데이터도 잘 다루게 될 것입니다. 그러나 같은 Microsoft Office의 제품이라고 해도 Win판과 Mac판은 OS 유래의 차이가 있고, Office 호환이라는 다른 제조사의 소프트웨어에 VBA 호환성은 없습니다. VBA를 배우는 데 Windows의 Excel 데이터만 다룬다면 다른 환경을 생각해야 하는 경우보다도 학습 비용이 낮아질 수 있으나 그 후의 전개는 없습니다.

Python으로 Excel 데이터를 처리하는 방법을 배우면 Python 프로그래밍 그 자체의 지식을 습득합니다. 프로그래밍 전반에서 할 수 있는 것으로 Excel 데이터를 전개할 수 있게 됩니다.

또한, 프로그래밍 언어에는 그 언어가 작성되었을 때의 맛이 있습니다. VBA는 베이직 언어에서 파생된 Visual Basic(비주얼 베이직)을 기본으로 작성된 개발 환경으로 긴 역사가 있습니다. 실례되는 말이지만 "고리타분한 문법"을 끌고 가고 있습니다.

반면 Python은 다른 새로운 프로그래밍 언어와 비슷한 점이 많습니다. 예를 들어서 C나 C++ 언어를 대체할 수 있을 것으로 기대되는 것에 Rust라는 언어가 있습니다. Python이 인터프리터 언어이고, Rust가 컴파일러 언어라는 큰 차이가 있는데도 불구하고 문법적으로는 비슷한 점이 있습니다. 프로그래밍 언어에는 그 시대, 시대의 맛이 있습니다. 만약 앞으로 다음 언어를 배울 때 그때까지 습득한 지식이나 스킬을 살리기 쉬운 것은 VBA보다 Python이라고도 할 수 있을 것입니다.

그래서 프로그래밍을 배운다면 가능한 한 새로운 언어로 배우는 것이 바람직하다고 생각합니다.

06 openpyxl을 안다

이 책이 주로 이용하는 openpyxl 라이브러리의 도큐먼트는 다음 url에 있습니다.

https://openpyxl.readthedocs.io/en/stable/index.html

설명이 모두 영어인데 그 점이 문제가 되지 않는다면 Tutorial 프로그램을 실습해서 openpyxl에 입문할 수도 있습니다.

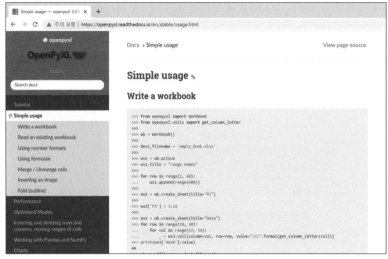

그림 1-3　openpyxl의 공식 문서로서 준비되어 있는 Tutorial

　오브젝트나 메서드 등에 대해서 더욱 자세히 알고 싶으면 Search docs의 텍스트 박스에 키워드를 입력하여 Search(검색)할 수 있습니다.

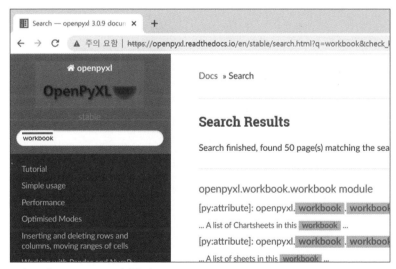

그림 1-4　「workbook」으로 검색한 것

검색하면 자세한 사용법을 알 수 있으나 필자가 가장 마음에 든 것은 source의 링크를 클릭하면 openpyxl 라이브러리 본체의 소스 코드를 읽을 수 있는 것입니다.

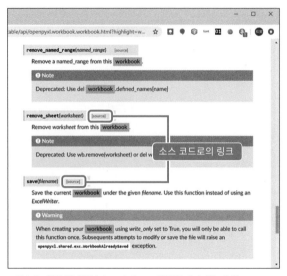

그림1-5 검색 결과로부터 worksheets 관련의 페이지를 연 것

실제로 어떻게 구현되어 있는지 알 수 있으므로 사용법을 잘 모를 때 활용하기 좋습니다. 또한, 스스로 라이브러리를 만들 생각은 없더라도 베테랑 개발자가 만든 좋은 코드를 읽는 것은 프로그래머에게 성장할 수 있는 계기를 줄 것이라고 생각합니다. 그 점에서도 활용할 만한 문서입니다.

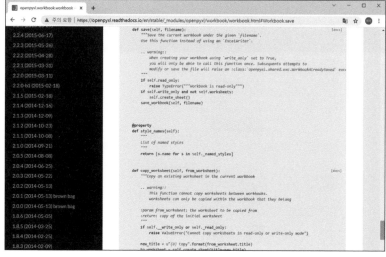

그림 1-6　openpyxl의 소스 코드(일부)

07 pandas 라이브러리를 안다

　이 책에서는 데이터 분석 라이브러리 pandas도 ExcelxPython의 응용으로서 다룹니다. 그래서 pandas에 대해서도 알아 둡시다.

　pandas 공식 사이트는 https://pandas.pydata.org/에 있습니다.

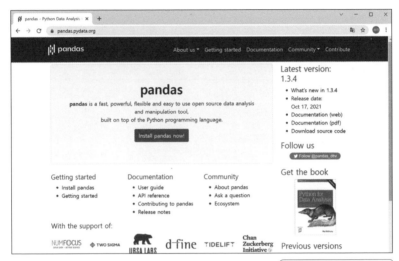

그림 1-7   pandas의 Web 사이트

https://pandas.pydata.org/

pandas 라이브러리를 사용하면 CSV[*3]나 Excel 시트를 읽어 들여 데이터를 분석할 수 있습니다.

이 사이트의 User guide와 API reference가 도움이 될 것입니다.

---

*3   CSV는 Comma Separated Value의 약자입니다. Comma(콤마)로 Separated(구분한) Value(값)이라는 의미입니다. CSV 파일의 확장자는 csv이지만 텍스트 파일이므로 메모장 등의 텍스트 에디터에서 열 수 있습니다. 물론 Excel에서도 열 수 있습니다.

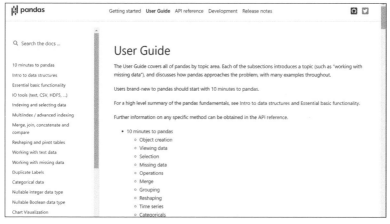

그림 1-8   pandas의 User guide

그림 1-9   Viewing data에서 어떻게 기술하면 데이터가 어떻게 보이는지를 알 수 있다

User guide의 10 minutes to pandas 내용을 읽어 보면 pandas로 할 수 있는 것이 무엇인지 알 수 있을 것입니다. 시간이 있으면 꼭 훑어보세요.

프로그래밍에 도움이 되는 것은 API reference입니다.

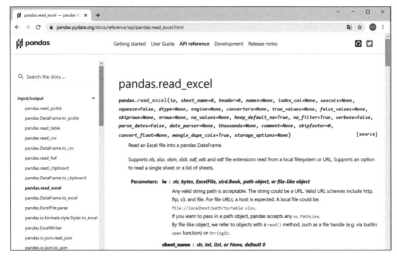

그림 1-10 API reference에 게재된 pandas.read_excel의 설명

영어가 많아서 읽기 힘들다고 느끼는 분도 있을 것 같지만 샘플 코드도 실려 있으
므로 시간이 있을 때 살펴보세요.

그림 1-11 각 API에서는 Examples로서 샘플 코드가 소개되어 있다

물론 pandas 라이브러리를 사용한 분들이 한국어로 정보를 정리한 사이트를 활용해도 좋습니다. 다만, 의문점이 있거나 내용 해석에 어려움이 있다면 최종적으로는 공식 사이트에서 원문을 참고하는 것이 가장 확실할 것입니다.

08 어떤 라이브러리가 있는지를 안다

Python에서 여러 목적의 프로그램을 작성할 수 있는 이유는 라이브러리의 풍부함에 있다는 것은 이미 설명하였습니다. 이미 있는 코드를 있는 줄도 모르고 처음부터 만드는 작업은 하지 말아야 할 것입니다. 그러한 필요 없는 코딩은 「바퀴의 재발견」이라고 야유를 받습니다. 그런 헛걸음을 하지 않기 위해서는 어떤 라이브러리를 이용할 수 있는지를 알아 두는 것, 자신이 필요로 하는 기능을 갖는 라이브러리는 어떤 것인지를 알아 두는 것도 중요합니다. 그렇지만 필자는 프로그래밍 공부에 있어서는 바퀴의 재발명은 매우 가치가 있다고 생각합니다. 그건 그렇고, 우선 표준 라이브러리의 기능을 알아봅시다.

표준 라이브러리는 Python 공식 사이트에 도큐먼트가 있습니다.

https://docs.python.org/ko/3/library/index.html

이 페이지를 열어 보면 표준 라이브러리만도 많은 종류가 있다는 걸 알 수 있습니다.

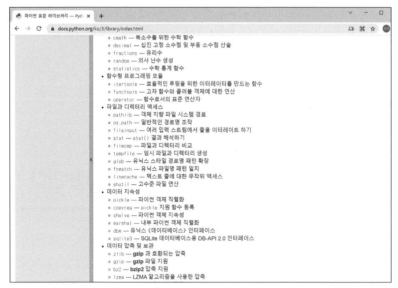

그림 1-12　표준 라이브러리가 열거되어 있다

어떤 표준 라이브러리가 있는지 살짝 훑어보면 좋을 것입니다.

외부 라이브러리(서드파티)는 더욱 확대되고 있습니다. 위 페이지에서 파이썬 페이지 색인 링크를 클릭하면 외부 라이브러리를 통합한 사이트에 연결됩니다. 이것은 Python Package Index(PyPI)라는 외부 라이브러리의 리포지터리(저장소)입니다. 직접 열려면

https://pypi.org/

에 연결하세요. 여기에 많은 라이브러리가 저장되어 있습니다.

다음 그림은 CSV로 검색한 것입니다.

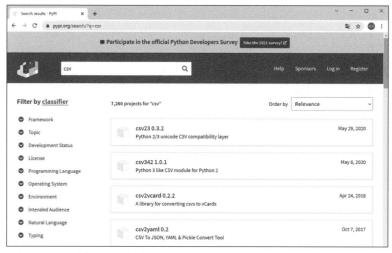

그림 1-13   PyPI에서 CSV를 검색한 것

「7260 projects for "CSV"」라고 있듯이 CSV에 관련된 많은 라이브러리가 등록되어 있습니다.

이중 하나를 선택하면 각 라이브러리의 상세를 참조할 수 있습니다. 영문이지만 「Project description」을 읽고 내용을 이해하고, 그 아래에 있는 Examples에서 샘플 코드를 읽어 목적에 맞는지 여부를 판단할 수 있습니다.

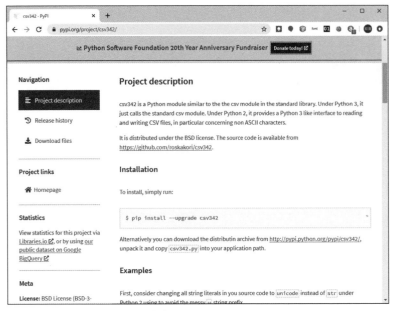

그림1-14 csv342의 상세 페이지를 연 것

각 라이브러리의 신뢰성은 「Release history」를 보고 최종 갱신은 언제, 어느 정도의 빈도로 업데이트 되어 있는지 등을 확인하면 좋을 것입니다.

이 책에서는 다음의 Chapter2에서 Python, Visual Studio Code를 설치하고 그사용법부터 설명을 시작해 여러 가지 샘플 코드를 설명합니다. Excel을 다루는 것만으로도 많은 코드가 나옵니다. Chapter4 이후는 순서대로 읽는 것도 좋지만 그것보다 독자 여러분이 하고 싶은 것을 찾아서 읽길 바랍니다. 필요한 기능을 찾으면서 그걸 위해서 기술하는 코드를 찾고 그것을 조합해서 자신의 업무 전용 자동화 프로그램을 만들어 활용한다—. 그런 식으로 사용해 주신다면 필자로서는 매우 기쁠 것입니다. 다만, Chapter12는 응용편으로 고급 처리 방법도 상당히 심도 있게 설명합니다. 결코 간단하지 않으므로 기초편인 Chapter4부터 11까지의 장에서 충분한 연습을 하고 나서 읽기 바랍니다.

프로그래밍
환경 설치하기

이 장에서는 Excel 조작을 자동화하는 Python 프로그램을 만들기 위한 환경을 준비합니다. 일반적인 직장인이라 가정하고 Windows 10 컴퓨터에서 프로그래밍을 하기 위해서 필요한 소프트웨어를 설치합니다. 설치하는 것은 Python 본체 및 Excel을 조작하기 위한 라이브러리 openpyxl, 개발 툴인 Visual Studio Code입니다. 샘플 프로그램을 실행하기 위한 환경에 대해서도 설명합니다.

01 Python을 설치한다

먼저 Python을 설치합시다. Web 브라우저에서 Python 공식 사이트에 연결합니다.

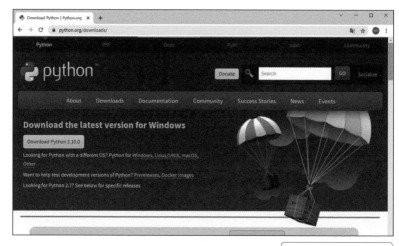

그림 2-1 공식 사이트 Python.org의 다운로드 페이지   https://www.python.org/

페이지의 위에서 Download 링크를 클릭하면 「Download for Windows」처럼 사용할 환경에 맞는 최신판 다운로드용 버튼이 표시됩니다. 이 책 집필 시점의 최신판은 3.10.0인데 독자 여러분은 현재 설치 시점에서의 최신판을 이용하세요. 또한, Python에는 2.6처럼 2계열도 공개되어 있는데 더이상 적극적인 유지 보수는 이뤄지지 않는 것 같습니다. 그래서 3계열을 사용하세요. 위와 같이 하면 자연스럽게 3계열을 다운로드하게 될 것입니다.

다운로드용의 버튼(그림2-1에서는 「python3.10.0」이라고 표시되어 있다)을 클릭하면 설치용 파일 다운로드가 시작됩니다. 다운로드한 파일을 더블 클릭하면 설치가 시작됩니다[*1].

설치 중에는 몇 가지 설정을 변경하거나 확인해 두고 싶은 점이 있습니다.

처음 화면에서는 「Add Python 3.10 to PATH」에 체크를 합니다. 이렇게 해 두면 일일이 Python을 설치한 폴더로 이동하지 않아도 Python을 실행할 수 있습니다.

[*1] 설치 도중에 「이 앱이 디바이스에 변경하는 것을 허가합니까?」라는 확인 화면(사용자 계정 제어)이 표시될 때는 「네」를 선택하고 설치를 진행하세요.

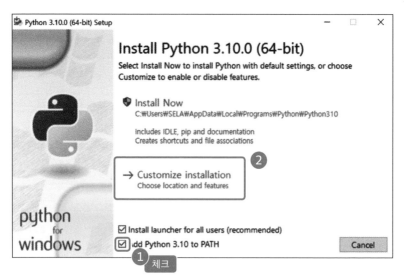

그림 2-2   설치의 첫 화면에서 설정을 변경

더불어 사용하기 쉬운 환경으로 설정하기 위해서는 「Customize installation」을
클릭합니다. 그러면 「Optional Features」 화면으로 바뀝니다.

이 선택 화면에서는 기본으로 모든 항목에 체크가 되어 있는지를 확인하고 그대
로 「Next」 버튼을 클릭하세요. 계속해서 「Advanced Options」 화면입니다.

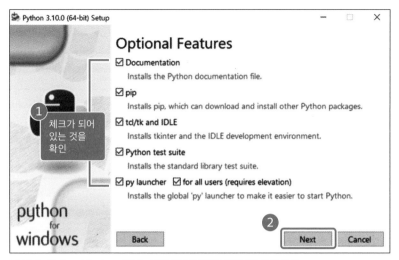

그림2-3　Optional Features에서는 모든 항목에 체크가 되어 있는지를 확인

Advanced Options 화면에서는 「Associate files…」, 「Create shortcuts…」, 「Add Python to environment variables」 세 항목에 체크가 된 상태에서 Customize install location 란에서 Python을 설치할 위치(디렉터리)를 변경합니다. 기본 상태로는 디렉터리 계층이 깊으므로 조금 더 단순한 디렉터리로 변경합니다.

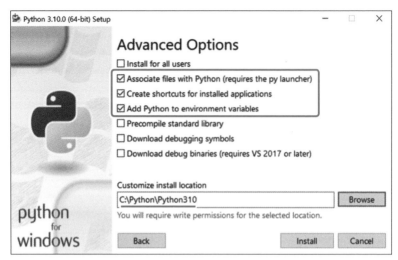

그림 2-4 설치 위치를 단순한 디렉터리로 변경한다

여기에서는 「C:\Python\Python310」으로 계층을 얕게 했습니다. 화면상의 백슬래시 「\」는 「₩」를 뜻합니다. 중요한 것은 디렉터리를 나타내는 문자열(경로)이 짧아지도록 하는 것입니다. 변경이 끝났으면 「Install」 버튼을 클릭해서 설치를 진행합시다. Setup was successful라고 표시되면 설치가 완료된 것입니다.

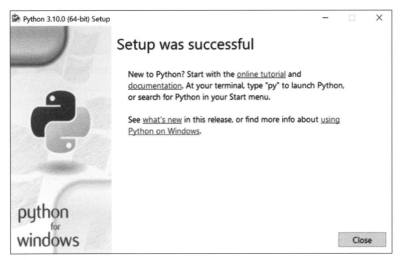

그림 2-5 설치 완료

버전에 따라서는 설치 완료 화면의 아래쪽에 「Disable path length limit」라는 메시지가 표시되기도 합니다. 그것을 클릭하면 OS에 설정되어 있는 경로의 길이 제한 (MAX_PATH)을 해제할 수 있습니다. 여기서는 설치 위치가 단순한 경로명이 되도록 설치했으므로 이 설정을 변경하지 않아도 됩니다. OS의 설정을 변경하지 않고 끝내도록 설치 위치를 변경했다는 측면도 있습니다. 여기에서는 「Close」 버튼을 누르고 설치를 마칩시다.

여기에서 설치의 첫 화면(그림 2-2)에서 「Add Python 3.10 to PATH」에 체크를 한 결과를 확인합시다. 시작 버튼을 누르고 Windows 시스템 툴에서 제어판을 실행하여 제어판에서는 「시스템 및 보안」을 선택합니다.

그림 2-6   제어판이 열리면 「시스템 및 보안」을 선택

그리고 시스템을 선택합니다.

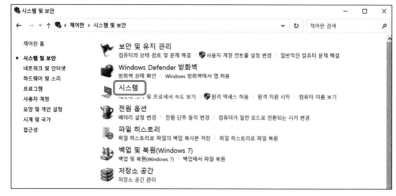

그림 2-7   「시스템 및 보안」에서는 「시스템」을 선택

「시스템」이 열리면 왼쪽의 「고급 시스템 설정」을 클릭하세요.

그림 2-8 「시스템」에서는 「고급 시스템 설정」을 클릭

「시스템 속성」이 열리고 고급 탭의 환경 변수 버튼을 클릭합니다.

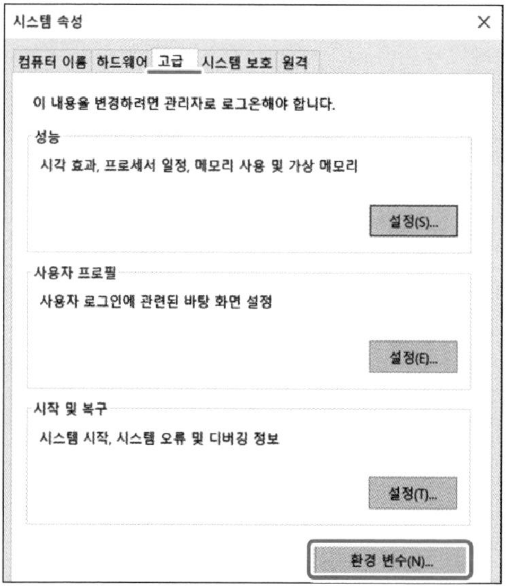

그림 2-9 「고급」 탭의 「환경 변수」를 클릭

그러면 「환경 변수」 윈도가 열립니다. 여기에서 「**에 대한 사용자 변수」의 「Path」에 Python을 설치한 디렉터리와 서브 디렉터리 Scripts가 추가되어 있는 것을 확인합니다.

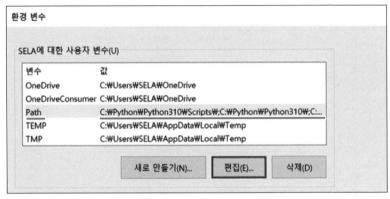

그림 2-10　환경 변수의 Path를 확인한다

이로써 어느 디렉터리에 있어도 Python을 실행할 수 있게 되었습니다. Path의 2번째에 등록되어 있는 Scripts 디렉터리에는 라이브러리를 설치하는 pip 명령이 있습니다. 이로써 pip 명령도 실행 파일이 어디에 있는지를 신경 쓰지 않고 이용할 수 있게 되었습니다.

02 Python의 동작을 확인한다

먼저 이 단계에서 Python을 실행하고 동작을 확인해 봅시다.
시작 메뉴에 Python3.10이 추가되어 있으므로 IDLE[2]를 클릭해서 실행합시다.

그림 2-11 시작 메뉴에 Python 폴더가 생겼다

실행하면 「Python3.10.0 Shell」이라는 윈도가 표시됩니다(다음 페이지). 이것은 대화형의 Python 실행 환경입니다. 이 화면으로부터 Python의 프로그램 파일을 만들거나 실행할 수도 있습니다. 여기에서는 1행만 프로그램을 입력하고 실행해 봅시다. Python의 프롬프트(>>>)에

---

*2 「IDLE」는 (Python's) Integrated Development and Learning Environment의 약자입니다.

```
print("Hello, Python")
```

라고 입력하고 Enter 키를 누르면 Hello, Python 이라고 표시됩니다.

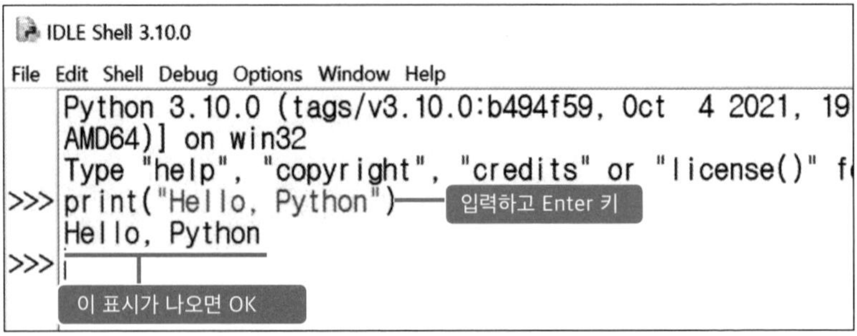

그림 2-12 Python IDLE가 실행되었으므로 print("Hello, Python") 이라고 입력한다

　이로써 Pyhon 동작 확인은 OK입니다. 여기에서 실습한 것은 Python 언어의 문자열, 수치를 표시하는 print 함수의 인수에

```
"Hello,Python"
```

이라는 문자열을 건네고 이것을 출력하는 프로그램 코드를 실행한 것입니다.

03 Visual Studio Code를 설치한다

이 책에서는 Visual Studio Code로 Python 프로그램을 만듭니다. Visual Studio Code는 Microsoft가 프로그램 제작을 지원하는 무료 도구로 이것을 사용하면 프로그래밍이 훨씬 편해집니다. Visual Studio Code에서는 프로그램 편집뿐만이 아니라 프로그램의 실행이나 효율적인 디버깅[3]을 할 수 있습니다.

Visual Studio Code(이하 VS Code로 줄임)를 받으려면 공식 사이트(https://code.visualstudio.com/)에서 설치용 프로그램을 다운로드합니다.

https://code.visualstudio.com/

그림 2-13 　 VS Code 공식 사이트에서 Windows판을 다운로드

Windows 컴퓨터에서 공식 사이트를 열면 「Download for Windows」 버튼이 표시됩니다. 이것을 클릭해서 실행 형식의 파일을 다운로드합니다. 사이트 측에서 자동으로 사용자측의 OS를 판별해 주므로 MacOS를 사용하는 경우는 「Download

---

*3　디버그는 프로그램의 버그라는 결함을 찾아 없애는 작업을 말합니다.

for Mac」 버튼이 표시됩니다.

버튼의 2번째 행에 표시되어 있는 「Stable Build」는 안정판이라는 의미입니다. 소프트웨어에 따라서는 alpha판(테스트판), beta판(체험판), Release Condidate(릴리즈 후보) 등을 정식판보다 먼저 공개하고, 새로운 기능을 먼저 소개하거나 사용자에게 테스트를 의뢰, 평가를 요구하기도 합니다. 이러한 절차를 거쳐 개량된 완전한 Stable Build가 공개됩니다.

다운로드한 파일 「Download for Mac」을 더블 클릭하면 설치가 시작됩니다. 처음에 사용권 계약의 동의를 요구합니다. 동의를 하고 다음으로 진행합시다. Visual Studio Code의 설치에서는 거의 설정을 변경할 부분은 없습니다. 설치 장소의 지정 화면에서도 특별히 필요가 없으면 표시된 디렉터리 그대로 다음으로 진행하세요. 시작 메뉴 폴더의 지정도 표시 그대로 특별히 변경할 필요는 없습니다.

다만 「추가 작업 선택」 화면에서는 「PATH에 추가」에 체크가 되어 있는 것을 확인합니다. 기본적으로는 초기 상태에서 체크가 온으로 되어 있을 것입니다. 그대로 「다음」 버튼을 클릭해서 다음 화면으로 진행하고 설치 버튼을 클릭해서 설치를 완료합시다.

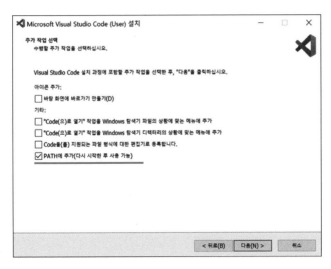

그림 2-14 추가 작업 선택 화면에서 「PATH에 추가」를 확인

설치 마법사 완료 화면이 표시되면 「Visual Studio Code 실행」에 체크가 되어 있는 상태에서 종료를 클릭합니다.

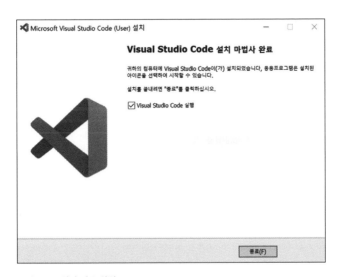

그림 2-15 설치 완료 화면

그러면 Visual Studio Code가 실행됩니다.

04 VS Code를 한국어화한다

VS Code는 설치한 것 외에 추가 준비를 해야 합니다. Python 프로그래밍을 위해서는 확장 기능(익스텐션)이 필요합니다. 우선은 VS Code를 한국화하기 위한 확장 기능(Korean Language Pack for Visual Studio Code)를 넣읍시다.

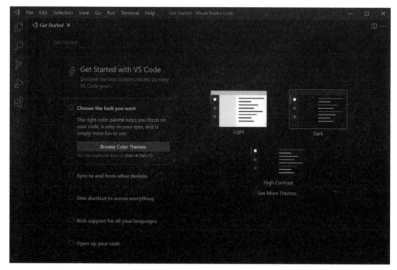

그림 2-16　첫 VS Code를 시작한 것. 표기가 영어로 되어 있다

설치 직후에는 위 그림처럼 VS Code는 전부 영어입니다. 화면 왼쪽에 나열되어 있는 메뉴의 위에서부터 5번째에 있는 Extensions 아이콘을 클릭합니다. 그러면 확장 기능을 검색하기 위한 박스 「Search Extensions in Marketplace」가 표시되므로 「Korean」으로 검색합니다.

왼쪽의 페인에 Korean으로 시작하는 확장 기능이 목록 표시되므로 가장 위에 있는 것을 클릭합니다. 그것이 Microsoft의 Korean Language Pack for Visual Studio Code인 것을 확인하고 install을 클릭합니다.

그림 2-17 「Korean」으로 확장 기능을 검색하고, 가장 위에 표시된 Microsoft의 「Korean Langua…」를 설치

다만 이것만으로는 한국어화되지 않습니다. VS Code를 다시 실행해야 하므로 화면 오른쪽 아래에 표시된 「Restart」 버튼을 클릭합니다.

그림 2-18　화면 오른쪽 아래에 있는 「Restart」 버튼을 누른다

VS Code가 다시 실행됩니다. 화면이 한국어화되어 있는지 확인합시다.

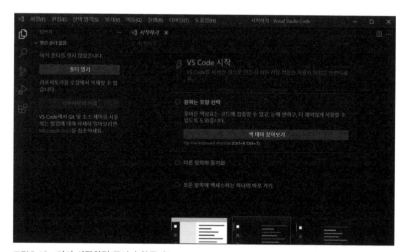

그림 2-19　다시 시작하면 표시가 한국어로

　다만 한국어화하고 나서도 어떠한 순간에 다시 영어로 돌아갈 때가 있습니다. 그럴 때는 Ctrl+Shift+P를 눌러 명령 팔레트를 엽니다. 그러면 이용할 수 있는 명령이 리스트업됩니다. 여기에 「Configure Display Language」가 있으면 이것을 클릭해 실

행합니다. 만약 없다면 텍스트박스에 「config」라고 입력하고 이용할 수 있는 명령의 리스트를 필터 처리하면 Configure Display Language를 쉽게 선택할 수 있습니다. Configure Display Language를 실행하면 선택할 수 있는 언어가 표시되므로 ko를 선택하고 VS Code를 재실행합니다.

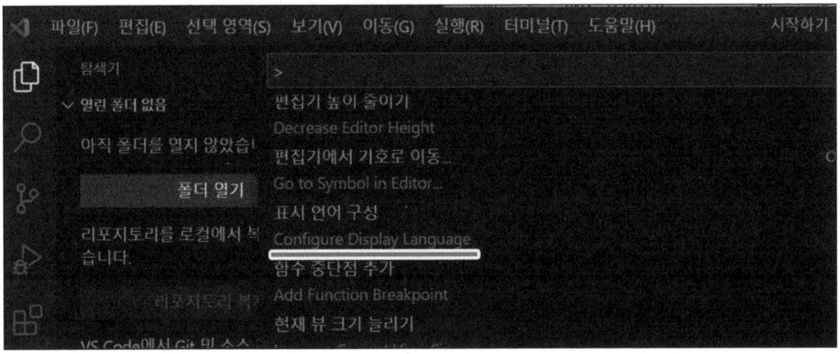

그림 2-20　영어 표기로 되돌아가 버리면 Configure Display Language를 실행한다

05 Python 확장 기능을 설치한다

아직 VS Code 준비는 끝나지 않았습니다. 다음으로 Python 코드 입력을 지원하는 확장 기능(Python Extension for Visual Studio Code)을 설치합니다. 이것을 설치하면 자동 인덴트, 프로그램 코드의 자동 보완(IntelliSense), 더욱 엄밀한 문법 체크(lint 기능)를 비롯한 프로그래밍 지원 기능을 이용할 수 있습니다. 이것이 있는 것과 없는 것은 프로그래밍의 효율이 하늘과 땅 차이입니다.

한국어화 할 때의 요령으로 「Python」으로 확장 기능을 검색합시다. 개발처로

「Microsoft」가 표시되어 있는 Python Extension for Visual Studio Code를 선택하고 설치합니다.

그림 2-21 Python에서 검색해서 가장 위에 표시된 Microsoft의 Python을 선택, 설치한다

설치했으면 lint 기능이 설정되어 있는지를 확인합시다. 「파일」 메뉴에서 「기본 설정」 → 「설정」을 선택해 설정 화면을 엽니다.

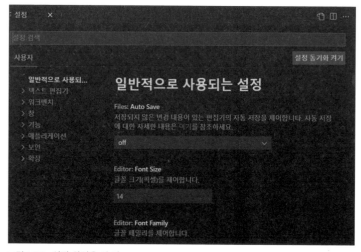

그림 2-22 설정 화면을 연 것

설정 항목은 많이 있으므로 설정의 검색 박스에 「pylint」라고 입력하고 검색합니다.

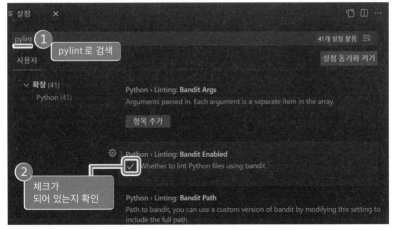

그림 2-23 pylint로 검색하고 「Python 〉 Linting: Bandit Enabled」의 「Whether to lint…」에 체크가
되어 있는 것을 확인

그리고 「Python 〉 Linting: Bandit Enabled」의 「Whether to lint Python files」에
체크가 되어 있는 것을 확인합니다. 이 항목을 찾으려면 pylint로 검색 후, 화면을 더
욱 아래로 스크롤해야 할 수도 있습니다.

lint라는 것은 정적 코드 해석 기능입니다. 구문 체크뿐만 아니라 모호한 기술에
대해서도 지적해 주므로 프로그램의 실행 전에 실수를 찾을 수 있게 됩니다.

06 openpyxl 라이브러리를 설치한다

여기까지 했다면 Python으로 프로그래밍을 하기 위한 준비는 되었습니다. 그렇지만 Excel×Python에 필요한 Python의 외부 라이브러리인 openpyxl 설치도 해야 합니다. 이것을 사용하려면 pip 명령을 사용해 openpyxl 라이브러리를 설치해야 합니다. 이 방법은 Python만의 독특한 설치 절차입니다. openpyxl 뿐만 아니라 Python의 외부 라이브러리의 대부분은 이 방법으로 설치합니다. 이번 기회에 잘 익혀 둡시다.

VS Code를 사용하고 있다면 「터미널」 메뉴에서 「새 터미널」을 열어 pip 명령을 실행할 수 있습니다. 터미널 프롬프트에서

```
pip install openpyxl
```

이라고 입력하고 Enter 키로 실행합니다.

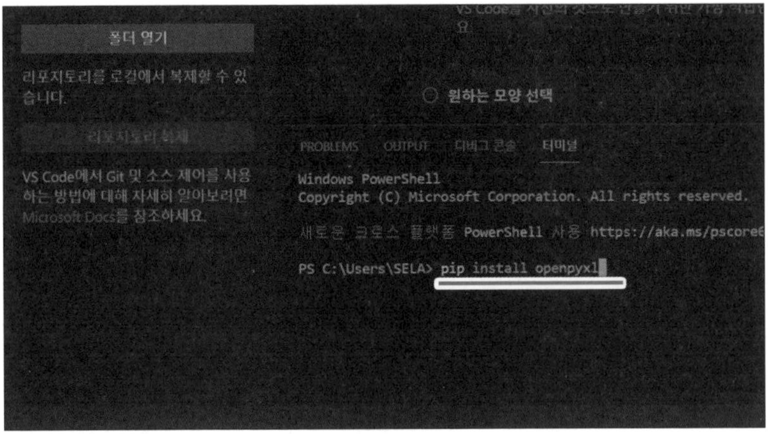

그림 2-24 터미널에서 pip install openpyxl을 실행한다

잠시 후 Successfully installed라고 표시되면 성공입니다.

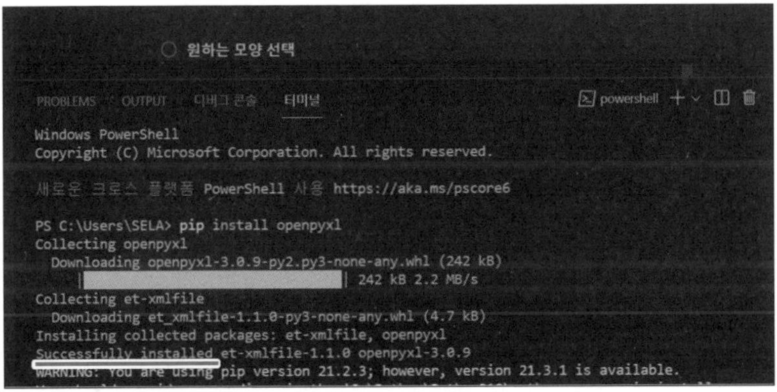

그림 2-25 Successfully installed라고 표시되면 설치 완료

　그 아래 표시된 노란색 WARNING은 「pip 명령은 새로운 버전이 나와 있으므로 pip 명령 자체를 업그레이드하는 것이 좋습니다」라는 메시지입니다. 지금 당장은 아니지만 기회를 봐서 업그레이드합시다. openpyxl을 설치할 때와 마찬가지로 VS Code의 터미널에서

```
python -m pip install --upgrade pip
```

라고 입력하고 엔터를 누르면 실행할 수 있습니다.

07 pip 명령을 자세하게 안다

pip는 Python의 라이브러리 관리 도구입니다.

```
pip install openpyxl
```

처럼 입력해서 라이브러리를 설치할 때뿐만 아니라 설치가 끝난 라이브러리를 목록으로 표시하거나 최신이 아닌 라이브러리가 있는지 조사할 수도 있습니다. 물론 설치한 라이브러리를 최신판으로 업데이트 하거나 반대로 삭제할 수도 있습니다. 많은 외부 라이브러리를 사용하게 되면 여러 가지 사용법을 쓰게 될 것입니다. 그래서 조금 더 pip에 대해서 자세히 살펴봅시다.

VS Code의 터미널에서 pip 사용법을 여러 가지 시도해보겠습니다.

먼저

```
pip list
```

를 실행해 보세요.

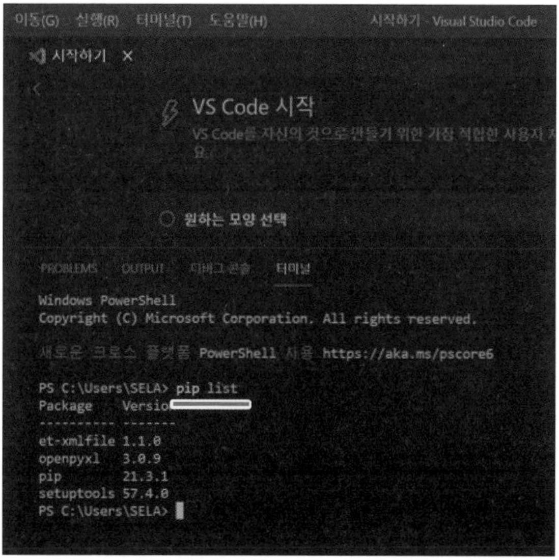

그림 2-26 pip list를 실행한 것

터미널에 설치되어 있는 라이브러리의 이름과 Version(버전)이 함께 표시됩니다. openpyxl은 버전이 3.0.9라고 표시되어 있습니다.

다음에

```
pip list --outdated
```

라고 「--outdated」를 붙여서 실행하면 최신이 아닌 라이브러리만을 표시할 수 있습니다.

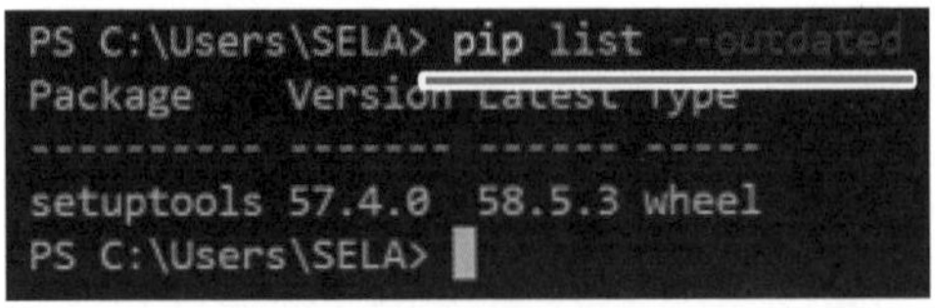

그림 2-27 pip list --outdated로 최신이 아닌 라이브러리를
목록 표시

이렇게 오래된 버전의 라이브러리를 찾고 필요에 따라 업데이트하는 사용법을 생각할 수 있습니다.

다음에 이미지 처리 라이브러리 Pillow를 예로 라이브러리의 업그레이드와 삭제를 연습합시다. 그러기 위해선 먼저 설치해야 합니다. 설치하는 명령은 openpyxl과 같습니다.

pip install pillow

라고 입력하고 실행합니다.

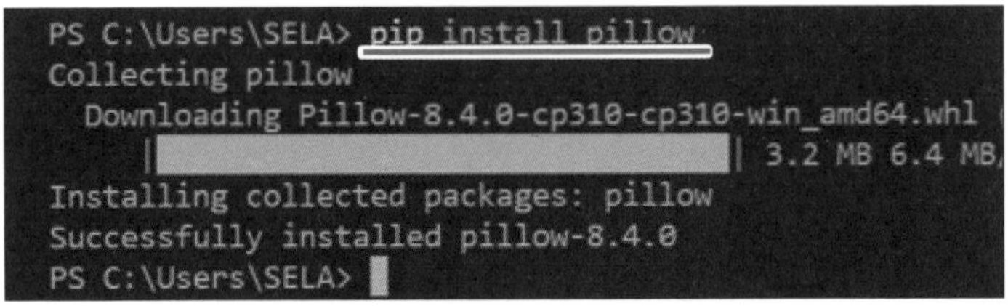

그림 2-28 pip install pillow를 실행

다운로드하고 설치하는 상태를 알 수 있습니다.

다음으로

pip install --upgrade pillow

라고 입력해 업그레이드를 시험해 봅시다. upgrade 앞의 하이픈은 두 개 나열해야 합니다. 설치 직후이므로 Requirement already satisfied라고 표시되었습니다. 물론 새로운 버전이 있으면 이것으로 업그레이드할 수 있습니다.

```
PS C:\Users\SELA> pip install --upgrade pillow
Requirement already satisfied: pillow in c:\python\python310\lib\site-packages (8.4.0)
PS C:\Users\SELA>
```

그림 2-29 pip install --upgrade pillow를 실행한 것

설치한 라이브러리를 삭제하려면

pip uninstall pillow

라고 입력하고 실행합니다. 삭제가 시작되면 삭제할 폴더를 표시하고

Proceed (y/n)?

이라고 묻습니다. 이것은 「그대로 진행하시겠습니까?」라는 의미이므로 yes의 맨 앞 문자인 「y」를 입력합니다.

```
PS C:\Users\SELA> pip uninstall pillow
Found existing installation: Pillow 8.4.0
Uninstalling Pillow-8.4.0:
  Would remove:
    c:\python\python310\lib\site-packages\pil\*
    c:\python\python310\lib\site-packages\pillow-8.4.0.dist-info\*
Proceed (Y/n)? y
  Successfully uninstalled Pillow-8.4.0
PS C:\Users\SELA>
```

그림 2-30 pip uninstall pillow를 실행하고 삭제

이 책의 절차대로 Python을 설치하면 VS Code의 터미널뿐만 아니라 명령 프롬프트, PowerShell에서도 마찬가지로 pip 명령을 실행할 수 있습니다.

08 샘플 프로그램과 폴더 구성

이 책에서 소개한 코드를 샘플 프로그램으로서 배포합니다. 샘플 프로그램은 다음과 같은 폴더 구성으로 Python 프로그램과 Excel 파일을 배치하고 있습니다.

그림 2-31 샘플 프로그램, 샘플 파일의 폴더 구성

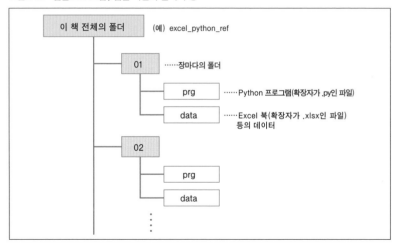

먼저 이 책 전체의 폴더가 있으며, 그 아래에 각 장의 폴더(01, 02, 03, 04…)가 있습니다. 다운로드한 파일을 압축 해제하고 보면 알 수 있듯이 02(이 장)처럼 샘플 프로그램이 없으면 폴더가 있을 뿐 프로그램, Excel 북 등의 파일은 없습니다. 04 이후는 Python 프로그램, Excel 북이 존재합니다.

각 장의 폴더에는 서브 폴더로서 prg 폴더와 data 폴더를 만듭니다. prg 폴더에는 Python 프로그램을 저장합니다. Python 프로그램은 확장자가 .py 인 파일입니다.

data 폴더에는 Excel 북 형식의 파일이 있습니다. 확장자는 모두 .xlsx 입니다. 장에 따라서는 Excel 북 이외의 파일도 있습니다.

샘플 프로그램은 각 장 모두 prg 폴더에 있는 프로그램에서 data 폴더에 있는 Excel 파일에 상대 경로를 지정하여 접근하도록 지정하고 있습니다. 상대 경로 지정에 대해서는 Chapter3에서 다시 설명합니다.

이 책 전체의 폴더는 어디에 작성해도 상관없습니다. 예를 들어, 문서의 안에 작성해도 좋고, C:₩(C드라이브의 루트)에 작성해도 됩니다. 다운로드한 파일을 이용하는 경우는 zip 파일을 압축해제하고 생긴 폴더째 원하는 곳으로 이동하세요.

프로그램의 작성법과
실행 방법

프로그래밍이 처음인 분을 위해서 프로그램의 작성법과 실행 방법에 대해서 정리했습니다. 원래는 "Python 입문서"로 공부하길 추천하지만 여기에서는 빠르게 프로그램을 만들고 실행하기 위해서 필요한 것을 정리했으므로 유용하게 사용하길 바랍니다.

다만, 역시 기초는 중요합니다. 나중에 「이런 거 할 수 있을까?」라는 아이디어가 떠올랐을 때 그것을 실현할 수 있는지 여부, 실현할 수 있다고 해서 간단하게 할 수 있는지 여부. 기초실력은 그때 제 기능을 발휘합니다. 꼭 프로그래밍의 기초에 대해서는 따로 배울 것을 강력히 추천합니다.

프로그래밍 경험이 있는 분은 이번 장은 건너뛰어도 됩니다. 그렇지만 어쩌면 몰랐던 테크닉이 조금 있거나 완전히 잊었던 것을 찾을 수 있을지도 모르겠습니다. 시간이 있을 때 한번 훑어보세요.

01 VS Code로 프로그램을 입력한다

Visual Studio Code(VS Code)로 프로그램을 작성하려면 먼저 프로그램을 저장하는 폴더를 작성해 두고 그 폴더를 「폴더를 연다」로 열고 나서 프로그램 파일을 작성합니다. 나중에 작성이 끝난 프로그램 파일을 열 때도 「폴더 열기」 조작을 하지 않고 갑자기 파일을 열면 프로그램이 제대로 동작하지 않을 수도 있습니다. VS Code에서는 반드시 처음에 「폴더 열기」 절차가 필요한 걸 기억하시기 바랍니다.

그림 3-1　VS Code에서는 먼저 처음에「폴더를 연다」를 클릭

이 책의 설명대로 폴더를 작성했거나 또는 다운로드 파일을 압축 해제한 경우는 다음과 같이 폴더가 작성되어 있을 것입니다.

그림 3-2　이 책에서 소개한 프로그램의 폴더 구성

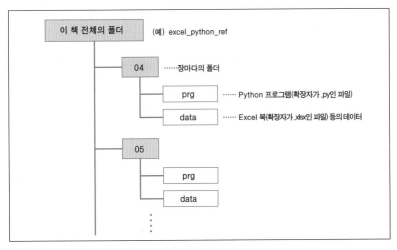

각 장의 prg 폴더를 VS Code 실행 시의 웰컴 페이지에 있는「폴더 열기」나「파일」 메뉴의「폴더 열기」로 엽니다. 이 순서에 따라서 프로그램 파일을 신규로 작성하거나

이미 저장되어 있는 프로그램 파일을 선택합니다.

파일을 신규 작성하려면 폴더명의 오른쪽에 있는 파일에 + 기호가 붙은 아이콘을
클릭합니다. 이것이 신규 작성 아이콘입니다.

그림 3-3   새로운 프로그램을 작성

그러면 텍스트 박스가 표시됩니다. 여기에 sample01.py처럼 확장자를 포함해서
프로그램명을 입력합니다.

그림 3-4   sample01.py 라고 입력

그리고 오른쪽의 에디터에 프로그램 코드를 입력합니다. 시험삼아

```
print("Bonjour Tristesse")
```

라고 입력해 봅시다.

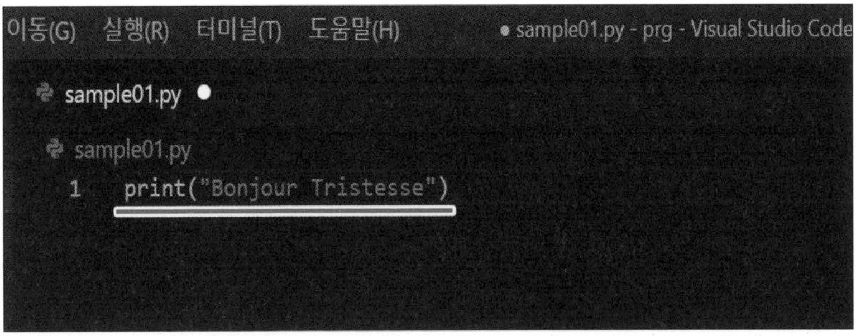

이동(G) 실행(R) 터미널(T) 도움말(H)
● sample01.py - prg - Visual Studio Code
sample01.py ●
sample01.py
1 print("Bonjour Tristesse")

그림 3-5 print("Bonjour Tristesse") 라고 입력

다운로드 파일이 저장되어 있는 장의 prg 폴더를 연 경우, 사이드바 부분에 있는 익스플로러에 프로그램 목록이 표시됩니다.

파일(F) 편집(E) 선택 영역(S) 보기(V) 이동(G) 실행(R) 터미널(T) 도움말(H)
prg - Visual Studio Code
탐색기
PRG
create_book_01.py
create_book_02.py
get_properties.py
load_book_01.py
load_book_02.py
load_books_01.py
load_books_02.py
protect_book.py
save_book_01.py
save_book_02.py
save_book_03.py
set_files_property.py
set_properties.py

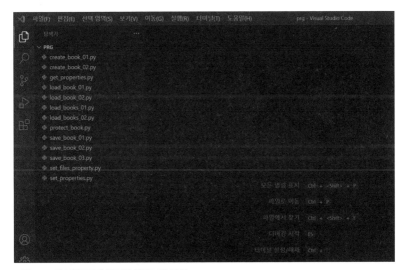

그림 3-6 익스플로러에 표시된 프로그램 목록

아무거나 프로그램을 클릭해서 선택하면 윈도 오른쪽의 에디터에 표시되어 편집

할 수 있게 됩니다.

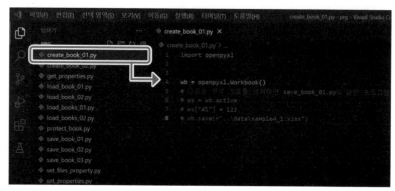

그림 3-7   create_book_01.py를 선택했다

프로그램을 작성, 편집한 다음은 파일 메뉴로부터 저장을 선택해 프로그램을 저장합니다.

02 Python 프로그램의 작성법을 안다

Python 프로그램을 작성할 때는 인덴트와 공백 행에 신경 씁시다. 어떻게 작성하는지 헷갈릴 때는 python/peps 페이지*의 사이트에 게재되어 있는 Python 코드의 스타일 가이드를 참고합니다. 예를 들어, 1행이 너무 길어져서 개행하고 싶을 때는 어떻게 해야 할지 고민될 때입니다. python/peps 페이지를 참고하면 대부분의 경우

---

* 역주: https://github.com/python/peps/blob/master/pep-0008.txt

어떠한 힌트를 찾을 수 있습니다.

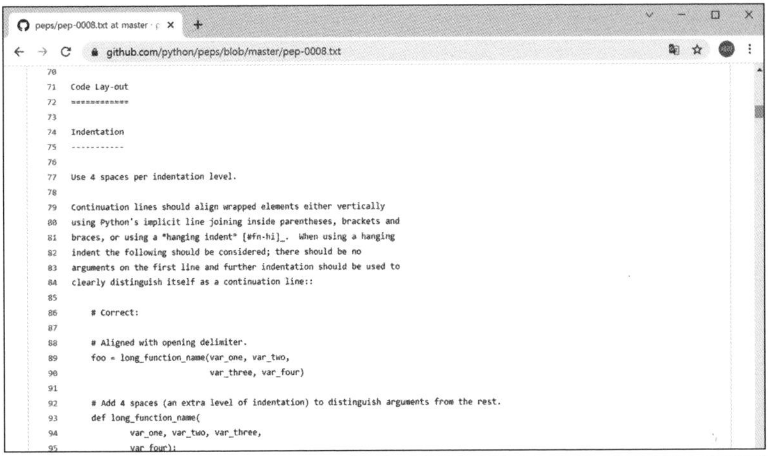

https://github.com/python/peps/blob/master/pep-0008.txt

그림 3-8 python/peps 페이지에 게재되어 있는 인덴트의 기법

예를 들어, 인덴트에서는 1레벨의 인덴트에는 스페이스(공백)를 4개 사용합니다. 인덴트는 들어쓰기를 말합니다.

load_books_01.py를 예로 인덴트를 살펴봅시다. 이 프로그램은 Chapter4에서 자세하게 설명합니다. 이 단계에서는 상세한 내용은 몰라도 됩니다. 이 프로그램의 인덴트에 대해서 주목해 주세요.

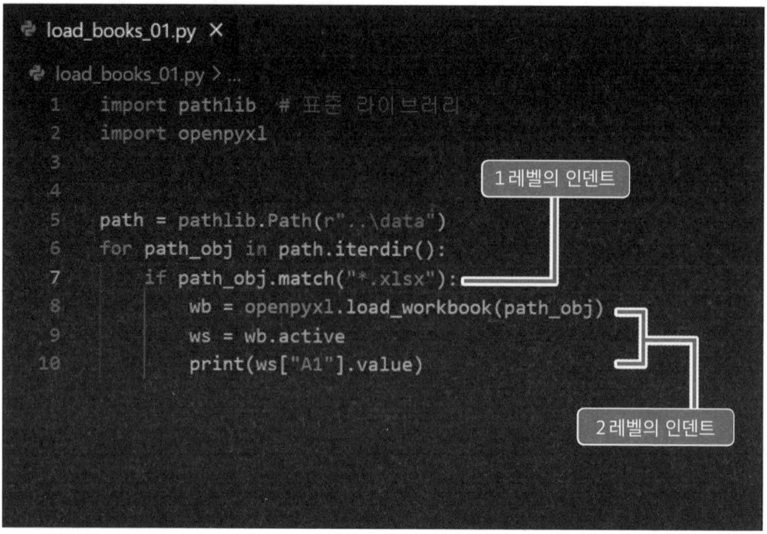

```
load_books_01.py ×
load_books_01.py > ...
1    import pathlib  # 표준 라이브러리
2    import openpyxl
3
4
5    path = pathlib.Path(r"..\data")
6    for path_obj in path.iterdir():
7        if path_obj.match("*.xlsx"):
8            wb = openpyxl.load_workbook(path_obj)
9            ws = wb.active
10           print(ws["A1"].value)
```

1레벨의 인덴트

2레벨의 인덴트

그림 3-9 for 블록과 if 블록에 주목

6번째 행의 for로 시작하는 구문의 다음, 즉 7번째 행의 if로 시작하는 구문이 1 레벨(1단계)만 인덴트되어 있습니다. 이 if 문의 다음에는 또 1레벨, 또 다시 인덴트 된 코드가 3행 계속됩니다. 6번째 행의 for 문부터 보면 8~10번째 행은 2레벨의 인 덴트에 해당합니다.

이 6번째 행의 for 문에 대해 계속되는 행에서 인덴트된 부분을 「블록」이라고 합 니다. for 문은 주어진 조건에 따라 동일한 처리를 반복할 것을 지시합니다. 그러므로 for 문의 블록 안에서 처리가 반복되는 것입니다. 이럴 때 「6번째 행부터의 for 블록」 과 같은 식으로 말합니다.

마찬가지로 7번째 행부터 if 문의 직후에 인덴트되어 있는 부분을 if 블록이라고 합니다. if 문은 주어진 조건에 일치할 때 블록 내의 처리를 시행할 것을 지시합니다. 그러므로 7번째 행의 if 문이 성립될 때 직후의 인덴트되어 있는 3행의 코드(8~10 번째 행)가 실행되는 것입니다.

VS Code에서는 프로그래밍 할 때, Tab 키를 눌러서 스페이스를 사용해 인덴트 할 수 있습니다. 일반적인 어플리케이션 소프트웨어에서는 탭 코드가 입력되는데 VS Code에서는 Tab 키로 스페이스 4개가 들어가도록 처음부터 설정되어 있습니 다.

여기에서 VS Code의 설정을 확인합시다. 「파일」 메뉴로부터 「기본 설정」→「설정」을 선택해 설정 화면을 열고, 「탭 또는 tab」으로 검색해서 Tab 키의 설정을 찾습니다.

「Editor: Insert Spaces」 항목의 「탭 키를 누르면 공백을 삽입합니다」에 체크가 되어 있을 것입니다.

그림 3-10 Editor: Insert Spaces에서 설정을 확인

「Editor: Tab Size」 항목을 보면 하나의 탭에 상응하는 스페이스 수는 4로 설정되어 있습니다.

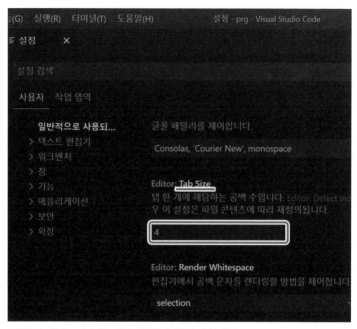

그림 3-11   Editor: Tab Size에서 입력된 스페이스 수를 확인

그러므로 VS Code에서는 인덴트의 레벨에 따라 Tab 키를 필요로 하는 횟수만큼 누르면 됩니다. 물론 스스로 스페이스를 입력해도 좋지만 Tab 키를 사용하거나 스페이스 키를 사용하거나 하면 인덴트의 레벨을 알 수 없게 될 수 있어서 실수의 원인이 됩니다. 어느 하나로 통일하길 강력히 추천합니다.

코드의 구분에는 공백 행을 넣읍시다. 확실히 나눠지는 부분에는 2행만큼, 공백 행을 넣습니다. 이것으로 프로그램을 쉽게 이해할 수 있게 됩니다. 공백 행은 프로그램의 동작에는 영향을 주지 않지만 Python 프로그래밍에서는 이해하기 쉬운 프로그램 작성법의 작법으로서 정착되어 있습니다.

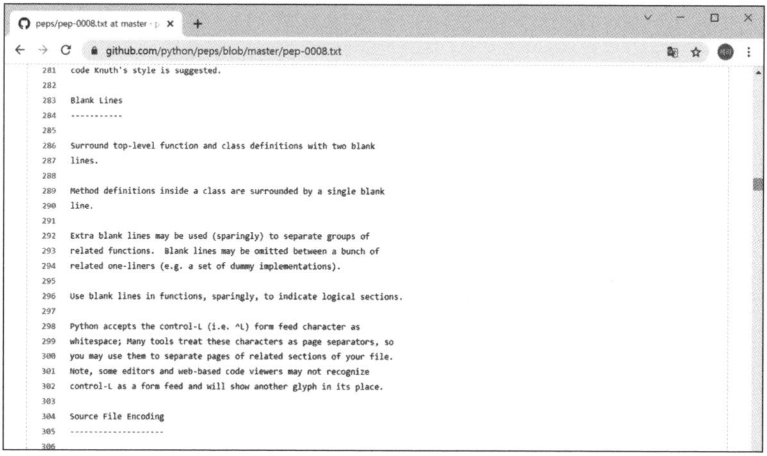

그림 3-12 python/peps에 게재되어 있는 공백 행과 인코딩에 대한 설명

실제 프로그램에서 공백 행의 사용법을 보세요. 크게 역할이 다른 부분에서 2행 띄우고, 처리의 목적이 다른 부분에서 1행 띄우는 식으로 공백 행을 넣고 있습니다.

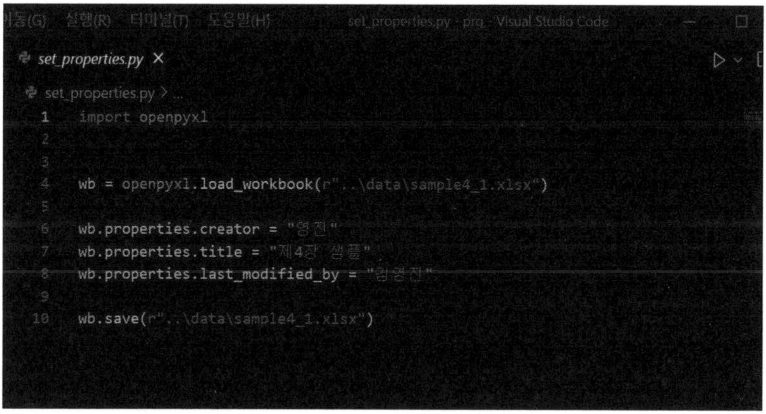

그림 3-13 공백 행을 넣은 프로그램의 예

또한, 소스 파일의 인코딩(문자 코드화 방식)은 UTF-8로 합니다. 그렇지만 VS Code는 초기 설정에서 UTF-8로 지정하였으므로 특별히 설정을 바꿀 필요는 없습

니다. 설정을 utf로 검색하면 「File: Encoding」 항목에서 설정이 UTF-8로 되어 있는 걸 알 수 있습니다.

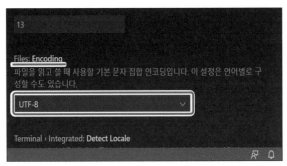

그림 3-14 Files: Encoding에서 인코딩이 UTF-8로 되어 있는 걸 확인할 수 있다

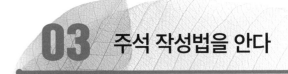

03 주석 작성법을 안다

주석은 프로그램 안에 남겨두는 메모입니다. 메모를 남겨둠으로써 프로그램을 만든 사람으로부터 프로그램을 읽는 사람에게 메시지를 전달할 수 있습니다. 처리 내용에 대해서 설명하거나, 인수, 변수의 사용법을 보충하는 것과 같은 사용법을 생각할 수 있습니다.

주석을 잘 사용함으로써 이해하기 쉬운 프로그램을 만들 수 있습니다. 프로그램을 다른 사람에게 사용하게 하거나 큰 프로그램을 공동으로 개발하는 경우에 프로그램의 내용이 어떻게 되어 있는지에 대해서 보충하는 것은 매우 중요합니다. 스스로 만든 프로그램도 시간이 지나 나중에 보니 어째서 이러한 코드를 사용했는지 모를 때도 주석이 귀중한 정보가 됩니다.

Python에서 주석을 넣으려면 처음에 #을 입력합니다.

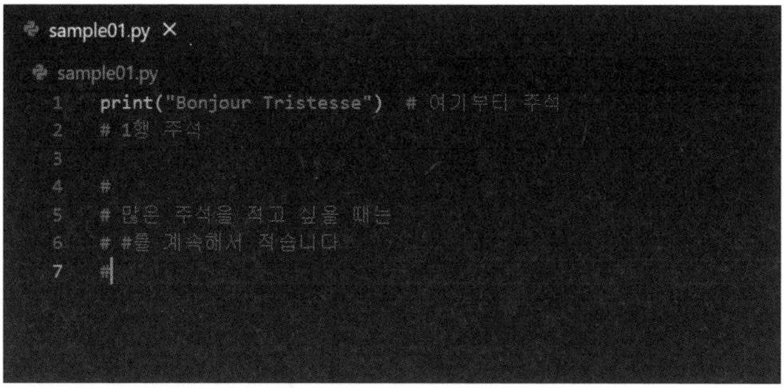

```
sample01.py ×
sample01.py
  1    print("Bonjour Tristesse")  # 여기부터 주석
  2    # 1행 주석
  3
  4    #
  5    # 많은 주석을 적고 싶을 때는
  6    # #를 계속해서 적습니다
  7    #
```

그림 3-15 프로그램 안에 기입한 주석의 예

행의 도중에는 #을 입력한 부분부터 주석입니다. 1행의 주석은 앞에 #을 입력합니다. 여러 행에 걸쳐서 주석을 쓰고 싶을 때는 #으로 시작하는 행을 여러 개 나열합니다[1].

사실은 프로그래밍 언어에 따라 주석의 작성법이 상당히 다릅니다. 여러 언어를 사용하는 프로그래머는 주석때문에 혼란스럽기 쉽습니다.

예를 들어, C 언어에서 주석은 /*로 시작해 */로 끝납니다.

/* 주석 */

/*

여러 행에 걸쳐서

주석

*****/*

Java나 Rust, Kotlin과 같은 언어에서는 /* */, //로 주석을 시작할 수 있습니다.

---

[1] 하나로 합친 양의 주석을 넣고 싶을 때는 도큐먼테이션 문자열을 사용하는 방법도 있습니다(https://github.com/python/peps/blob/master/pep-0008.txt). 그러나 일단 지금 단계에서는 「맨 앞에 #을 입력한다」로 주석을 사용하는 걸 기억해 두면 충분합니다.

```
println!("Hello, world!");   // 여기부터 주석
// 이 행은 주석
```

이처럼 현재 주류의 프로그래밍 언어에서는 /* */와 //가 많이 사용되나 VBA에서는 싱글 쿼테이션으로 주석을 시작합니다.

```
' 주석
```

04 VS Code에서 프로그램을 실행한다

VS Code에서 프로그램을 실행하려면 「실행」 메뉴에서 「디버깅 시작」 또는 「디버깅 없이 실행」을 선택합니다.

그림 3-16 실행 메뉴를 연 것

「디버깅 시작」을 선택한 경우, select a debug configuration(디버그 설정의 선택)
이 표시되므로 Python File을 선택하세요.

그림 3-17   select a debug configuration이 열리면 Python File을 선택한다

실행 결과는 터미널에 표시됩니다.

그림 3-18   실행 결과는 터미널에 표시된다

「디버깅 없이 실행」을 선택하면 바로 프로그램이 실행되어 결과가 터미널에 출력
됩니다.

05 Python IDLE에서 프로그램을 입력한다

시작 메뉴에서 Python3.10 → IDLE로 선택해서 IDLE를 실행할 수 있는 것은 Chapter2에서도 설명했습니다. 다시 설명하지만 IDLE는 (Python's) Integrated Development and Learning Environment의 약자입니다.

IDLE를 시작 메뉴에서 선택하면 Python3.10.0 Shell이 실행됩니다.

```
IDLE Shell 3.10.0                                                    —  □  ×
File  Edit  Shell  Debug  Options  Window  Help
    Python 3.10.0 (tags/v3.10.0:b494f59, Oct  4 2021, 19:00:18) [MSC v.1929 64 bit (
    AMD64)] on win32
    Type "help", "copyright", "credits" or "license()" for more information.
>>> |
```

그림 3-19 IDLE Shell3.10.0이 실행된 것

Shell(쉘)은 일반적으로 OS가 사용자를 위해 인터페이스를 제공하는 소프트웨어인데 여기에서는 OS가 아닌 Python의 Shell입니다. >>> 를 프롬프트라고 합니다. 이 기호에 이어서 사용자는 무언가 입력을 합니다. 여기에 Python의 프로그램 코드를 적어 넣고 Enter 키를 누르면 그 코드를 실행할 수 있습니다. 이것을 인터랙티브 모드라고 합니다. 인터랙티브는 대화형이라는 의미입니다.

실제로 인터랙티브 모드를 사용해 봅시다. IDLE 프롬프트에 계속해서

```
print("Hello Python!")
```

이라고 입력하고 Enter 키를 누르면 Hello Python! 이라고 표시됩니다.

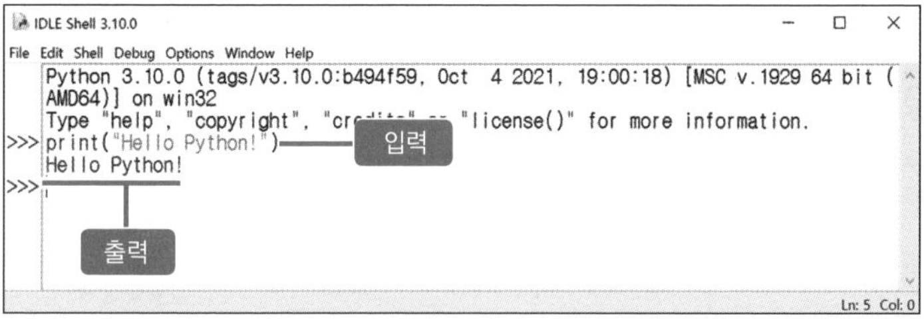

그림 3-20 Hello Python! 이라고 출력되었다

IDLE를 종료할 때는 「File」메뉴에서 「Exit」를 선택하던지 프롬프트(>>>)에 이어서

---

exit( )

라고 입력합니다.

IDLE는 약간의 코드를 시험하고자 할 때 편리합니다.

06 Python IDLE에서 프로그램을 실행한다

IDLE는 대화형으로 코드를 실행하는 것뿐인 도구는 아닙니다. Python 프로그램 파일을 신규로 작성하거나 작성을 끝낸 프로그램 파일을 편집하고 실행할 수 있습니다.

New File로 새로운 파일을 만들고 코드를 입력한 뒤 File 메뉴에서 Save를 선택하고 이름 Sample02.py로 저장합시다. 먼저 새로운 파일을 엽니다.

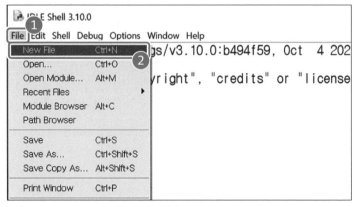

그림 3-21　New File로 새로운 파일을 만든다

저장할 때는 같은 메뉴에서 Save를 선택합니다. 저장하면 타이틀 바에 파일명(프로그램명)이 표시됩니다.

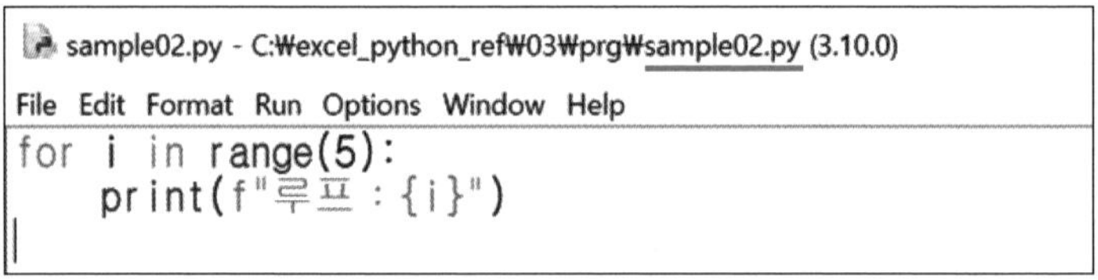

```
sample02.py - C:\excel_python_ref\03\prg\sample02.py (3.10.0)
File  Edit  Format  Run  Options  Window  Help
for i in range(5):
    print(f"루프 : {i}")
```

그림 3-22　프로그램 코드를 입력하고 이름 sample02.py로 저장한 것

Run 메뉴에서 Run Module를 선택해 프로그램을 실행할 수 있습니다.

sample02.py - C:\excel_python_ref\03\prg\sample02.py (3.10.0)
File Edit Format Run Options Window Help
1
2
for i in r
print(
Run Module F5
Run... Customized Shift+F5
Check Module Alt+X
Python Shell

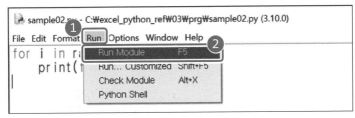

그림 3-23 「Run」 메뉴에서 「Run Module」로 프로그램을 실행

실행 결과는 IDLE Shell에 출력됩니다.

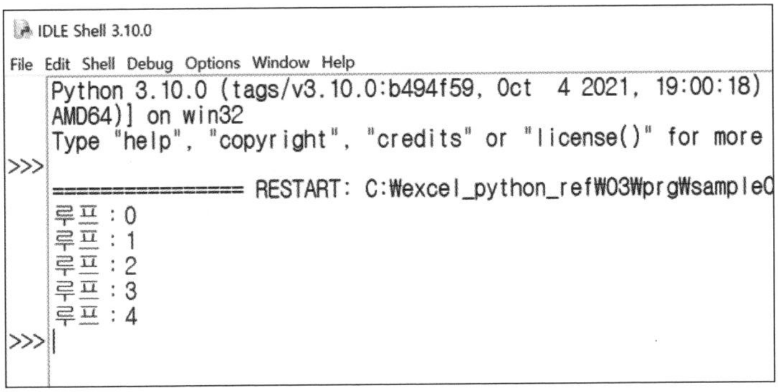

IDLE Shell 3.10.0
File Edit Shell Debug Options Window Help
Python 3.10.0 (tags/v3.10.0:b494f59, Oct 4 2021, 19:00:18)
AMD64)] on win32
Type "help", "copyright", "credits" or "license()" for more
>>>
================ RESTART: C:\excel_python_ref\03\prg\sample0
루프 : 0
루프 : 1
루프 : 2
루프 : 3
루프 : 4
>>>

그림 3-24 실행 결과가 출력된 IDLE Shell

07 명령 프롬프트에서 프로그램을 실행한다

시작 메뉴에서 「Windows 시스템」을 열고 명령 프롬프트를 실행하세요. 프롬프트(>)에 이어서 「python」이라고 입력하고 Enter 키를 누르면 명령 프롬프트 내에서 Python 이 시작되며 Python 의 프롬프트(>>>)가 표시됩니다.

그림 3-25 Windows 명령 프롬프트에서 python 이라고 입력

여기에 프로그램 코드를 입력하면 실행할 수 있습니다. 이 화면의 안쪽에서 Python 쉘이 동작하는 것입니다. Python 을 종료하고 프롬프트를 원래대로 돌아가려면 exit( )를 입력합니다.

Chapter2 에서 설명한 절차대로 Python 을 설치했으면 현재 디렉터리(현재 선택 중인 폴더)가 어디든 Python 을 실행할 수 있습니다.

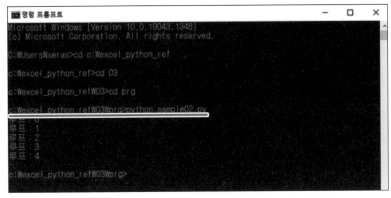

그림 3-26 명령 프롬프트에서 sample02.py가 있는 디렉터리에서 프로그램을 실행했다

그러므로 작성한 프로그램이 존재하는 디렉터리로 이동[2]하고(이 예에서는 c:₩
excel_python_ref₩03₩prg로 이동) 「python 프로그램명」이라고 입력해서 작성한
프로그램을 실행할 수 있습니다.

08 PowerShell에서 프로그램을 실행한다

어쩌면 Windows 10 사용자라면 이미 명령 프롬프트보다도 PowerShell을 사용
할 기회가 많을 수도 있겠네요. 그래서 PowerShell에서 Python 프로그램을 실행하
는 방법도 알아 둡시다.

PowerShell은 시작 메뉴에서 「Windows PowerShell」을 열고 「Windows Pow

---

[2] 명령 프롬프트에서 다른 디렉터리로 이동하려면 cd 명령을 사용합니다. cd 명령의 사용법은 여기에서는 설명하지 않습니다. 프롬프
트에서 「cd /?」라고 입력하고 도움말을 참조하세요.

erShell」을 클릭해서 실행할 수 있습니다.

명령 프롬프트일 때와 마찬가지로 PowerShell의 프롬프트에서 python이라고 입력, Enter 키를 누르면 Python이 시작됩니다.

그림 3-27 PowerShell에서 python이라고 입력하고 실행

프롬프트가 〉〉〉로 바뀌었으므로 Python이 실행된 것을 알 수 있습니다. 이 상태에서 프로그램을 실행할 수 있습니다.

그림 3-28 PowerShell에서 sample02.py를 실행한 것

Python 쉘에서는 exit()로 빠져나올 수 있습니다.

이 책의 절차대로 Python을 설치했으면 현재 디렉터리(현재, 선택 중인 폴더)가 어디든 Python을 실행할 수 있습니다.

그러므로 작성한 프로그램이 존재하는 디렉터리로 미리 cd 명령으로 이동해서[3] (그림3-28은 c:\excel_python_ref\03\prg)

---

[3] 명령 프롬프트와 마찬가지로 cd 명령을 사용할 수 있다.

```
python 프로그램명
```

이라고 입력함으로써 작성한 프로그램을 실행할 수 있습니다.

09 절대 경로 지정과 상대 경로 지정의 차이를 안다

프로그램과 프로그램에서 다루는 데이터 파일은 어디에 두는 게 좋은지에 대해서 조금 더 깊이 있게 설명합니다. 이 책에서의 프로그램은 확장자가 .py 인 Python 프로그램 코드를 적은 파일입니다. 또한, 이 책에서 다루는 데이터 파일은 확장자가. xlsx 인 파일입니다. 이것은 Excel 북 형식의 파일입니다.

이 xxxxx.py 와 xxxxx.xlsx 는 컴퓨터 내의 폴더(디렉터리)에 어떻게 배치하면 가장 편리할까요?

먼저 가장 간단한 방법부터 설명합니다. 프로그래밍을 막 시작한 분은 이 방법을 많이 사용하는 것 같습니다.

코드 3-1 같은 폴더에 프로그램과 파일을 배치한 경우의 프로그램 예

```
file_path_01.py

01    import openpyxl

02

03

04    wb = openpyxl.load_workbook("sample3_1.xlsx")
```

```
05    ws = wb.active
06    print(ws["A1"].value)
```

이 프로그램(file_path_01.py)은 sample3_1.xlsx를 load_workbook( )로 읽어 들입니다(4번째 행). 그때에 파일명을 sample3_1.xlsx로 지정하는 것뿐, sample3_1.xlsx가 존재하는 폴더의 정보는 기술하고 있지 않습니다.

이처럼 폴더 지정을 생략하고 파일명만으로 파일에 접근할 수 있는 것은 프로그램과 Excel 파일이 같은 폴더에 있을 때입니다.

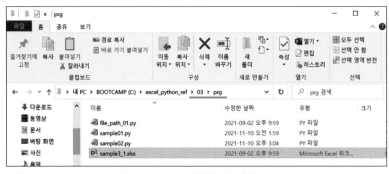

그림 3-29   file_path_01.py와 sample3_1.xlsx은 같은 폴더에 있다

이것이 가장 간단한 데이터 파일 지정 방법이므로 프로그래밍 입문 단계의 분에게는 사용하기 쉬울지도 모르겠습니다.

이 방법의 문제점은 프로그램을 많이 만들게 되면 하나의 폴더에 많은 프로그램과 데이터가 혼재하는 것입니다. 프로그램도 데이터도 전부 같은 장소에 넣어서 정리가 되지 않은 상태가 되고 맙니다.

뭔가 복잡하다면 프로그래머가 다음으로 생각하는 것은 프로그램과 데이터는 분리하는 게 좋겠다는 것입니다. 프로그램과 데이터는 갱신하는 타이밍이 다르며 갱신하는 사람이 다른 경우도 많겠죠? 그래서 다음으로 많이 생각하는 방법이 절대 경로 지정입니다.

코드 3-2 절대 경로에서 파일에 접근하는 프로그램의 예

```
file_path_02.py

01  import openpyxl
02
03
04  wb = openpyxl.load_workbook("c:\data\excel_book\sample3_2.xlsx")
05  ws = wb.active
06  print(ws["A1"].value)
```

절대 경로 지정은 데이터 파일이 있는 장소(폴더)를 고정하는 방법입니다. 이 프로그램에서는

c:\data\excel_book\sample3_2.xlsx

으로서 읽어 들인 Excel 파일이 있는 장소를 「c:\data\excel_book」이라는 폴더(디렉터리)로 고정하고 있습니다. \는 폴더의 구분을 나타내는 기호입니다.

절대 경로 지정에서는 c:\와 드라이브 문자로 시작해 중간의 폴더를 일절 생략하지 않고 데이터 파일이 있는 장소를 가리킵니다(이것을 전체 경로라고 합니다). 이 방법으로는 데이터 파일의 장소를 고정하였으므로 프로그램이 어느 폴더에 있든 상관없습니다. 언제나 프로그램에서 기술한 파일을 읽어 들입니다.

이 방법의 문제점은 자신이 만든 프로그램을 다른 사람이 이용할 때 「데이터 파일은 반드시 c:\data\excel_book에 넣을 것」, 즉 자신의 컴퓨터와 같이 폴더를 만들고 같은 장소에 Excel 파일을 넣어야만 한다는 점입니다.

그 사람이 「C 드라이브는 여유 공간이 없어서 데이터 파일을 놓고 싶지 않아」라고 생각하더라도 그 요구에 응할 수 없습니다. 사람마다 그 환경에 맞춰서 프로그램을 수정해야 합니다.

다음에 취할 수 있는 선택지가 이 책에서 채용하고 있는 상대 경로 지정입니다. 상대 경로를 지정하는 것은 익숙해질 때까지는 번거롭다고 느낄 수 있지만 자유도가 높고 유연합니다.

코드 3-3   상대 경로 지정을 사용한 프로그램의 예

file_path_03.py

```
01   import openpyxl
02
03
04   wb = openpyxl.load_workbook("..\data\sample3_3.xlsx")
05   ws = wb.active
06   print(ws["A1"].value)
```

필자의 환경에서는 sample3_3.xlsx는 절대 경로 지정으로 기술하면 「c:\excel_python_ref\03\data」에 있습니다. 그러나 이 프로그램에서는 파일의 장소 지정에 상대 경로 지정을 사용하고 있어서 「..\data\sample3_3.xlsx」라고만 기술합니다.

상대 경로 지정에서 중요한 것은 「.」와 「..」입니다. 「.」는 현재 디렉터리를 가리킵니다. 「..」는 계층이 한 단계 위인 디렉터리를 가리킵니다.

상대 경로 지정의 기준 즉, 기준이 되는 것은 자신의 현재 디렉터리입니다. 이 경우 자신은 프로그램(file_path_03.py)입니다. file_path_03.py는 「c:\excel_python_ref\03\prg」에 있습니다. 그래서

..\data\sample3_3.xlsx

라고 기술했을 때 프로그램은 앞부분부터 읽어 들어, 파일의 장소를 찾습니다. 먼저 「..」로 prg 폴더에서 1계층 위를 봅니다. 그러면 03 폴더가 있습니다. 03 폴더의 아래에는 prg 폴더와 data 폴더가 나열되어 있습니다.

그림 3-30　03 폴더를 연 것

그리고 data 폴더 안을 찾으면 sample3_3.xlsx가 있습니다.

이처럼 상대 경로 지정을 사용하면 프로그램과 데이터를 어느 드라이브에 복사해도 됩니다. 필자가 「c:₩excel_python_ref₩03₩data」를 사용하는 것은 이제 관계없습니다. 필요한 것은 03 폴더(장 폴더) 아래에 data와 prg 폴더가 있고 data에 xxxxx.xlsx가 존재하며 prg 폴더에 xxxxx.py가 존재하는 것. 그 구조가 지켜지고 있다면 03 폴더 자체는 어느 드라이브의 어느 폴더 아래에 두어도 프로그램은 파일을 읽어 들이는 점에서는 오류 없이 동작합니다.

Chapter

4

북을 조작한다

4-1 신규 북을 작성한다

```
001: create_book_01.py
01    import openpyxl
02
03
04    wb = openpyxl.Workbook( )
```

북, 즉 Excel의 워크북을 작성하려면 openpyxl 라이브러리를 임포트하고 나서 Workbook 오브젝트를 생성합니다. 위 코드의 4번째 행의

Workbook( )

이 그것을 위한 기술입니다.

그러나 이 시점에서 북은 아직 변수 wb에 작성된 것일 뿐이므로 메모리상의 데이터에 지나지 않습니다. 즉, xlsx의 확장자를 가지는 파일로서 작성된 것은 아닙니다. 다음의 「4-2 북을 저장한다」에서 자세히 설명하는데 메모리상의 변수 내용을 북으로 저장해서 비로소 Excel 파일로서 디스크상에 작성됩니다.

Chapter3에서 설명했듯이 Python의 라이브러리는 패키지 또는 모듈로 제공됩니다. 복습하면 모듈은 하나의 프로그램 파일로 구성되는 라이브러리입니다(확장자는 .py). 그에 반해 패키지는 여러 개의 모듈로 구성되어 있습니다.

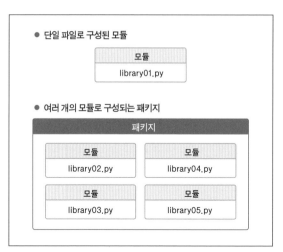

그림 4-1-1 라이브러리를 구성하는 요소

많은 기능을 가진 패키지는 그 내용이 여러 개의 패키지, 모듈로 이루어진 것도 있습니다. openpyxl 라이브러리는 많은 패키지를 포함하는 패키지입니다.

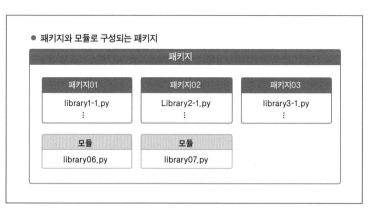

그림 4-1-2 여러 개의 패키지로 구성되는 라이브러리도 있다

Workbook 패키지는 openpyxl 패키지에 포함됩니다. 그러므로 다음과 같이

from openpyxl import Workbook

을 함으로서 openpyxl 패키지로부터 Workbook 패키지만을 임포트할 수 있습니다.

코드 4-1-1   Workbook 패키지만을 읽어 들인 경우의 코드

```
002 : create_book_02.py

01    from openpyxl import Workbook
02
03
04    wb = Workbook( )
```

이렇게 하면 북의 작성 시에

openpyxl.Workbook( )

이라고 적지 않고

Workbook( )

으로 간략하게 기술할 수 있습니다.
　그러나 이러한 기술로 임포트했을 때 같은 프로그램 안에서 openpyxl 패키지에 포함되는 다른 패키지를 사용하려면 그것들도 개별적으로 각각 임포트하도록 기술해야 합니다.

4-2 북을 저장한다

```
003: save_book_01.py

01    import openpyxl
02
03
04    wb = openpyxl.Workbook( )
05    ws = wb.active
06    ws["A1"] = 123
07    wb.save("sample4_1.xlsx")
```

작성한 북을 xlsx 확장자를 가진 파일로 저장하려면 Workbook 오브젝트의
save 메서드를 실행합니다. 인수에는 파일명을 지정합니다. 여기에서는 파일명으로
sample4_1.xlsx라는 문자열을 지정합니다(위의 코드 7번째 행). Python에서는 문
자열을 기술할 때는 싱글 쿼트(')로 감쌀 수도 있고 위의 코드처럼 더블 쿼트로 감쌀
수도 있습니다.

save 메서드의 앞에 기술한 코드에 대해서도 설명합니다. 5번째 행의

wb.active

는 Workbook 오브젝트의 active 프로퍼티로 Excel에서 선택되어 있는 액티브한
시트(Sheet)를 반환합니다.

「시트는 아직 만들지 않았는데」라고 생각하는 분이 있을지도 모르겠습니다.
Workbook 오브젝트를 생성하고 북을 생성하면 Excel에서 북을 신규 작성했을 때
와 마찬가지로 신규 시트가 하나 작성되어 자동으로 액티브가 됩니다. 그 시트를
active 프로퍼티로부터 취득합니다.

6번째 행에서 그 시트의 셀 A1에 수치 「123」을 대입하고 마지막에 save 메서드로 파일로서 저장합니다.

Excel에서 sample4_1.xlsx을 연 것을 살펴봅시다.

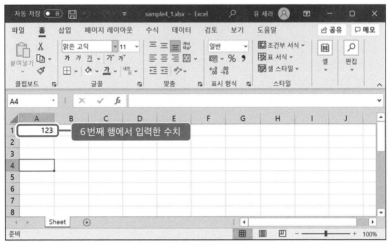

그림 4-2-1   save_book_01.py에 의해 작성된 Excel 북

6번째 행, 7번째 행의 기술이 반영되어 있는 걸 알 수 있습니다.

상대 경로 지정과 절대 경로 지정

7번째 행에서 저장하는 북의 파일명을 지정했습니다. 다양한 환경에서 응용을 할 수 있도록 여기에서 상대 경로 지정과 절대 경로 지정에 대해서 다시 한번 설명합니다.

이 샘플처럼 save 메서드에 파일명만 지정하면 파일은 현재 디렉터리(폴더)에 저장됩니다. 65페이지에서 소개한 조작처럼 VS Code에서 「폴더 열기」로부터 각 장의 prg 폴더를 선택했을 때는 그 prg 폴더가 현재 디렉터리로 되어 있습니다. 그 상태에서 파일명만을 지정해서 save하면 sample4_1.xlsx는 프로그램(save_book_01. py)과 같은 폴더에 저장됩니다.

save_book_01.py는 Chapter4에 해당하는 04 폴더 아래의 prg에 있습니다. 현재 디렉터리가 이 prg 폴더로 되어 있을 때 04 폴더의 data 폴더 쪽에 sample4_1. xlsx을 저장하고자 한다고 합시다. 그때 저장하는 파일명의 파라미터에는 두 개의 작성법이 있습니다.

첫 번째가 상대 경로 지정입니다. save 메서드에 전달하는 경로 문자열[1]을 다음과 같이 합니다.

```
wb.save("..￦data￦sample4_1.xlsx")
```

기술 도중에 나오는 「.(마침표)」는 하나만 기술했을 때는 현재 디렉터리를 나타내고 두개를 나란히 「..」으로 했을 때는 현재 디렉터리 하나 위의 디렉터리를 나타냅니다. 즉, 위 코드의 경우는 현재 디렉터리인 prg의 하나 위, 즉 04 폴더를 가리킵니다. 그러므로 ..￦data는 04￦data를 나타냅니다.

「￦」는 폴더명이나 파일명의 구분을 나타냅니다. ￦는 「백슬러시」라는 기호입니다. 환경에 따라서는 「\」로 표시될 수도 있습니다.

다음으로 절대 경로 지정의 기술을 설명합니다. 예를 들어 「04」 등 장마다의 폴더가 C 드라이브의 excel_python_ref 폴더에 있다고 합시다. 절대 경로 지정은 다음과 같이 드라이브 문자부터 전체 디렉터리를 전체 경로로 기술하는 방법입니다.

---

[1] 경로 문자열은 파일의 존재하는 장소를 파일명을 포함해서 기술한 것입니다.

```
wb.save(r"c:\excel_python_ref\04\data\sample4_1.xlsx")
```

절대 경로 지정의 이점은 현재 디렉터리가 어디로 되어 있던지 신경 쓰지 않고 끝나는 부분입니다. 현재 디렉터리를 비롯해 변동하는 환경이 어떻게 되든 반드시 절대 경로로 지정한 폴더에 파일을 저장할 수 있습니다. 한편 불편한 점은 폴더 구성을 바꾸려고 생각하면 프로그램 내의 절대 경로의 기술을 빠짐없이 바꿔 적어야 하는 점입니다.

예를 들어, 샘플 프로그램을 저장한 폴더를 이전에 적은 c:\excel_python_ref가 아닌 c:\sample로 변경하거나 데이터, 프로그램을 이쪽의 폴더에 복사하거나 한 경우, 프로그램 내의 절대 경로를 c:\sample\04\data\sample4_1.xlsx로 바꿔 적어야 합니다. 한 군데, 두 군데면 바꿔 적을 수 있지만 프로그램이 많이 있고, 그 안에 절대 경로 지정이 많다면 수정이 힘들어집니다.

raw 문자열

절대 경로 지정으로 기술한 코드에서

```
r"c:\excel_python_ref\04\data\sample4_1.xlsx"
```

의 앞에 있는 r을 보고 「무엇을 나타내는 걸까?」라고 생각한 분 있나요? 여기에서는 이 r에 대해 설명합니다.

Python에서는 문자열의 앞에 r을 붙이면 이스케이프 시퀀스를 전개하지 않고 그 대로의 값을 문자열로 취급해 줍니다. 이 문자열을 raw 문자열이라고 합니다. raw는 「생(生)」이라는 뜻입니다. 이 경우는 「그대로의 문자열」이라고 해석하면 좋을 것 같습니다.

이스케이프 시퀀스란 \t(탭)나 \f(폼피드) 등과 같은 특별한 의미를 가진 기술을 말합니다. 이 이스케이프 시퀀스가 문자열 내에 포함됐을 때 그 특별한 의미를 무시하고 싶을 때 지정합니다. 위의 문자열은 디렉터리의 구분을 나타내는 ₩의 다음 문자에 숫자가 있습니다. 구체적으로는 「₩0」[2]입니다. 이것이 경로 지정의 중간에 있기 때문에 r을 지정해 두지 않으면 ₩0이 나왔을 때 Python은 그것을 이스케이프 시퀀스로 해석하기 때문에 오류가 발생합니다.

이것은 Windows에서는 폴더나 파일의 구분에 ₩를 사용하는 근본적인 원인입니다. ₩가 나와도 바로 뒤의 문자와의 조합에 따라서는 이스케이프 시퀀스가 되지 않기도 합니다. 그렇다고 해도 이스케이프 시퀀스가 되는지 안 되는지에 신경 쓰면서 코드를 적는 것은 그다지 효율적이지 않습니다. Excel 파일을 지정할 때는 물론 코드 내에서 폴더나 파일을 기술할 때에는 반드시 r을 붙여서 raw 문자열로 다루는 것을 습관화하면 좋을 것입니다.

---

[2] ₩0은 null 문자라는 특수한 값을 가진 문자로서 다뤄집니다. 기기 제어나 문자열의 끝부분을 나타낼 때 등, 특수한 용도로 이용되는 경우가 많은 이스케이프 시퀀스입니다.

4-3 북을 연다

004: load_book_01.py

```python
01   import openpyxl
02
03
04   wb = openpyxl.load_workbook(r"..\data\sample4_1.xlsx")
05   ws = wb.active
06   print(ws["A1"].value)
```

작성을 끝낸 Excel 북을 프로그램이 읽어 들이려면 load_workbook 함수를 사용
합니다. load_workbook 함수의 인수에 읽어 들이고 싶은 파일의 경로를 지정합니
다.

이 샘플에서는 04\data\에 있는 sample4_1.xlsx을 읽어 들이고 있습니다.
sample4_1.xlsx에는 시트(Sheet)가 하나만 있으므로 북을 열면 그 시트가 자동으
로 액티브가 됩니다. 이것을 wb.active를 해서 변수 ws로 취득합니다. 시트상의 셀
값은

ws["A1"].value

처럼 셀 번지(A1)를 지정하고 value 프로퍼티로 취득할 수 있습니다.

이 프로그램을 VS Code상에서 메뉴로부터 「실행」→「디버깅 없이 실행」으로 실
행하고 터미널에서 실행 결과를 확인하면 「123」이라고 출력됩니다.

그림 4-3-1 터미널에 표시된 실행 결과

이 샘플처럼 북을 여는 목적이 읽어 들이기 전용의 경우는 다음과 같이 read_
only 인수에 True를 지정하고 읽어 들이기 전용으로 열 수 있습니다.

> **wb = openpyxl.load_workbook(r"..₩data₩sample4_1.xlsx",read_
> only=True)**

또한, read_only 인수의 기본 값은 False이므로 기술을 생략하면 편집할 수 있는
상태로 열립니다.

다음 코드와 같이 import함으로써 openpyxl로부터 load_workbook 함수를 직
접 지정해서 임포트할 수도 있습니다.

코드 4-3-1 load_workbook의 기술을 간소화하도록 임포트한 예

```
005: load_book_02.py

01   from openpyxl import load_workbook

02

03

04   wb = load_workbook(r"..₩data₩sample4_1.xlsx")

05   ws = wb.active

06   print(ws["A1"].value)
```

1번째 행에서 load_workbook을 통째로 임포트하였기 때문에 4번째 행의

101

```
wb = load_workbook( )
```

처럼 간소한 기술로 load_workbook을 이용할 수도 있습니다. 여러 번 특정 함수를 사용하는 경우를 위해서 이러한 임포트 방법도 있다고 기억해 두면 좋을 것입니다.

4-4 북을 덮어 써서 저장한다

코드 4-4-1 편집한 북을 덮어 써서 저장한다

006: save_book_02.py

```
01  import openpyxl
02
03
04  wb = openpyxl.load_workbook(r"..\data\sample4_1.xlsx")
05  ws = wb.active
06  ws["A1"].value = 456
07  wb.save(r"..\data\sample4_1.xlsx")
```

읽어 들인 북에 내가 추가한 변경을 저장하려면 북을 덮어 써서 저장합니다. 구체적으로는

load_workbook( )

을 사용해서 북을 읽어 들일 때와 똑같이 경로를 지정해서 save 메서드를 실행합니다. Excel처럼 「덮어 써서 저장」하는 함수나 메서드가 있는 것이 아닌, 파일을 저장하는 save 메서드를 실행할 때 「같은 장소에 있는 같은 파일명」을 지정합니다. 간단하게 「이름을 붙여서 저장할 때 같은 파일명을 지정한다」처럼 기술한다고 생각해 주세요.

위의 샘플에서는

ws["A1"].value = 456

으로 A1 셀의 값을 123에서 456으로 변경했습니다. 이것이 편집에 해당합니다. 실제 프로그램에서는 자신의 환경에서 필요한 처리를 기술하세요. 편집 후의 처리로서

..₩data₩sample4_1.xlsx

을 save 메서드의 인수에 지정해서 저장합니다.

프로그램 실행 후에 Excel에서 sample4_1.xlsx를 열면 A1 셀의 값이 123에서 456으로 바뀐 것을 알 수 있습니다.

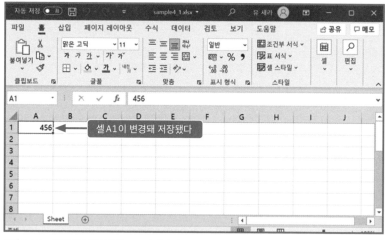

그림 4-4-1   프로그램 실행 후의 sample4_1.xlsx

다만, 편집 대상의 북을 Excel에서 열어 놓은 상태로 프로그램을 실행하면 PermissionError가 발생하며 실행할 수 없습니다. 반드시 북을 닫은 상태에서 프로그램을 실행하세요. 또한, 접근 권한이 없는 폴더에 써넣으려고 할 때도 같은 오류가 발생합니다.

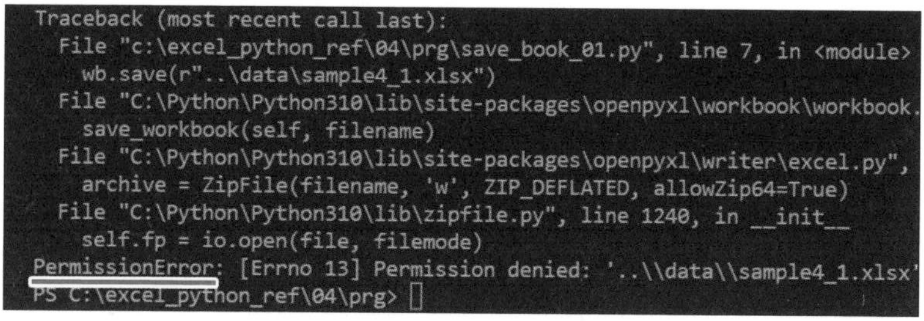

```
Traceback (most recent call last):
  File "c:\excel_python_ref\04\prg\save_book_01.py", line 7, in <module>
    wb.save(r"..\data\sample4_1.xlsx")
  File "C:\Python\Python310\lib\site-packages\openpyxl\workbook\workbook.
    save_workbook(self, filename)
  File "C:\Python\Python310\lib\site-packages\openpyxl\writer\excel.py",
    archive = ZipFile(filename, 'w', ZIP_DEFLATED, allowZip64=True)
  File "C:\Python\Python310\lib\zipfile.py", line 1240, in __init__
    self.fp = io.open(file, filemode)
PermissionError: [Errno 13] Permission denied: '..\\data\\sample4_1.xlsx'
PS C:\excel_python_ref\04\prg> 
```

그림 4-4-2　PermissionError가 발생한 경우의 터미널의 표시

4-5 북을 다른 이름으로 저장한다

```
01    import openpyxl
02
03
04    wb = openpyxl.load_workbook(r"..₩data₩sample4_1.xlsx")
05    ws = wb.active
06    ws["A1"].value = 456
07    wb.save(r"..₩data₩sample4_1_변경 후.xlsx")
```

읽어 들인 북(sample4_1.xlsx)의 셀 A1의 값을 변경하고 다른 파일명을 붙여서 저장하는 프로그램입니다. ws["A1"].value = 456에서 셀 A1의 값을 123에서 456으로 변경하고 「sample4_1_변경 후.xlsx」라는 새로운 파일명으로 저장합니다.

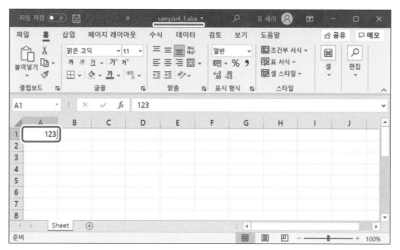

그림 4-5-1 편집 전의 북(sample4_1.xlsx)

프로그램을 실행 후에 sample4_1_변경 후.xlsx를 Excel에서 열면 셀 A1의 값이
456으로 바뀌어 저장돼 있는 것을 확인할 수 있습니다. 당연하지만 변경 후의 북에
다른 이름을 붙여서 저장하였으므로 sample4_1.xlsx에는 어떠한 편집도 더해져 있
지 않습니다.

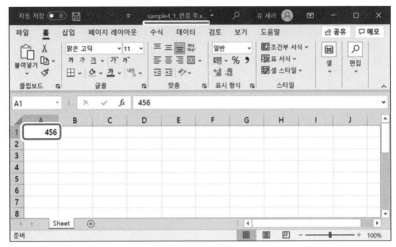

그림 4-5-2 편집 후에 다른 이름으로 저장한 북(sample4_1_편집 후.xlsx)

또한, 이 샘플로 알 수 있듯이 openpyxl에서는 한국어 파일명도 다룰 수 있습니다. 다.

4-6 폴더에 있는 북을 모두 연다 ①

추가로 사용하는 라이브러리 : pathlib

008: load_books_01.py

```
01  import pathlib
02  import openpyxl
03
04
05  path = pathlib.Path(r"..\data")
06  for path_obj in path.iterdir( ):
07      if path_obj.match("*.xlsx"):
08              wb = openpyxl.load_workbook(path_obj)
09              ws = wb.active
10              print(ws["A1"].value)
```

CHAPTER 4

북을 조작한다

어떤 폴더에 존재하는 Excel 북을 전부 여는 코드를 살펴봅시다. 이 코드에서는 그렇게 연 각 북에는 각각 한 개의 시트만 있는 상태입니다. 각 시트의 셀 A1에 입력되어 있는 값을 출력하도록 처리합니다.

먼저 1번째 행의

import pathlib

로 표준 라이브러리의 pathlib을 임포트합니다. pathlib을 사용하면 파일이나 폴더의 경로를 오브젝트로서 조작할 수 있기 때문에 프로그램 내에서 직접 다룰 수 있게 됩니다.

5번째 행의

pathlib.Path( )

는 Path 오브젝트를 생성합니다. 인수에 ..₩data 폴더를 지정하였으므로 부모 폴더 (샘플 프로그램의 경우는 04)의 샘플 폴더인 data 폴더를 가리킵니다.

이 data 폴더에는 확장자가 xlsx인 Excel 북 외에 Word 파일(확장자는 docx)이나 PDF 파일(확장자는 pdf)도 존재합니다. 그중에서 확장자가 xlsx인 파일을 읽어 들이고자 하는 것입니다.

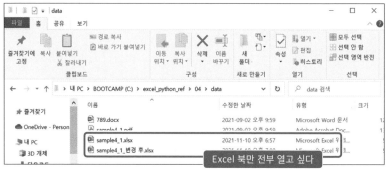

그림 4-6-1   data 폴더(04 아래)에 있는 파일

파일을 선택해 읽어 들이는 처리가 6번째 행부터 시작됩니다. 6번째 행에 나오는

path.iterdir( )

은 경로가 폴더를 가리키는 경우 그 폴더 내에 있는 파일과 폴더를 경로 오브젝트로 반복해 취득합니다. 그것을 하나씩 보고 Excel 북인지 여부를 조사하는 것이 그 다음의 7번째 행입니다.

이 7번째 행의

pass_obj.match( )

는 현재 경로가 인수로서 받은 패턴과 일치하면 True, 일치하지 않으면 False를 반환합니다. 여기에서는 패턴으로서 「*.xlsx」을 줍니다. 「*」(애스터리스크)는 와일드 카드라고 하며 길이 0문자 이상의 임의의 문자열에 매치합니다. 즉, 패턴으로서 「*.xlsx」을 지정함으로써 확장자가 xlsx인 Excel 북으로 pass_obj.match( )의 결과가 True가 되며, Excel 북 전부를 처리 대상으로 할 수 있는 것입니다.

Excel 북을 찾았다면 8번째 행의

load_workbook( )

으로 읽어 들입니다. 이것을 반복해서 지정한 폴더 내의 전체 Excel 북에 대해서 같은 처리를 할 수 있습니다. 프로그램으로서는

❶ 지정한 폴더 내의 파일을 하나 정한다
❷ 그 파일이 Excel 북인지 여부를 조사한다
❸ 그 파일이 Excel 북이면 프로그램에서 기술한 대로 처리한다

라는 순서로 처리를 진행해 나갑니다. 이 ①~③을 하나의 사이클로서 모든 파일을 다루지 않은 파일이 없을 때까지 반복합니다.

이 샘플 프로그램에서는 Excel 북을 찾은 경우의 처리를 9번째 행, 10번째 행에 기술합니다. 간단히 설명하면, 샘플로서 준비한 파일의 경우 각 Excel 북에는 시트가 1장만 존재하므로

wb.active

로 취득하고 A1 셀의 값을 출력합니다.

실행 결과를 보면 123과 456 두 개의 숫자가 출력됩니다.

그림 4-6-2 터미널에 표시된 실행 결과

5번째 행에서 지정한 폴더나 9번째 행, 10번째 행의 처리는 자신의 업무에 맞게
적당히 바꿔서 사용하세요.

또한, 와일드카드에 대해서 조금 보충하면 예를 들어, 「10*.xlsx」처럼 지정하면 파
일명이 「10」으로 시작되며(10뿐인 경우도 포함), 확장자가 xlsx인 파일을 대상으로
합니다. 와일드카드는 잘 사용하면 그것만으로도 여러 가지 프로그램을 만들 수 있
습니다. 이 책에서는 그다지 깊게 설명할 수 없지만 꼭 스스로 조사해 보세요.

4-7 폴더에 있는 북을 모두 연다②

추가로 사용하는 라이브러리 : pathlib

009: load_books_02.py

```
01  import pathlib
02  import openpyxl
03
04
05  path = pathlib.Path(r"..\data")
06  for path_obj in path.glob("*.xlsx"):
07      wb = openpyxl.load_workbook(path_obj)
08      ws = wb.active
09      print(ws["A1"].value)
```

4-6에서는 pathlib의 iterdir 메서드로 반복해 지정한 폴더의 파일을 취득하고, 마찬가지로 pathlib의 match 메서드로 패턴 「*.xlsx」에 일치하는지를 판단하여 Excel 북을 가려내서 처리했습니다. 처음은 그렇게 하는 것이 프로그램의 동작을 이해하기 쉬울 거라 생각해서 우선은 그러한 설계의 프로그램으로 했습니다. 그러나 pathlib 의 glob 메서드를 사용하면 훨씬 간결하게 프로그램을 기술할 수 있습니다. glob 메서드는 인수에 지정한 다른 패턴에 일치하는 파일만을 취득합니다. 그러므로 4-6의 load_books_01.py와 같이 if 문을 사용하여 확장자가 xlsx인지 여부를 알아보는 처리가 불필요해집니다.

실행 결과는 이전 페이지의 프로그램과 마찬가지로 123과 456의 두 숫자가 출력됩니다.

그림 4-7-1   터미널에 표시된 실행 결과

4-8 북의 정보를 취득한다

```
010: get_properties.py

01  import openpyxl
02
03
04  wb = openpyxl.load_workbook(r"..\data\sample4_1.xlsx")
05  print(wb.properties.creator)
06  print(wb.properties.title)
07  print(wb.properties.last_modified_by)
```

북의 타이틀이나 작성자, 최종 갱신자, 최종 갱신일 등의 정보가 필요하면 Workbook 오브젝트의 properties 를 사용합시다.

물론 Excel에서 북을 열고 파일 메뉴로부터 정보를 선택하면 프로퍼티가 표시됩니다. 북의 타이틀이나 작성자, 최종 갱신자 등이 표시되어 있습니다.

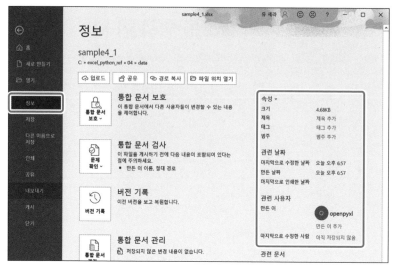

그림 4-8-1　Excel에서 북의 정보를 참조한 것

그러나 앞에서 설명한 properties를 사용하면 Excel에서 북을 열지 않아도 Python 프로그램에서 직접 북의 프로퍼티 참조할 수 있습니다. 예를 들어, 작성자는 Workbook 오브젝트의 properties.creator로 취득할 수 있습니다.

이 프로그램을 실행해 봅시다.

그림 4-8-2　터미널에 표시된 실행 결과

처음으로 출력되는 creator는 5번째 행의 처리입니다. 실행한 결과, openpyxl라고 표시됩니다. 이것은 openpyxl 라이브러리를 사용해 Python에서 작성한 북이기 때문입니다.

2번째로 출력되는 title은 6번째 행의 처리에서 결과는 None이라고 출력됩니다. 이 북의 타이틀은 설정되어 있지 않기 때문입니다. 마지막에 출력된 last_modified_by(7번째 행)는 최종 갱신자로 SELA[1]라고 출력됩니다.

이렇게 취득한 북의 각 정보는 프로그램 내에서 값으로 이용할 수 있습니다.

---

[1] 환경에 따라 최종 갱신자는 다를 수 있습니다.

4-9 북의 정보를 갱신한다

```
011: set_properties.py

01   import openpyxl
02
03
04   wb = openpyxl.load_workbook(r"..\data\sample4_1.xlsx")
05
06   wb.properties.creator = "철수"
07   wb.properties.title = "제4장 샘플"
08   wb.properties.last_modified_by = "김철수"
09
10   wb.save(r"..\data\sample4_1.xlsx")
```

북 정보는 참조할 뿐만 아니라 편집도 할 수 있습니다. Workbook 오브젝트의 properties에서 각 요소를 다시 설정하는 코드도 소개합니다.

이 프로그램에서는 creator(작성자)를 「철수」(6번째 행), title(타이틀)을 「제4장 샘플」(7번째 행), last_modified_by(최종 갱신자)를 「김철수」로 변경해(8번째 행), save 메서드로 저장합니다. 이로써 변경이 저장됩니다(10번째 행).

프로그램 실행 후에 Excel에서 북의 정보를 표시하면 프로그램에서 기술한 정보대로 변경돼 있는 것을 알 수 있습니다.

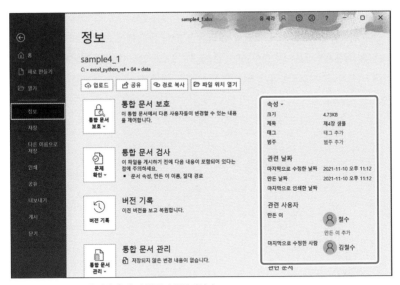

그림 4-9-1 프로그램 실행 후에 각 항목이 변경되었다

다음으로 어떤 폴더에 여러 개 존재하는 Excel 북의 작성자를 모두 변경하는 프로그램을 소개합니다. 지금까지 소개한 코드의 응용으로 일괄 변경이 됩니다.

코드 4-9-1 폴더 내의 북 작성자를 일괄 변경하는 프로그램

```
012: set_files_property.py

01    import pathlib
02    import openpyxl
03
04
05    path = pathlib.Path("..\data")
06    for path_obj in path.glob("*.xlsx"):
07        wb = openpyxl.load_workbook(path_obj)
08        wb.properties.creator = "김철수"
09        wb.save(path_obj)
```

앞의 코드와 「4-7 폴더에 있는 북을 모두 연다②」에서 다룬 코드를 기반으로 프로그래밍했습니다. 이 프로그램을 실행하면 data 폴더에 있는 Excel 북(확장자가 xlsx)의 작성자를 모두 「김철수」로 변경합니다. Excel에서 하나씩 작업하는 걸 생각하면 Python을 사용함으로써 비교도 되지 않을 만큼 효율화할 수 있는 것을 실감할 수 있을 것입니다.

4-10 북을 보호한다

```
013: protect_book.py

01  import openpyxl
02  from openpyxl.workbook.protection import WorkbookProtection
03
04
05  wb = openpyxl.load_workbook(r"..\data\sample4_1.xlsx")
06
07  wb.security = WorkbookProtection(
08      workbookPassword="sengaku", lockStructure=True
09  )
10
11  wb.save(r"..\data\sample4_1.xlsx")
```

Excel에는 실수로 필요한 정보가 바뀌지 않도록 북을 보호하는 기능이 있습니다. 이것을 사용하려면 「파일」 탭을 열고 「정보」에서 「통합 문서 보호」를 클릭한 뒤 「통합 문서 구조 보호」를 클릭합니다.*

---

* 역주 : 혹시 sample4_1.xlsx가 열려 있다면 파일을 닫은 후 위 코드를 실행합니다.

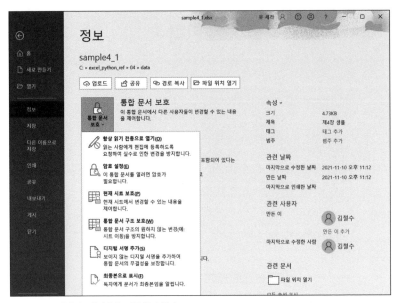

그림 4-10-1 「파일」 탭의 「정보」를 클릭한다

그러면 암호를 입력하는 대화상자가 표시되므로 임의의 암호를 설정하고, OK 버튼을 클릭하면 북의 보호가 설정됩니다[1]. 북의 보호를 걸면 시트의 이동, 삭제, 추가 등의 조작을 할 수 없게 됩니다.

---

*1 암호를 생략해서 보호할 수도 있지만 그렇게 하면 보호의 해제가 너무 간단해지므로 생략하지 않는 것이 좋을 것입니다.

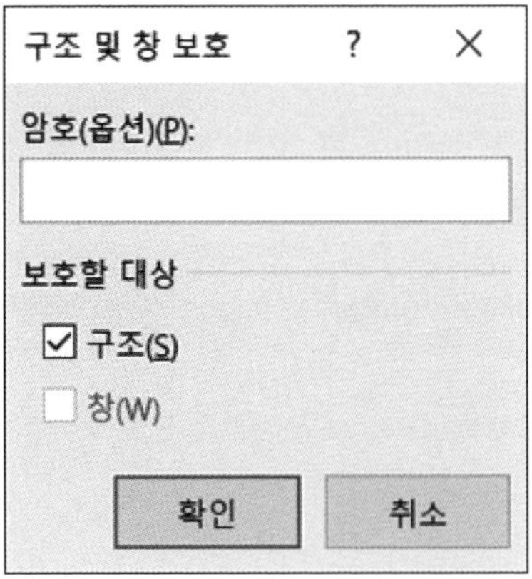

그림 4-10-2 이 화면에서 암호를 설정해 북을 보호

이 북의 보호도 openpyxl로 할 수 있습니다. 보호하고 싶은 북이 여러 개 있고 한 꺼번에 보호 설정을 해야 할 때 사용할 수 있는 코드가 있습니다.

그럼 앞의 프로그램을 순서대로 살펴봅시다. openpyxl을 임포트한 다음의 2번째 행에서

```
from openpyxl.workbook.protection import WorkbookProtection
```

이라고 기술함으로써 별도 openpyxl.workbook.protection으로부터 Workbook Protection만을 임포트합니다. 이미 openpyxl 전체를 임포트하고 있으므로 WorkbookProtection을 일부러 다시 임포트할 필요는 없지만, 이렇게 임포트 해 두면 7번째 행부터 9번째 행처럼 WorkbookProtection 오브젝트를 생성하고 wb.security 프로퍼티에 대입할 때 간단하게 WorkbookProtection이라고 기술할 수 있습니다.

```
07  wb.security = WorkbookProtection(
08          workbookPassword="sengaku", lockStructure=True
09  )
```

workbookPassword에는 암호를 설정합니다. 계속해서 lockStructure를 True
로 함으로써 북의 보호가 설정됩니다. 물론 마지막으로 읽어 들인 북을 save 메서드
로 저장해야 합니다.

여기에서 2번째 행의 import 문인

```
from openpyxl.workbook.protection import WorkbookProtection
```

을 기술하지 않은 경우에 WorkbookProtection 오브젝트를 생성하는 코드가 어떻
게 되는지 살펴봅시다.

```
wb.security = openpyxl.workbook.protection.WorkbookProtection(
        workbookPassword="sengaku", lockStructure=True
)
```

그럴 때는 WorkbookProtection을 호출하기 위해서 openpyxl로부터 하나하나
기술하기 시작해야 합니다. 조금 아니 꽤 번거롭습니다. 프로그램 내에서 여러 번 나
올 것 같으면 이번 코드처럼 중복해서 임포트하는 방법으로 기술을 간단하게 하면
편리합니다.

또한, 북의 보호를 해제하려면 대상의 Excel 북을 읽어 들어와서 다음과 같이
lockStructure를 False로 설정합니다.

```
wb.security = WorkbookProtection(
        workbookPassword="sengaku", lockStructure=False
)
```

또한, 다음과 같이 openpyxl로부터 load_workbook만을 임포트하도록 하면 같
은 처리를 보다 깔끔하게 기술할 수 있습니다.

```
01  from openpyxl import load_workbook
02  from openpyxl.workbook.protection import WorkbookProtection
03
04
05  wb = load_workbook(r"..₩data₩sample4_1.xlsx")
06
07  wb.security = WorkbookProtection(
08          workbookPassword="sengaku", lockStructure=True
09  )
10
11  wb.save(r"..₩data₩sample4_1.xlsx")
```

CHAPTER 4 북을 조작한다

Chapter

5

시트를 조작한다

5-1 시트를 취득한다

```
014: get_sheet_01.py

01    import openpyxl
02
03
04    wb = openpyxl.load_workbook(r"..\data\sample5_1.xlsx")
05    ws = wb["Sheet1"]
06    print(ws["A1"].value)
```

여러 개의 시트상의 데이터를 다룰 때에는 시트명으로 시트(워크시트)를 선택해야 합니다. 그러기 위한 코드를 설명합니다.

아는 바와 같이 Excel에서 신규로 북을 작성하면 Sheet1이라는 이름의 시트가 1장 작성됩니다. 위 코드의 동작을 확인하기 위해서 실제로 북을 작성하고 Sheet1의 셀 A1에 「시트1」이라고 입력했습니다.

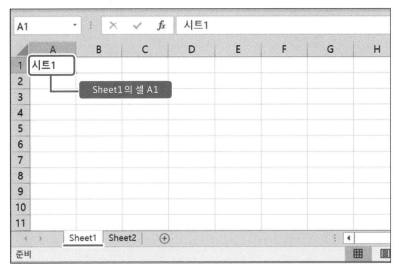

그림 5-1-1　신규 북의 Sheet1에서 셀 A1에 「시트1」이라고 입력

　여러 개의 시트로부터 시트를 선택하는 처리를 설명하고자 다음에 시트명의 오른쪽 가로의 +(새로운 시트) 아이콘을 클릭해 신규 시트를 추가해 둡니다. 물론 실제 업무에 프로그램을 적용시킬 때는 대상의 북에는 이미 여러 개의 시트가 만들어져 있을 것 같지만 여기에서는 레퍼런스 코드의 동작 확인용으로 신규 북에 2번째 장의 시트를 추가하는 순서로 여러 개의 시트를 준비합니다. 그러고 나서 Sheet2의 셀 A1에 「시트2」라고 입력합니다.

그림 5-1-2 Sheet2를 만들고 셀 A1에 「시트2」라고 입력

　Sheet2라는 이름의 시트가 추가되므로 A1 셀에 「시트2」라고 입력했습니다. 이 북은 Chapter5 용의 폴더 「05」 아래의 「data」 폴더에 「sample5_1.xlsx」라는 이름으로 저장되어 있습니다.

　그럼 시트명으로 시트를 취득하는 프로그램에 대해서 살펴봅시다. 시트를 취득하기 위해서는 Worksheet 오브젝트를 사용합니다. 위의 코드에서는 4번째 행에서 Worksheet 오브젝트를 wb로 취득했습니다. 이 오브젝트에 대해서 5번째 행에 기술한

```
wb["Sheet1"]
```

처럼 시트명을 지정함으로써 시트 자체를 취득할 수 있습니다. 위의 프로그램에서는 이처럼 취득한 시트에 대하여 거듭 셀 A1을 취득하여 표시합니다(6번째 행). 이것을 실행하면 터미널에 「시트1」이라고 출력됩니다.

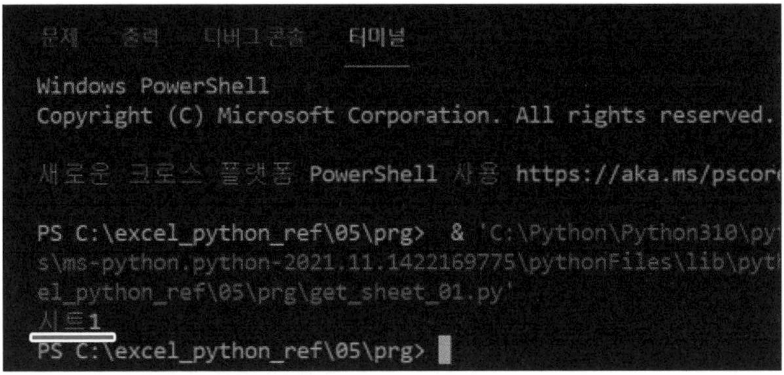

그림 5-1-3　get_sheet_01.py의 출력 결과

여기에서 5번째 행을

ws = wb["Sheet2"]

라고 시트명에 Sheet2를 지정하도록 변경하면 Sheet2를 Worksheet 오브젝트 변수 ws[1]에 취득할 수 있습니다.

그림 5-1-4　이번은 시트 2라고 출력되었다

---

[1]　wb나 ws는 변수명에 지나지 않으므로 임의의 변수를 붙일 수 있습니다.

하나의 북 내에서 어떤 시트에서 다른 시트로 옮겨 적고 싶거나 어떤 시트에 입력된 값을 편집하고 결과를 다른 시트에 써넣는 사용법을 생각해 볼 수 있는데 그러한 경우에서는 Worksheet 오브젝트 변수를 여러 개 작성하면 좋을 것입니다.

코드 5-1-1   여러 개의 시트를 동시에 다루는 경우의 코드

```
015: get_sheets_01.py

01   import openpyxl

02

03

04   wb = openpyxl.load_workbook(r"..₩data₩sample5_1.xlsx")
05   ws1 = wb["Sheet1"]
06   ws2 = wb["Sheet2"]
07   print(ws1["A1"].value)
08   print(ws2["A1"].value)
```

이처럼 두 개의 Worksheet 오브젝트 변수(ws1, ws2)를 만드는 것으로 여러 개의 시트를 조작할 수 있습니다.

또한, 시트명 뿐만 아니라 시트의 인덱스를 사용해서 시트를 취득할 수도 있습니다.

코드 5-1-2   인덱스를 사용해서 시트를 취득하는 코드

```
016: get_sheet_02.py

01   import openpyxl

02

03

04   wb = openpyxl.load_workbook(r"..₩data₩sample5_1.xlsx")
05   ws = wb.worksheets[0]
```

```
06    print(ws["A1"].value)
```

5번째 행처럼 Workbook 오브젝트의 worksheets 프로퍼티에 인덱스 번호를 지정함으로써 Workbook 오브젝트를 취득할 수 있습니다.

이것을 실행해 봅시다. 인덱스 번호는 0부터 시작하므로 Sheet1이 취득되었습니다.

그림 5-1-5 「시트1」이라고 출력되었다

5-2 시트를 추가한다

017: create_sheet_01.py

```
01  import openpyxl
02
03
04  wb = openpyxl.load_workbook(r"..\data\sample5_2.xlsx")
05  ws_new = wb.create_sheet()
06  wb.save(r"..\data\sample5_2.xlsx")
```

북에 새로운 시트를 추가하려면 Workbook 오브젝트의 create_sheet 메서드를
사용합니다.

4번째 행의

load_workbook( )

으로 읽어 들인 Workbook 오브젝트에 대해서 5번째 행의

create_sheet( )

로 시트를 추가하고 save( )로 변경을 저장하는(6번째 행) 것이 이 프로그램입니다.

이것을 실행하면 sample5_1.xlsx의 Sheet2의 오른쪽에 「Sheet」라는 이름으로
시트가 추가됩니다.

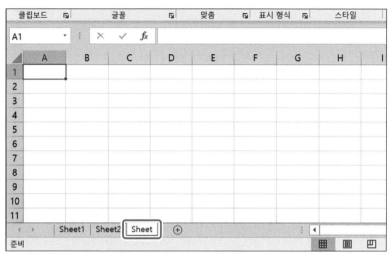

그림 5-2-1 새로운 시트 「Sheet」가 추가되었다

이 시트명 「Sheet」는 create_sheet 메서드가 붙인 이름입니다. 이것을 임의의 시트명으로 하려면 create_sheet( ) 인수에 시트명을 지정합니다. 이때 인수는 「title = 시트명」과 같이 기술합니다. 이 경우의 6번째 행은

```
ws_new = wb.create_sheet(title="추가한 시트")
```

가 됩니다. 이것을 실행해 봅시다. 실행 후의 북을 열어서 확인하면 이번은 「추가한 시트」라는 이름으로 시트가 추가되었습니다.

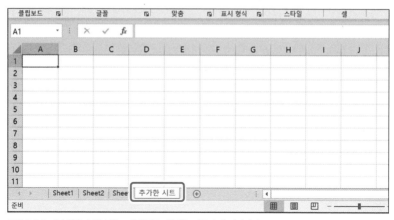

그림 5-2-2 「추가한 시트」라는 이름으로 새로운 시트가 추가되었다

5-3 시트명을 취득한다

018: get_sheet_name_01.py

```
01   import openpyxl
02
03
04   wb = openpyxl.load_workbook(r"..₩data₩sample5_3.xlsx")
05   ws = wb.worksheets[0]
06   print(ws.title)
```

5번째 행의

ws = wb.worksheets[0]

으로 Workbook 오브젝트로부터 첫 Worksheet 오브젝트를 취득하고 변수 ws에
대입합니다. 이 오브젝트에 대해서 6번째 행에서는 title 프로퍼티를 출력하는 처리
입니다. 이 title 프로퍼티가 시트명을 나타냅니다.

위의 코드를 실행해 봅시다.

그림 5-3-1 「Sheet1」이라고 출력되었다

샘플 파일의 sample5_1.xlsx에서는 인덱스 번호가 0인 시트 명칭은 Sheet1입니다. 이것이 제대로 출력되어 있는 것을 확인할 수 있었습니다.

그러나 시트명을 취득한다는 점에서는 오히려 북 내의 전체 시트명을 취득하는 경우가 많을 것 같습니다. 그 경우의 코드도 살펴봅시다.

코드 5-3-1 북 내의 전체 시트명을 취득한다

```
019: get_sheets_name_01.py

01    import openpyxl
02
03
04    wb = openpyxl.load_workbook(r"..₩data₩sample5_3.xlsx")
05    print(wb.sheetnames)
06    print(wb.sheetnames[3])
```

북에 포함되는 전체 시트명은 Workbook 오브젝트의 sheetnames 프로퍼티로 취득할 수 있습니다(5번째 행). 또한, sheetnames는 리스트이므로 인덱스 번호로 각각의 시트명을 취득할 수 있습니다. 인덱스 번호는 0부터 시작됩니다. 여기에서 이용하는 샘플 파일의 sample5_3.xlsx에는 4장의 시트가 있습니다. 6번째 행의 wb.sheetnames[3]으로는 4번째 장의 시트명을 호출합니다.

get_sheets_name_01.py를 실행하면 sample5_3.xlsx에 포함되어 있는 시트명

의 4항목이 표시되며 그것에 이어서 4번째 장의 시트명이 출력됩니다.

그림 5-3-2 먼저 4개의 시트명이 표시되며 이어서 4번째 장의 시트명「추가한 시트」가 표시된다

5-4 시트명을 변경한다

020: change_sheet_name_01.py

```
01  import openpyxl
02
03
04  wb = openpyxl.load_workbook(r"..₩data₩sample5_4.xlsx")
05  ws = wb["Sheet1"]
06  ws.title="표1"
07  wb.save(r"..₩data₩sample5_4.xlsx")
```

Worksheet의 title 프로퍼티를 변경하면 시트명을 변경할 수 있습니다. 그 코드를 자세히 살펴봅시다.

4번째 행의 load_workbook( )으로 읽어 들인 Workbook 오브젝트로부터 「Sheet1」이라는 시트명을 지정해서 Worksheet 오브젝트를 변수 ws에 취득합니다 (5번째 행). 이 오브젝트의 title 프로퍼티에 「표1」을 대입하면 시트명을 변경할 수 있습니다(6번째 행). save 메서드로 저장함으로써 시트명이 변경한 북을 저장합니다(7번째 행).

이 change_sheet_name_01.py를 실행한 다음 sample5_4.xlsx를 열어서 확인하면 첫 시트 명칭이 「표1」로 된 것을 확인할 수 있습니다.

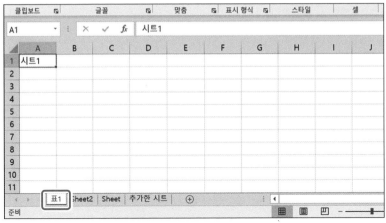

그림 5-4-1　첫 시트가 「표1」로 되었다

5-5 시트를 삭제한다

```
01   import openpyxl
02
03
04   wb = openpyxl.load_workbook(r"..₩data₩sample5_5.xlsx")
05   ws = wb["표1"]
06   wb.remove(ws)
07   wb.save(r"..₩data₩sample5_5.xlsx")
```

시트 삭제는 Workbook 오브젝트의 remove 메서드로 할 수 있습니다. 이 메서드에 전달하는 인수로 시트를 지정합니다.

위의 코드에서는 Workbook 오브젝트를 먼저 변수 wb에 저장하고(4번째 행), 다음으로 이 wb의 Worksheet 오브젝트를 시트명 「표1」을 지정하고 변수 ws에 대입했습니다(5번째 행). 이것을 remove 메서드의 인수로 지정함으로써 시트를 삭제합니다(6번째 행). 마지막으로 7번째 행에서 save 메서드를 사용해서 사용 후의 북을 저장합니다.

이 delete_sheet_01.py를 실행 후에 sample5_5.xlsx를 Excel로 열면 시트 「표1」이 삭제되어 있는 것을 알 수 있습니다.

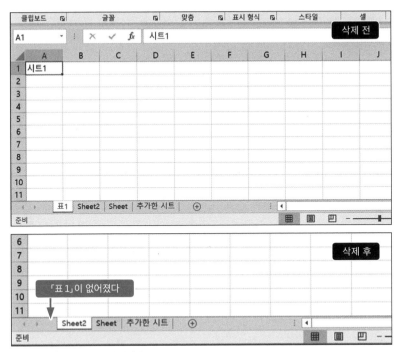

그림 5-5-1 　시트 「표1」을 삭제했다

또한, 이 코드처럼 Workbook 오브젝트 변수를 사전에 작성하는 기술을 하지 않아도 시트를 삭제할 수 있습니다.

코드 5-5-1 　인수에 오브젝트를 직접 표기한다

```
022: delete_sheet_02.py

01   import openpyxl

02

03

04   wb = openpyxl.load_workbook(r"..\data\sample5_5.xlsx")

05   wb.remove(wb["Sheet"])

06   wb.save(r"..\data\sample5_5.xlsx")
```

delete_sheet_02.py의 5번째 행처럼 Workbook 오브젝트에 시트명을 지정해서 삭제할 수 있습니다.

이것을 실행하고 프로그램에서 추가한 시트 「Sheet」가 삭제되어 있는 것을 확인합시다.

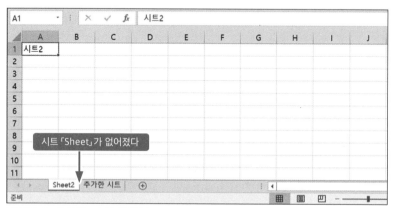

그림 5-5-2   시트 「Sheet」를 삭제했다

삭제하는 시트를 지정하려면 「5-3 시트명을 취득한다」와 마찬가지로 인덱스 번호도 사용할 수 있습니다.

코드 5-5-2   인덱스 번호를 사용해서 삭제하는 시트를 지정

```
023: delete_sheet_03.py

01   import openpyxl

02

03

04   wb = openpyxl.load_workbook(r"..\data\sample5_5.xlsx")

05   wb.remove(wb.worksheets[0])

06   wb.save(r"..\data\sample5_5.xlsx")
```

여기에서는 5번째 행에서 인수에

wb.worksheets[0]

이라고 시트의 인덱스 번호를 지정해서 삭제합니다.

인덱스 번호에 0을 지정했으므로 첫 시트가 삭제됩니다. 이 절의 코드를 차례대로 실행해온 경우, 이 delete_sheet_02.py를 실행하는 직전의 단계에서 첫 시트는 「Sheet2」였습니다. 실행 후는 이 시트가 삭제됩니다.

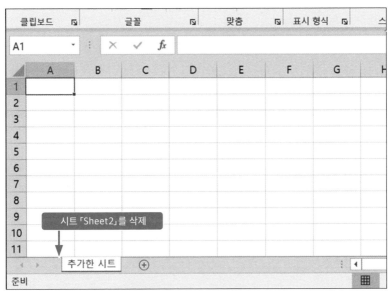

그림 5-5-3 앞의 시트 「Sheet2」를 삭제했다

5-6 시트 수를 취득한다

```
024: count_sheets_01.py

01    import openpyxl
02
03
04    wb = openpyxl.load_workbook(r"..₩data₩sample5_6.xlsx")
05    print(wb.sheetnames)
06    print(len(wb.sheetnames))
```

북에 몇 장의 시트가 포함되는지는 Workbook 오브젝트의 sheetnames로 찾을 수 있습니다. sheetnames는 북에 포함되는 시트를 리스트로 반환해 주기 때문에 len 함수로 요소의 수를 취득하면 시트 수를 알 수 있는 것입니다.

위의 코드에서는 sheetnames를 다루는 방법을 알 수 있게 5번째 행에서 취득한 시트명의 리스트를 표시하고 6번째 행에서 요소 수를 표시하는 처리를 합니다.

print 함수의 출력 결과를 보면 sample5_6.xlsx에는 시트가 3개 있으므로 리스트로서 ['Sheet1', 'Sheet2', 'Sheet']와 시트명이 3개 출력되어 len 함수는 3을 반환했습니다.

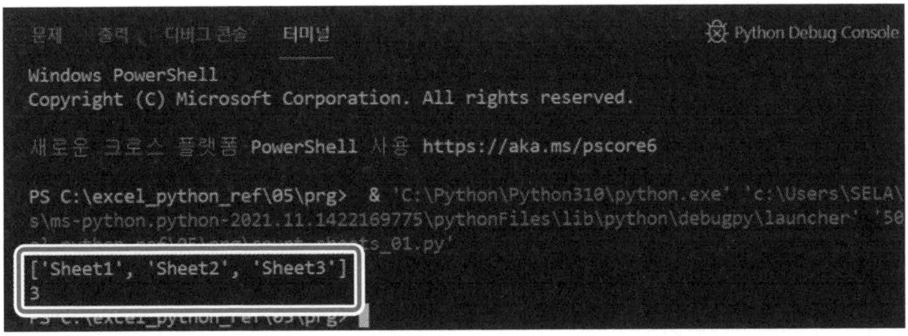

그림 5-6-1 시트명의 리스트와 요소 수를 출력

5-7 북의 전체 시트를 조작한다

```
025: update_all_sheets_01.py

01  import openpyxl
02
03
04  wb = openpyxl.load_workbook(r"..₩data₩sample5_7.xlsx")
05
06  i = 1
07  for ws in wb:
08      ws["B2"].value = i * 100
09      i += 1
10
11  wb.save(r"..₩data₩sample5_7.xlsx")
```

북에 포함되는 전체 시트를 한꺼번에 조작하는 방법을 설명합니다.

sample5_7.xlsx에는 시트가 3장 있습니다. 위의 코드는 이 북을 읽어 들여 전체 시트의 셀 B2에

i * 100

의 계산 결과를 써넣는 처리를 프로그램으로 한 것입니다. i는 1부터 시작되며 1씩 커집니다(6번째 행 및 9번째 행).

Python에서는 for 문 내에서 in 연산자를 사용하면 이터러블 오브젝트로부터 요소를 하나씩 꺼낼 수 있습니다. 이터러블 오브젝트란 리스트처럼 요소를 꺼내듯이 순서대로 꺼낼 수 있는 오브젝트를 말합니다. 이 프로그램에서의 이터러블 오브젝트는 Workbook 오브젝트입니다. Workbook 오브젝트 변수 wb로부터 Worksheet

오브젝트를 하나씩 변수 ws에 취득하며(7번째 행), B2 셀의 value 프로퍼티에 계산한 값을 대입합니다(8번째 행).

마지막으로 save 메서드로 북을 저장합니다. 이 프로그램을 실행 후에 Excel에서 sample5_7.xlsx를 열어서 확인합시다.

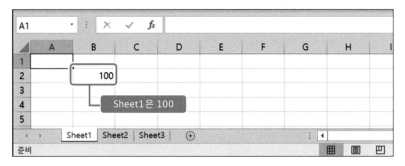

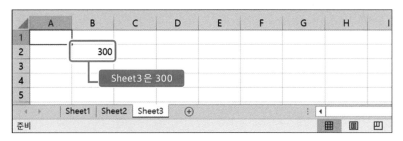

그림 5-7-1 각 시트의 셀 B2의 값에 주목

각 시트의 B2 셀에 값이 써넣어져 있습니다. 몇 번째 시트인가에 따라서 그 100배의 수치가 써넣어져 있습니다. 이렇게 해서 북에 포함되는 시트에 대해서 차례차례 조작할 수 있습니다.

다음의 코드는 시트의 셀이 아닌 각 시트의 시트명을 변경하는 프로그램입니다.

코드 5-7-1 시트명을 변경

```
026: update_all_sheets_02.py

01   import openpyxl
02
03
04   wb = openpyxl.load_workbook(r"..₩data₩sample5_7.xlsx")
05
06   for i,ws in enumerate(wb):
07       ws.title = f"표 {i+1}"
08
09   wb.save(r"..₩data₩sample5_7.xlsx")
```

이번에는 for 문 내에서 enumerate 함수를 사용합니다. enumerate 함수는 이터러블 오브젝트로부터 인덱스 번호와 요소를 한 쌍씩 꺼낼 수 있습니다. 요소는 이경우 Worksheet 오브젝트입니다. 이 코드에서는 6번째 행에서 enumerate 함수를 사용합니다.

시트명은 Worksheet 오브젝트의 title 프로퍼티를 참조했습니다. 그래서 Worksheet의 오브젝트 변수인 ws의 title 프로퍼티인 시트명을 순서대로 표1, 표2, 표3과 같이 변경합니다(7번째 행). 그러기 위해서 f 문자열(포맷 문자열 = f-strings)을 사용합니다. f 문자열에는 { }안에 변수나 식을 기술할 수 있습니다. 인덱스 번호는 0부터 시작하므로 그대로 사용하면 시트명은 「표0」부터 시작되어 버립니다. 이것을 「표1」「표2」「표3」으로 바꿔 적기 위해서 「표」에 이어지는 수치에는 i에 1을 더하도록 합니다. f 문자열에는 문자열 리터럴 앞에 f 또는 F를 놓고 싱글 쿼트(')또는 더블 쿼트(")로 문자열을 감쌉니다. 문자열의 format 메서드보다 간결하게 기술할 수 있게 되었으나 이용할 수 있는 것은 Python3.6 이후입니다.

이 프로그램을 실행하고 시트명이 「표1」, 「표2」, 「표3」으로 바뀐 것을 확인해 봅시다.

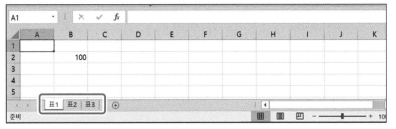

그림 5-7-2 　시트명이 「표1」「표2」「표3」으로 변경되었다

5-8 시트를 이동한다

```
01    import openpyxl
02
03
04    wb = openpyxl.load_workbook(r"..￦data￦sample5_8.xlsx")
05    wb.move_sheet("표1", offset=1)
06    wb.save(r"..￦data￦sample5_8.xlsx")
```

북의 내에서 시트 위치를 이동하려면 Workbook 오브젝트의 move_sheet 메서 드를 사용합니다. 인수 offset에 이동하는 수를 지정합니다.

먼저 이 코드에서 읽어 들이는 sample5_8.xlsx의 시트 구성을 살펴봅시다.

그림 5-8-1 「표1」은 첫 시트

이 북의 시트 「표1」을 하나 뒤(시트 「표2」의 오른쪽)으로 이동하고자 offset에 1을 지정했습니다(5번째 행).

프로그램을 실행하면 시트 「표1」이 「표2」의 바로 오른쪽으로 이동합니다.

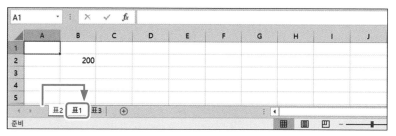

그림 5-8-2 「표1」이 하나 뒤로 이동했다

반대로 하나 앞으로 이동하려면 다음과 같이 offset에 -1을 지정합니다.

```
05    wb.move_sheet("표1", offset=-1)
```

5번째 행을 이처럼 수정해서 프로그램을 실행하면 표1이 표2의 앞으로 이동합니다.

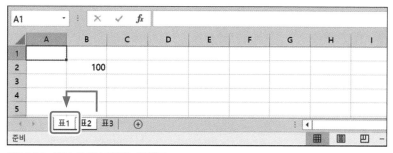

그림 5-8-3 「표1」이 하나 앞으로 이동했다

이 항의 처리와 같이 move_sheet 메서드로 앞의 시트 등 액티브한 시트를 이동하면 시트가 그룹화되어 버립니다.

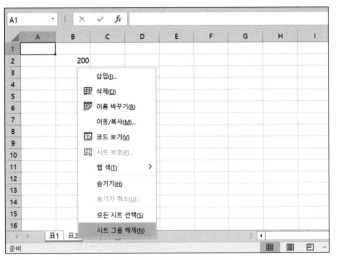

그림 5-8-4 액티브 시트를 이동했더니 시트가 그룹화되었다

move_sheet_01.py를 실행 후의 sample5_8.xlsx를 보면 표1과 표2가 그룹화 되어 있는 걸 알 수 있습니다.

Excel상에서 시트의 그룹화를 해제할 수도 있으나 이왕이면 프로그램에서 시트의 그룹화가 발생하지 않도록 시트를 이동시키고 싶습니다. 그러기 위해서 다음과 같이 기술합시다.

코드 5-8-1 그룹화하지 않고 액티브 시트를 이동

```
028: move_sheet_02.py

01   import openpyxl

02

03

04   wb = openpyxl.load_workbook(r"..\data\sample5_8.xlsx")

05

06   for ws in wb:

07       ws.sheet_view.tabSelected = None
```

```
08
09    wb.move_sheet(wb["표1"], offset=1)
10
11    wb.active = 0
12
13    wb.save(r"..\data\sample5_8.xlsx")
```

핵심이 되는 부분을 살펴봅시다. Workbook 오브젝트 변수wb로부터 Worksheet 오브젝트를 순서대로 변수 ws에 취득하고, tabSelected를 None으로 합니다(6~7 번째 행). 그리고 move_sheet 메서드로 시트를 이동하고 나서 11번째 행에서 첫 번째 시트(이 경우는 「표2」)를 액티브로 합니다.

move_sheet_02.py의 실행 결과를 확인하면 그룹화되어 있지 않은 것을 알 수 있습니다.

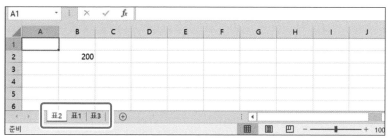

그림 5-8-5 시트 「표1」을 이동하고, 시트를 그룹화하지 않은 상태로 되었다

5-9 시트를 복사한다

```
029: copy_sheet_01.py

01    import openpyxl

02

03    wb = openpyxl.load_workbook(r"..\data\sample5_9.xlsx")

04

05    ws_copy = wb.copy_worksheet(wb["표1"])
06    ws_copy.title = "표1의 복사본"

07

08    wb.save(r"..\data\sample5_9.xlsx")
```

새로운 시트를 만들 때 같은 북에 있는 기존의 시트를 바탕으로 한다. 그럴 때는 같은 북의 내에서 시트를 복사합시다. 그러려면 Workbook 오브젝트의 copy_work sheet 메서드를 사용합니다.

위의 코드에서는 5번째 행에서 copy_worksheet 메서드에 wb["표1"]로서 Work sheet 오브젝트를 지정하고 시트「표1」을 복사했습니다. ws_copy 변수에 복사한 Worksheet 오브젝트를 대입하고 다음의 여섯 번째 행에서 title 프로퍼티에「표1의 복사본」을 대입하여 시트명을 지정합니다.

이 프로그램을 실행하면 시트「표1의 복사본」이 시트 끝에 작성됩니다. 그리고 셀 B2 셀의 값이 100이므로 시트「표1」이 복사된 것을 알 수 있습니다. 이처럼 copy_ worksheet 메서드로 시트를 복사하면 복사본의 시트는 북의 끝에 작성됩니다.

그림5-9-1　끝에 만들어진 시트 「표1의 복사본」

다음은 복사 원본의 시트를 다루는 Worksheet 오브젝트 변수를 작성하고 나서 복사하는 예를 소개합니다.

코드5-9-1　복사 원본의 변수 ws_orig를 작성한 프로그램

```
030: copy_sheet_02.py

01  import openpyxl

02

03

04  wb = openpyxl.load_workbook(r"..₩data₩sample5_9.xlsx")

05

06  ws_orig = wb["표2"]

07  ws_copy = wb.copy_worksheet(ws_orig)

08  ws_copy.title = ws_orig.title + "의 복사본"

09

10  wb.save(r"..₩data₩sample5_9.xlsx")
```

6번째 행에서 변수 ws_orig에 시트 「표2」의 Worksheet 오브젝트를 대입하고 copy_worksheet 메서드로 복사합니다(7번째 행). 시트명은 「ws_orig.title+"의 복사본"」으로서 Worksheet 오브젝트 변수 ws_orig로부터 title을 취득하고 문자열 「의 복사본」과 연결해서 작성했습니다(8번째 행).

이 프로그램을 실행하면 이번은 시트 「표2의 복사본」이 작성됩니다.

그림 5-9-2　시트 「표2의 복사본」이 끝에 작성되었다

5-10 시트의 표시 / 비표시를 조사, 변경한다

```
031: show_sheet_state_01.py
01    import openpyxl
02
03
04    wb = openpyxl.load_workbook(r"..\data\sample5_10.xlsx")
05    for ws in wb:
06        print(ws.sheet_state)
```

Excel에서 조금 복잡한 처리를 할 때 계산용으로 준비한 시트 등을 비표시로 하는 경우가 많지 않을까요? 이러한 시트의 표시/비표시도 Python으로 제어할 수 있습니다. 그러기 위해서는 Worksheet 오브젝트의 sheet_state 프로퍼티를 사용합니다. 이 프로퍼티로 표시 상태를 조사하거나 변경할 수 있습니다.

위 코드는 북에 포함되는 전체 시트의 sheet_state를 표시하는 프로그램입니다. 5번째 행에서 대상의 북(여기에서는 sample5_10.xlsx)을 읽어 들이고 6~7번째 행에서 1장씩 시트를 오브젝트로서 읽어 들이고 각 시트의 상태를 순서대로 표시합니다.

이 절에서 사용하는 sample5_10.xlsx에는 「표1」, 「표2」, 「표3」의 3개의 시트가 있는데 「표1」을 Excel에서 비표시로 하고 있습니다.

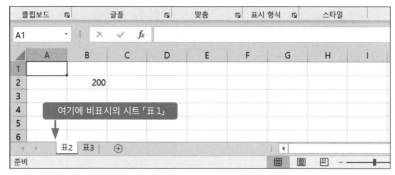

그림 5-10-1 비표시의 시트가 있는 북

이 북을 대상으로 앞의 프로그램을 실행하고 Worksheet 오브젝트의 sheet_
state 프로퍼티를 출력해 봤습니다. 그러면 순서대로 hidden(비표시), visible(표시),
visible(같음)라고 표시되었습니다.

그림 5-10-2 sheet_state를 출력한 것

다음에 sheet_state 프로퍼티를 변경해서 비표시의 시트를 표시하는 프로그램을
살펴봅시다.

코드 5-10-1 비표시의 시트를 표시로 변경한다

```
032: change_sheet_state_01.py

01    import openpyxl
```

```
02
03
04    wb = openpyxl.load_workbook(r"..\data\sample5_10.xlsx")
05    for ws in wb:
06          if ws.sheet_state == ws.SHEETSTATE_HIDDEN:
07                ws.sheet_state = ws.SHEETSTATE_VISIBLE
08
09    wb.save(r"..\data\sample5_10.xlsx")
```

hidden, visible은 Worksheet 클래스에 상수 SHEETSTATE_HIDDEN, SHEETS
TATE_VISIBLE로서 선언되어 있으므로 그것을 사용하여 표시 상태를 바꾸도록 합
니다. 구체적으로는 5번째 행의 for 문 내에서 오브젝트 변수 ws에 대입한 각 시트
의 상태를 6번째 행의 if 문에서

ws.sheet_state

로 꺼냅니다. 이것이 SHEETSATE_HIDDEN이었던 경우에 이것을 SHEET_VISIBLE
로 바꾸도록 기술합니다(7번째 행).
　Workbook 오브젝트의 save 메서드로 저장함으로써 표시 상태도 저장할 수 있습
니다(9번째 행).
　이 프로그램을 실행하면 비표시였던 1번째 시트가 표시 상태가 됩니다.

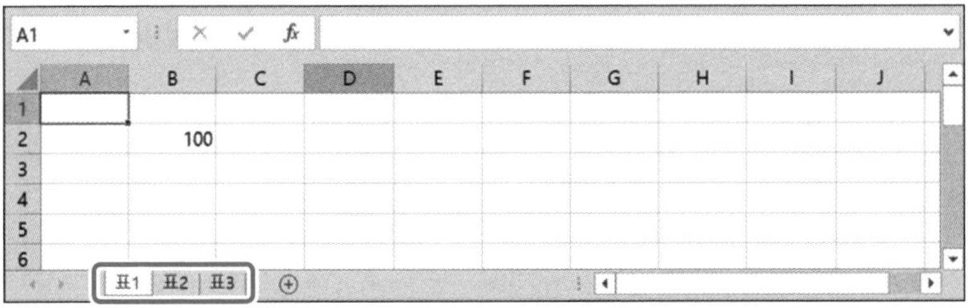

그림 5-10-3　전체 시트가 표시 상태가 되었다

5-11 시트를 보호한다

033: protect_sheet_01.py

```
01  from openpyxl import load_workbook
02  from openpyxl.styles import Protection
03
04  wb = load_workbook(r"..\data\sample5_11.xlsx")
05
06  ws = wb["표1"]
07  ws["B2"].protection = Protection(locked=False)
08  ws.protection.password ="12345"
09  ws.protection.enable( )
10
11  wb.save(r"..\data\sample5_11.xlsx")
```

Excel에서 시트 보호를 하면 어떤 셀에도 값을 입력하거나 변경할 수 없게 됩니다. 북에 여러 개의 시트가 있으며, 이 시트는 참조만 하고 입력된 값의 변경을 제한하는 목적으로 시트 전체를 보호하는 경우도 있을 거라 생각되는데, 보다 일반적인 용도로는 시트의 일부를 비워 두고 그 이외의 부분을 보호하는 사용법입니다. 「비워 둔다」고 말했는데 시트 일부의 입력을 요구하는 셀 만을 입력할 수 있게 하고 그 이외의 부분을 입력할 수 없게 하는 것입니다.

Excel상에서 시트의 보호를 설정하려면 시트명을 오른쪽 클릭하고 표시된 메뉴로부터 「시트 보호」를 선택합니다.

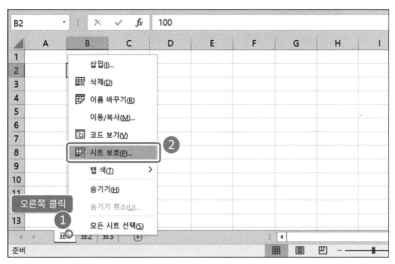

그림 5-11-1 시트를 보호한다

특정 셀이나 범위에서 입력을 허가하려면 대상의 셀 또는 셀 범위의 서식 설정 대화상자 박스를 열고* 「보호」 탭의 「잠금」을 오프로 바꿉니다. 이로써 시트 전체는 보호되어 있어도 해당 셀 또는 셀 범위만을 입력할 수 있게 됩니다.

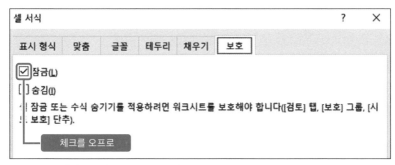

그림 5-11-2 셀이나 셀 범위의 잠금을 해제해 두면 시트 보호라도 입력 가능

CHAPTER 5 시트를 조작한다

---

* 역주: 특정 셀을 선택한 상태에서 오른쪽 클릭하고 표시된 메뉴에서 「셀 서식」을 클릭합니다

다만 시트 보호를 설정하면 셀이나 셀 범위의 서식 설정을 변경할 수 없게 됩니다. 그러므로 순서로서는 먼저 입력하고 싶은 셀의 잠금을 오프로 해두고 나서 시트의 보호를 걸게 됩니다.

이것을 Python 프로그램으로 실행하면 어떻게 되는 것인지 앞의 코드를 살펴봅시다.

먼저 1~2번째 행의 import 문인데 가능한 한 프로그램의 작성법이 간결하게 되도록 openpyxl로부터 load_workbook, openxl.styles로부터 Protection을 개별로 임포트합니다.

잠금을 해제하고 시트를 보호하는 처리를 살펴봅시다. 북을 읽어 들인 다음 6번째 행에서 워크시트 「표1」을 Worksheet 오브젝트를 변수 ws에 취득합니다. 이 변수 ws의 셀 B2에 대해서 protection 프로퍼티를 바꿔 적습니다. 구체적으로는 locked 인수를 False로 지정한 Protection 오브젝트를 protection 프로퍼티에 대입합니다. 이로써 셀 B2가 입력할 수 있게 되는 것입니다.

다음에 8번째 행에서 Worksheet 오브젝트의 protection.password에 보호를 해제하기 위한 암호 「12345」를 지정하고 9번째 행의 protection.enable( )로 시트를 보호합니다.

이 프로그램을 실행 후에 locked를 False로 하지 않는 셀(이 경우는 B2 이외의의 셀)에 무언가 입력을 하려는 경우 다음과 같은 대화상자가 표시됩니다.

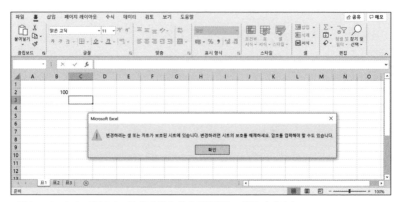

그림 5-11-3　locked를 False로 하지 않은 셀에 입력하려고 하면 메시지가……

좀 더 실제 사용예로 들어가 봅시다. 예를 들어 매출전표에서는 계산식이나 정해진 값을 입력한 셀은 입력할 수 없게 하고 수량이나 단가를 입력하는 셀만을 입력할 수 있게 합니다.

「수량x단가 = 금액」이라는 계산식이나 소비세율의 값 등을 잘못 변경하거나 삭제하는 것을 피하기 위함입니다. 보통, 1장의 매출전표에는 여러 개의 명세행이 있으므로 셀 범위를 비워 둬야 합니다. 여기에서는 그 명세를 입력하는 범위만을 허락하도록 하는 프로그램을 살펴봅시다.

코드 5-11-1 지정한 셀 범위만 입력할 수 있게 하는 프로그램

```python
034: protect_sheet_02.py

01  from openpyxl import load_workbook
02  from openpyxl.styles import Protection
03
04  wb = load_workbook(r"..\data\sample5_11.xlsx")
05
06  ws = wb["표1"]
07  for row in ws["B2:D6"]:
08      for cell in row:
09          cell.protection = Protection(locked=False)
10
11  ws.protection.password ="12345"
12  ws.protection.enable()
13
14  wb.save(r"..\data\sample5_11.xlsx")
```

처리의 흐름은 앞의 protect_sheet_01.py와 큰 차이는 없지만 7번째 행부터 입력할 수 있는 범위를 만들기 위한 코드입니다. 여기에서 입력할 수 있게 하고 싶은 셀 범위를 확인해 봅시다.

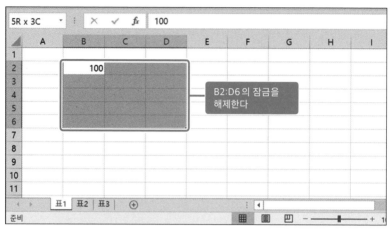

그림 5-11-4 입력할 수 있게 하는 셀 범위

위 그림의 셀 범위를 7번째 행부터의 for 문으로 취득해 나갑니다.

먼저 7번째 행에서는 ws["B2:D6"]의 내에서 row(행)을 취득하고 다음의 8번째 행의 for 문으로 row로부터 cell(셀)을 취득합니다. 그리고 셀의 protection에 locked 인수를 False로 지정한 Protection 오브젝트를 대입합니다. 동작으로서는 먼저 2번째 행의 B 열부터 D 열까지 1셀씩 잠금을 해제합니다. 이것을 6번째 행까지 반복합니다. 이로써 ws["B2:D6"]의 범위를 입력할 수 있게 하는 것입니다.

셀 범위 지정의 자세한 내용에 대해서는 Chapter7에서 설명하므로 여기에서는 대략적으로 이해하세요.

행과 열을 조작한다

6-1 행을 삽입한다

```
035: insert_row_01.py

01   import openpyxl
02
03
04   wb = openpyxl.load_workbook(r"..\data\sample6_1.xlsx")
05
06   ws = wb.active
07   ws.insert_rows(40)
08
09   wb.save(r"..\data\sample6_1.xlsx")
```

Worksheet 오브젝트의 insert_rows 메서드를 사용하면 워크시트에 행을 삽입할
수 있습니다.

다음과 같이 행정구역별 데이터를 기록한 시트가 있습니다. 그리고 각 지역의 합
계를 셀 C48에서 서식 「=SUM(C1:C47)」로 계산합니다.

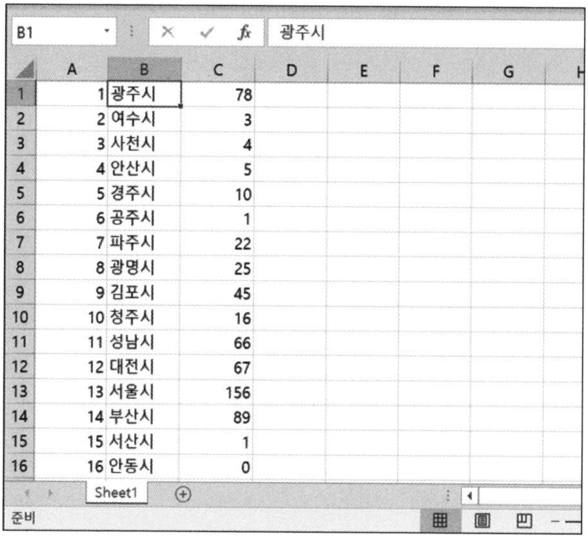

	A	B	C
1	1	광주시	78
2	2	여수시	3
3	3	사천시	4
4	4	안산시	5
5	5	경주시	10
6	6	공주시	1
7	7	파주시	22
8	8	광명시	25
9	9	김포시	45
10	10	청주시	16
11	11	성남시	66
12	12	대전시	67
13	13	서울시	156
14	14	부산시	89
15	15	서산시	1
16	16	안동시	0

그림 6-1-1 행정구역별로 데이터를 나열한 시트

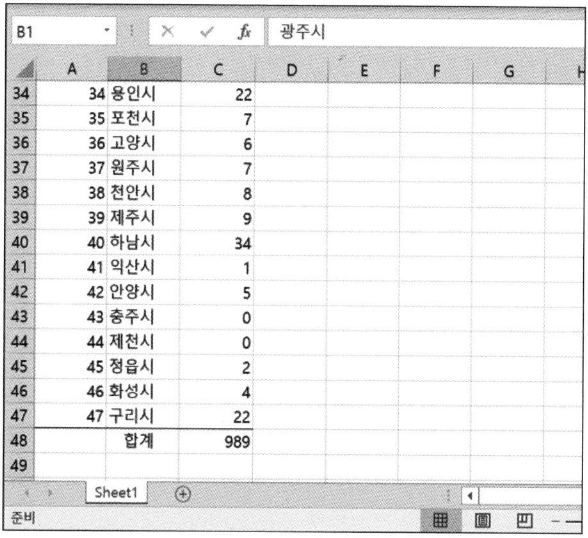

	A	B	C
34	34	용인시	22
35	35	포천시	7
36	36	고양시	6
37	37	원주시	7
38	38	천안시	8
39	39	제주시	9
40	40	하남시	34
41	41	익산시	1
42	42	안양시	5
43	43	충주시	0
44	44	제천시	0
45	45	정읍시	2
46	46	화성시	4
47	47	구리시	22
48		합계	989
49			

그림 6-1-2 그림 6-1-1의 시트 끝

이 시트의 40번째에 행을 삽입하도록 한 것이 앞에서 나타낸 insert_row_01.py 입니다. 6번째 행까지는 여기까지 읽어 온 여러분에게는 이미 친숙한 코드일 것입니다. 핵심은 7번째 행입니다. 인수가 행을 삽입하는 위치입니다.

이 프로그램을 실행하면 다음 그림과 같이 행이 추가됩니다.

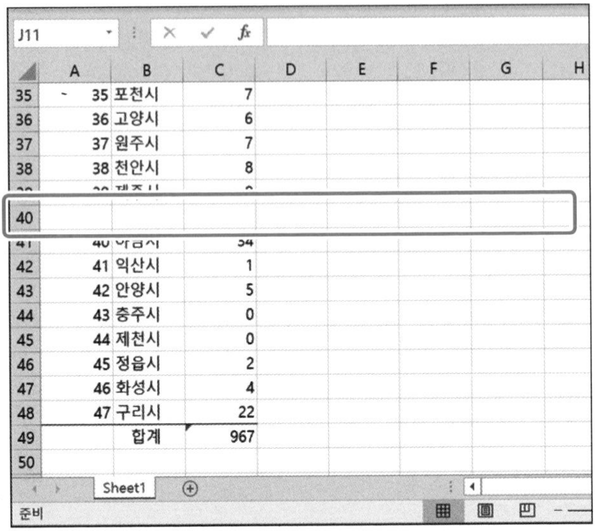

그림6-1-3 프로그램으로 삽입한 행

다만 Excel에서 행을 추가한 경우와 동작에 차이가 있습니다. 특히 삽입한 행을 포함하는 셀 범위에서 계산하는 식을 만들고 있는 경우는 주의해야 합니다.

그림6-1-2와 그림6-1-3에서 합계 값이 22 차이가 납니다. Excel 시트상에서 같은 위치에 행을 삽입하면 셀 C49식은 자동으로 「= SUM(C1:C47)」에서 「=SUM(C1: C48)」로 바뀌는데 insert_rows 메서드로 행을 삽입한 경우는 이 함수식은 바뀌지 않습니다. 「=SUM(C1:C47)」 그대로입니다. 그러므로 구리시의 수치 22가 빠져 버립니다.

올바르게 합계를 계산하려면 셀 C49의 SUM 함수를 사용한 식을 변경해야 합니다. 이것에 대응한 코드를 살펴봅시다.

코드 6-1-1 행 삽입에 따른 함수식 수정도 구현한 프로그램

```
036: insert_row_01.py (수정 후)

01    import openpyxl

02

03

04    wb = openpyxl.load_workbook(r"..₩data₩sample6_1.xlsx")

05

06    ws = wb.active

07    ws.insert_rows(40)

08    ws["C49"].value = "=sum(C1:C48)"

09

10    wb.save(r"..₩data₩sample6_1.xlsx")
```

8번째 행이 합계를 계산하는 셀에 올바른 식을 입력하는 기술입니다. 이렇게 셀 C49의 수식을 C1:C48 범위를 합계(sum)하도록 해야 합니다. 셀에 대한 값의 변경에 대해서는 Chapter7에서 찬찬히 설명하므로 행 삽입에 따라서 조정해야 하는 데이터도 있다는 점에 대해서 꼭 기억해 두세요.

sample6_1.xlsx를 행 삽입 전의 올바른 상태(셀 C48의 수식이 =SUM(C1:C47)인 상태)로 되돌리고 나서 수정 후의 프로그램을 실행합시다. 행을 삽입하고 또한 계산 결과도 올바른 것을 확인할 수 있습니다(다음 페이지로).

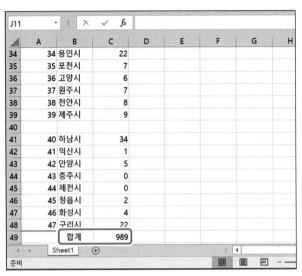

	A	B	C	D	E	F	G	H
34	34	용인시	22					
35	35	포천시	7					
36	36	고양시	6					
37	37	원주시	7					
38	38	천안시	8					
39	39	제주시	9					
40								
41	40	하남시	34					
42	41	익산시	1					
43	42	안양시	5					
44	43	충주시	0					
45	44	제천시	0					
46	45	정읍시	2					
47	46	화성시	4					
48	47	구리시	22					
49		합계	989					

그림6-1-4 수정 후의 프로그램을 실행한 시트의 상태

6-2 행을 삭제한다

037: delete_row_01.py

```
01    import openpyxl
02
03
04    wb = openpyxl.load_workbook(r"..\data\sample6_2.xlsx")
05
06    ws = wb.active
07    ws.delete_rows(40)
08    ws["C48"].value = "=sum(C1:C47)"
09
10    wb.save(r"..\data\sample6_2.xlsx")
```

Worksheet 오브젝트의 delete_rows 메서드를 사용하면 워크시트의 행을 삭제
할 수 있습니다.

앞 절에서 행을 삽입한 상태의 파일 sample6_2.xlsx가 있습니다.

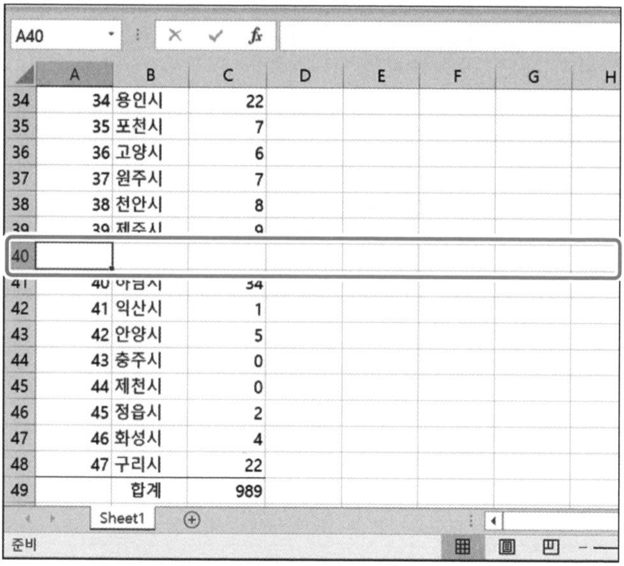

그림 6-2-1 40번째 행에 공백 행이 삽입된 시트

이 시트에 대해서 40번째 행의 행을 삭제하는 프로그램이 앞의 프로그램입니다. 7번째 행의

```
ws.delete_rows(40)
```

이 행을 삭제하는 기술입니다. 인수 「40」이 「40번째 행」을 의미합니다. 이 행을 삭제한 다음 셀 C48에 C1:C47을 합계(SUM)하는 식을 설정합니다(8번째 행). 이 프로그램을 실행해서 동작을 확인해 봅시다.

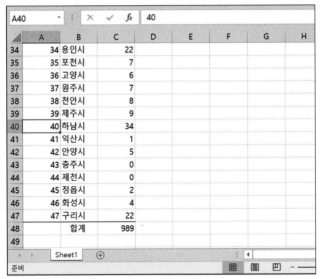

A40	▾	:	×	✓	fx	40		

◢	A	B	C	D	E	F	G	H
34	34	용인시	22					
35	35	포천시	7					
36	36	고양시	6					
37	37	원주시	7					
38	38	천안시	8					
39	39	제주시	9					
40	40	하남시	34					
41	41	익산시	1					
42	42	안양시	5					
43	43	충주시	0					
44	44	제천시	0					
45	45	정읍시	2					
46	46	화성시	4					
47	47	구리시	22					
48		합계	989					
49								

Sheet1 ⊕

준비

그림 6-2-2 지정한 행을 삭제하고 영향을 받는 함수식도 변경한 상태의 시트

이로써 워크시트는 행 삽입 전의 상태로 되돌아갔습니다.

6-3 열을 삽입한다

038: insert_col_01.py

```
01    import openpyxl
02
03
04    wb = openpyxl.load_workbook(r"..₩data₩sample6_3a.xlsx")
05
06    ws = wb.active
07    ws.insert_cols(3)
08
09    wb.save(r"..₩data₩sample6_3a.xlsx")
```

열을 삽입하려면 Worksheet 오브젝트의 insert_cols 메서드를 사용합니다.
위의 코드는 다음과 같은 시트에 대해서 3번째 열에 열을 삽입하는 처리를 기술한 것입니다.

그림 6-3-1   sample6_3a.xlsx의 Sheet1에서 3번째 열에 열을 삽입한다

그럼 앞의 코드를 자세히 살펴봅시다. 열을 삽입하는 기술은 7번째 행입니다. 이

ws.insert_cols(3)

으로는 insert_cols( ) 메서드의 인수에 3을 지정하였으므로 오브젝트 변수 ws, 즉
액티브시트에 새로운 3번째 열이 삽입되었습니다. 초기 상태의 3번째 열 이후는 1
열씩 뒤로 밀려납니다.

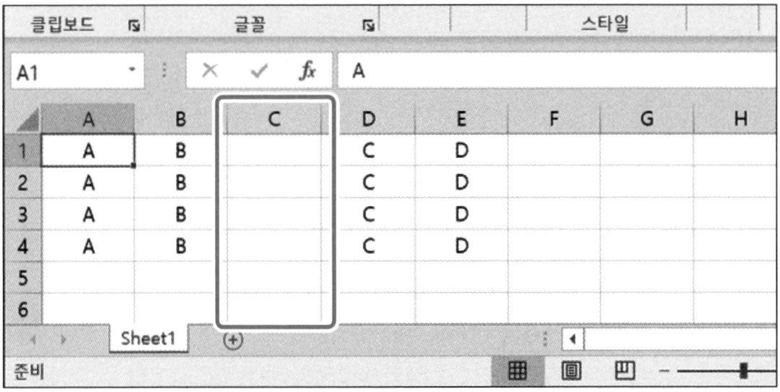

그림 6-3-2   3번째 열에 새로운 열이 삽입되었다

행 삽입할 때도 언급했는데 열을 삽입함으로써 계산 결과가 달라지는 셀이 있다면
그것에 맞춰서 프로그램에서 식을 수정해야 합니다. 원본 데이터가 다음과 같은 시
트였다고 합시다.

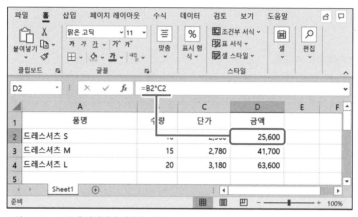

그림 6-3-3 D 열에 계산식이 입력된 시트

셀 D2에 「=B2*C2」라고 입력되어 있듯이 각 행의 D 열에는 동일한 행의 B 열(수량)과 C 열(단가)을 곱해서 금액을 구하는 계산식이 입력되어 있습니다. 수정해야할 셀은 여러 개인 것입니다.

이 계산식에 대해서 신경 쓰지 않고 insert_cols(3)를 실행하면 다음 그림처럼 B열(수량)과 새롭게 삽입하기 위해서 아무것도 입력되지 않은 C 열의 곱셈으로 금액을 구하는 계산식이 됩니다.

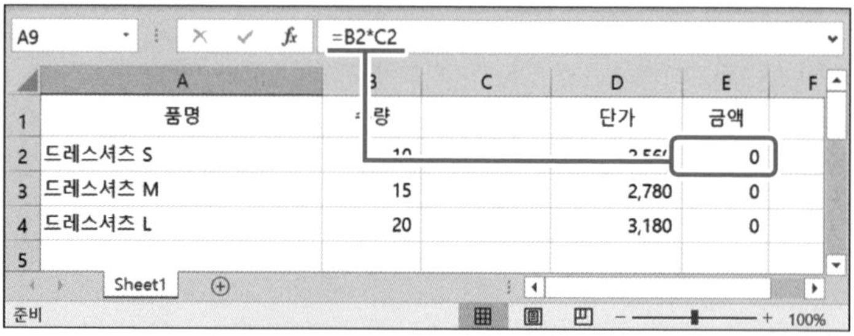

그림 6-3-4 insert_cols 메서드만을 실행한 결과

이것을 해결하려면 셀 범위에 대해서 계산식을 다시 설정해야 합니다. 프로그램을보세요.

코드 6-3-1 열 삽입에 따라, 셀 범위에 대해서 계산식을 수정한다

```
039: insert_col_02.py

01    import openpyxl

02

03

04    wb = openpyxl.load_workbook(r"..₩data₩sample6_3b.xlsx")

05

06    ws = wb.active
07    ws.insert_cols(3)

08

09    for row in ws.iter_rows(min_row=2):
10        row[4].value = f"=B{row[0].row}*D{row[0].row}"

11

12    wb.save(r"..₩data₩sample6_3b.xlsx")
```

insert_col_02.py에서는 7번째 행에서 insert_cols 메서드를 사용해서 열을 삽입합니다. 그 다음에 9번째 행부터 시작하는 반복 처리로 먼저 for 문의 내에서 Worksheet 오브젝트의 iter_rows 메서드로 반복 행을 취득합니다. 여기에서는 min_row로 어느 행부터 처리를 할지를 지정합니다. 이로써 2번째 행부터 순서대로 전체 계산식 수정이 끝날 때까지 1행씩 처리를 진행해 나갑니다.

수정하는 처리를 기술한 것이 10번째 행입니다. 좌변의

row[4].value

로 대상으로 하는 행의 어느 열의 셀을 변경할지를 지정합니다. 우변에서는

f"=B{row[0].row}*D{row[0].row}"

f 문자열을 사용해 기술했습니다. 좌변의 「4」와 우변의 「0」은 각각 열과 행의 위치를 가리킵니다. 이 경우는 「0」부터 시작되는 번호로 지정하기 때문에 좌변의 row[4]는

5번째의 열, 우변의 row[0].row는 첫 행임을 나타냅니다.

이 기술은 1행씩 순서대로 처리하는 반복 처리로 row[0].row 즉 「첫 행」은 「1행씩 꺼낸 단지 지금 처리 중인 행」입니다. 그러므로 row[0].row로 해당 행을 나타냅니다.

이 프로그램을 실행하면 예를 들어 「2」번째 행의 경우, E 열은 「=B2*D2」, 「3」번째 행이면 「=B3*D3」이 되는 것입니다.

iter_rows 메서드에 대해서도 조금 더 자세히 봐 둡시다. 이 메서드는 min_row, max_row, min_col, max_col을 인수로 지정할 수 있습니다. 이것을 조합함으로써 반복 처리의 대상이 되는 시트 내의 행이나 열의 범위를 설정할 수 있습니다.

구체적인 사용법을 insert_col_02.py에서 살펴봅시다. 9번째 행에서 iter_rows( )의 인수를 min_row = 2로 하는 이유는 헤더를 건너뛰고 읽기 위함입니다. 앞에서 설명했듯이 f 문자열 내에서 사용하고 있는 row[0].row는 행 번호를 나타냅니다. 물론 row[1].row나 row[2].row 값도 row[0].row와 같습니다. 열은 달라도 같은 행의 셀이므로 row(행) 프로퍼티 값은 같기 때문입니다.

itter_rows 메서드의 편리한 부분은 max_row, max_col을 생략하면 데이터가 들어 있는 범위를 자동으로 판단하여, 자동으로 조작 대상으로 해주는 것입니다.

이 insert_col_02.py을 실행해 봅시다. 새롭게 C 열을 삽입해도 E 열에는 적절한 계산식이 입력되어 있는 것을 확인할 수 있습니다.

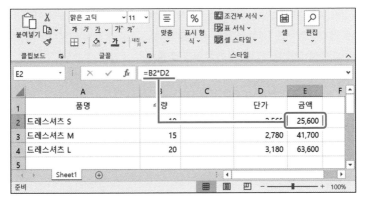

그림 6-3-5 E열을 적절한 계산식으로 변경할 수 있었다

이제까지 열을 삽입한 분만큼 계산식을 옮기는 프로그램을 소개했는데 계산에는 반드시 Excel 수식을 사용해야 하는 것은 아닙니다. Python 프로그램에서 계산해도 됩니다. 그 경우는 다음과 같이 프로그램을 변경합니다.

코드 6-3-2 Excel 계산식을 사용하지 않고 계산은 Python으로 실행한다

```
040: insert_col_03.py

01   import openpyxl
02
03
04   wb = openpyxl.load_workbook(r"..\data\sample6_3c.xlsx")
05
06   ws = wb.active
07   ws.insert_cols(3)
08
09   for row in ws.iter_rows(min_row=2):
10       row[4].value = row[1].value * row[3].value
11
12   wb.save(r"..\data\sample6_3c.xlsx")
```

CHAPTER 6 행과 열을 조작한다

181

10번째 행을 살펴보세요. 코드6-3-1에서는 Excel용의 계산식을 셀에 입력하도록 한 부분을 여기에서는 Python으로 계산을 끝내고 그 결과 값을 입력하도록 기술했습니다. 이것을 실행하고 처리 결과를 확인합시다.

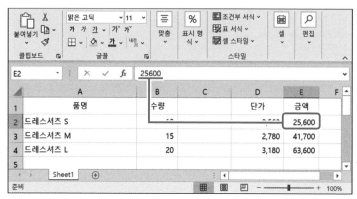

그림 6-3-6 E열에는 계산 결과가 입력되어 있다

이 절에서 소개한 코드에서는 모든 경우에 min_row는 설정했으나 max_row는 설정하지 않습니다. 그래도 iter_rows 메서드를 사용해서 입력되어 있는 범위만을 계산할 수 있습니다. 이처럼 시트상에서 몇 행까지 혹은 몇 열까지 데이터가 입력되어 있는지 모를 때도 iter_rows 메서드를 사용하면 특별한 기술을 하지 않고 처리할 수 있습니다.

6-4 열을 삭제한다

```
041: delete_col_01.py

01  import openpyxl
02
03
04  wb = openpyxl.load_workbook(r"..\data\sample6_4.xlsx")
05
06  ws = wb.active
07  ws.delete_cols(3)
08
09  for row in ws.iter_rows(min_row=2):
10      row[3].value = f"=B{row[0].row}*C{row[0].row}"
11
12  wb.save(r"..\data\sample6_4.xlsx")
```

열을 삭제하려면 Worksheet 오브젝트의 delete_cols 메서드를 사용합니다.
다음과 같은 시트가 있다고 합시다.

183

그림 6-4-1 C열에 공백 셀이 남은 시트

이 C 열 즉 3번째 열을 삭제하고 계산식을 원래대로 되돌리는 것과 같은 프로그램이 앞의 코드입니다.

열을 삭제하는 것은 7번째 행의 delete_cols 메서드입니다. 인수에 삭제할 열을 지정합니다. 이 값은 시트상에서 몇 번째 열인지를 나타냅니다.

9번째 행, 10번째 행은 3번째 열을 삭제함으로써 영향을 받는 셀의 계산식을 수정하는 코드입니다. for 문 내에서 iter_rows 메서드를 사용하여 각 행의 계산식을 재설정합니다.

6-5 마지막 행·마지막 열을 취득한다

042: get_max_row_col_01.py

```
01  import openpyxl
02
03
04  wb = openpyxl.load_workbook(r"..\data\sample6_5.xlsx")
05
06  ws = wb.active
07  print(ws.max_row, ws.max_column)
```

반복 처리를 어디까지 해야 하는지를 알아야 할 때 시트의 어디까지 값이 들어가 있는지 즉, 데이터가 입력되어 있는 마지막 위치를 알고 싶을 때가 있습니다. 그럴 때 는 Worksheet 오브젝트의 max_row, max_column 프로퍼티를 사용할 수 있습니 다. 이로써 각각 마지막 행, 마지막 열을 취득할 수 있습니다.

이러한 불규칙한 데이터가 입력된 시트가 있다고 합시다.

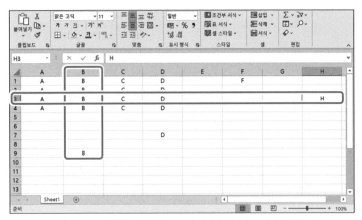

그림 6-5-1 행에서는 9번째 행, 열에서는 8번째 열까지 데이터가 입력되어 있다

데이터가 입력되어 있는 가장 아래의 행은 9번째 행, 가장 오른쪽 열은 H열(8번째 열)입니다. 이 시트를 대상으로 max_row, max_column 프로퍼티를 출력하는 프로그램이 앞의 코드입니다.

중요한 것은 7번째 행입니다. print 함수로 max_row, max_column의 각 프로퍼티를 출력합니다.

이 프로그램을 실행하면 9와 8이 출력됩니다. 즉 데이터가 입력되어 있는 최소 행, 최소 열은 각각 min_row, min_column으로 알 수 있습니다.

그림 6-5-2 프로그램의 실행 결과. 「9 8」이 출력된다

max_row, max_column 프로퍼티를 사용하는 목적은 많은 경우, 데이터가 입력되어 있는 셀 범위를 빠짐없이 조작하는 것입니다. 어떤 띄엄띄엄 있는 데이터라도 무언가 입력이 있는 모든 셀을 처리하는 것과 같은 프로그램을 생각해 봤습니다.

코드 6-5-1 데이터가 있는 모든 셀을 포함하는 범위에서 데이터를 읽어낸다

```
043: get_max_row_col_02.py

01   import openpyxl

02

03

04   wb = openpyxl.load_workbook(r"..₩data₩sample6_5.xlsx")

05

06   ws = wb.active

07   for row in range(1, ws.max_row+1):

08       for col in range(1, ws.max_column+1):

09           print(ws.cell(row,col).value)
```

7번째 행부터 9번째 행은 for 문에 range 함수를 조합해서 데이터가 입력되어 있는 셀 범위의 값을 출력하는 코드입니다. Worksheet 오브젝트 ws의 cell(셀) 값을 row, col 변수를 지정해서 취득·출력합니다. range 함수에는 시작값과 종료값을 지정합니다. range 함수는

시작값 ≦ i ＜ 종료값

의 값을 반환합니다. 종료값을 max_row, max_column만으로 하면 종료값 미만의 부분에서 멈춰버려서 마지막 행, 마지막 열은 처리되지 않습니다. 각각 「+1」을 더한 것은 그 이유입니다.

이 프로그램을 실행하면 마지막 행, 마지막 열까지의 셀 값이 빠짐없이 출력됩니다.

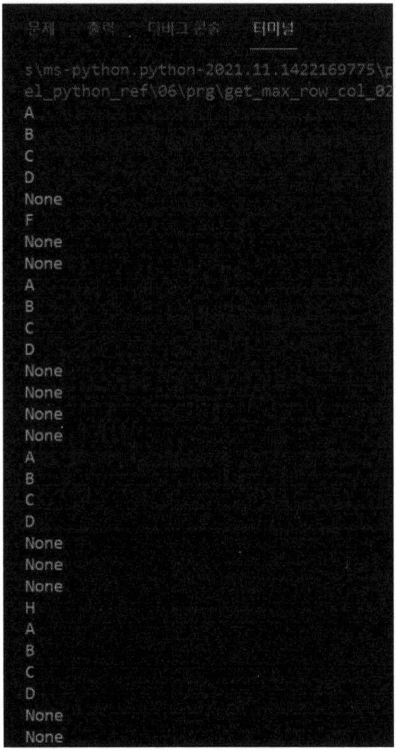

그림 6-5-3 프로그램의 실행 결과

max_row, max_column으로 지정한 셀 범위의 내에는 데이터가 입력되어 있지 않은 셀이 있을 수 있습니다. 그러한 셀에는 값이 없으므로 「None」이라고 표시됩니다.

6-6 행의 높이를 맞춘다

```
044: set_row_height_01.py

01   import openpyxl

02

03

04   wb = openpyxl.load_workbook(r"..₩data₩sample6_6.xlsx")

05

06   ws = wb.active

07   ws.row_dimensions[1].height = 24

08

09   wb.save(r"..₩data₩sample6_6.xlsx")
```

행의 높이가 다른 시트는 보기 안 좋을 뿐만 아니라 조작하기도 힘듭니다.

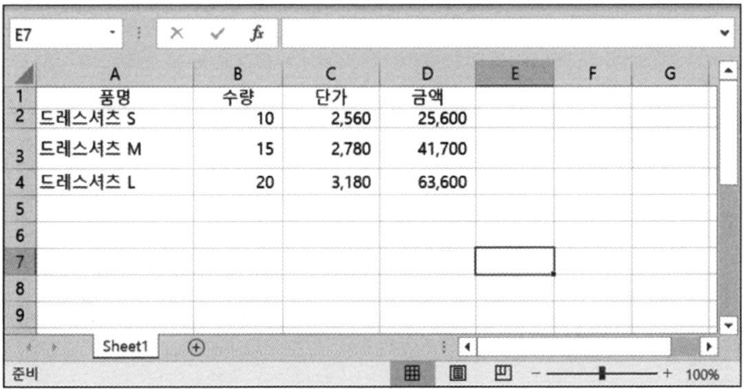

그림 6-6-1 행의 높이가 제각각인 시트

이러한 시트라도 Worksheet 오브젝트의 row_dimensions의 height 프로퍼티를 사용하면 프로그램으로 행의 높이를 변경할 수 있습니다.

앞의 프로그램에서는 7번째 행에서 row_dimensions를 사용합니다. row_dimensions에는 row_dimensions[1]처럼 행을 지정합니다. 여기에서는

ws.row_dimensions[1].height = 24

처럼 height 프로퍼티에 24를 대입하는 기술로 행의 높이를 24로 늘릴 수 있습니다.

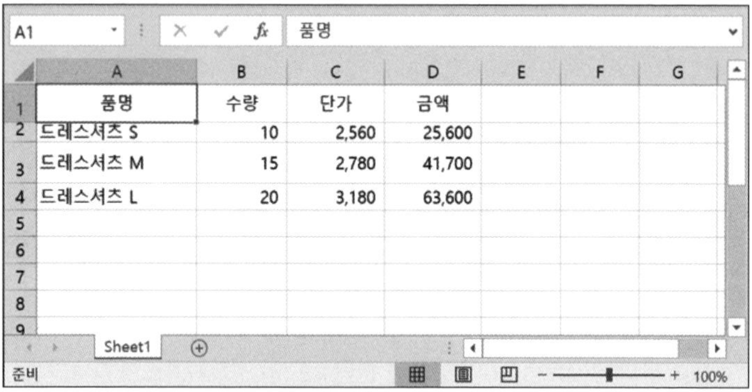

그림 6-6-2 헤더 행의 높이가 24가 되었다

이 코드에서 변경한 1번째 행은 표의 헤더 행(표제 행)입니다. 그러므로 좀 높게 합니다. 명세 행에 해당하는 2번째 행 이후는 높이를 같게 하고 싶습니다. 여러 행의 높이를 일괄 변경하는 코드를 사용합니다.

코드 6-6-1 지정한 범위의 높이를 일괄 변경한다

045: set_row_height_02.py

```
01    import openpyxl
02
03
```

```
04    wb = openpyxl.load_workbook(r"..₩data₩sample6_6.xlsx")

05

06    ws = wb.active
07    for i in range(2, 8):
08        ws.row_dimensions[i].height = 20

09

10    wb.save(r"..₩data₩sample6_6.xlsx")
```

여러 행의 높이를 설정하기 위해서 반복을 시행하는 for 문 내에서 range 함수를
사용했습니다(7번째 행).

for i in range(2, 8):

로 함으로써 range 함수에 의해 i 값을 2부터 7(8의 직전)까지 변화시킵니다. 이로
써 시트의 2번째 행부터 7번째 행까지 1행씩, 각각 행의 높이를 20으로 바꿉니다(8
번째 행).

set_row_height_02.py를 실행하면 명세 행의 높이를 일정하게 맞춰서 보기 좋
아졌습니다.

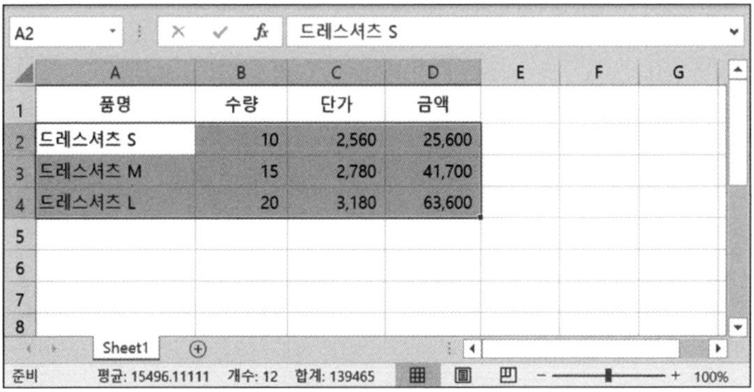

그림 6-6-3 명세 행의 높이가 20이 되었다

6-7 열의 폭을 맞춘다

```
01   import openpyxl
02
03
04   wb = openpyxl.load_workbook(r"..\data\sample6_7.xlsx")
05
06   ws = wb.active
07   ws.column_dimensions["A"].width = 28
08
09   wb.save(r"..\data\sample6_7.xlsx")
```

열의 폭은 Worksheet 오브젝트의 column_dimensions의 width 프로퍼티로 설정할 수 있습니다.

다음과 같은 표를 생각해 봅시다. 보기 좋게 품명이 입력되어 있는 A 열의 폭을 넓히려고 합니다. 이번은 열 폭을 28로 넓혀 봅시다.

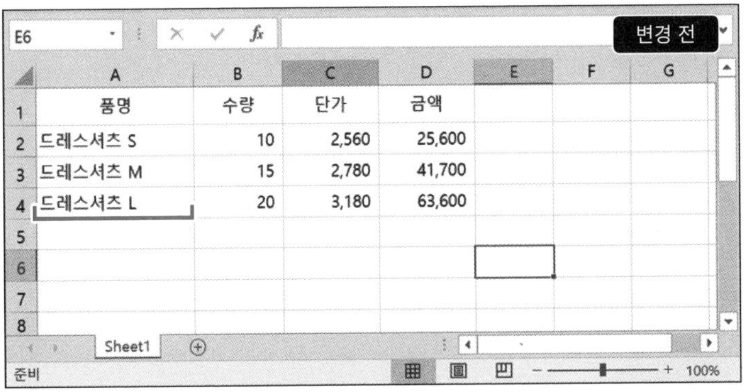

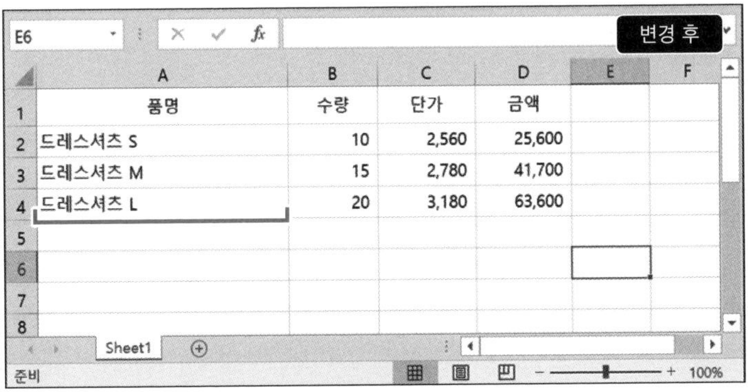

그림 6-7-1　품명이 입력되어 있는 A 열의 폭을 넓힌다

어느 열을 대상으로 할지는

column_dimensions["A"]

처럼 열은 문자열로서 A, B, C…와 같이 지정합니다.

　이처럼 열을 문자열로 지정하므로 여러 열의 폭을 설정하고 싶을 때에는 조금 궁리가 필요합니다. 그것에는 몇 가지 방법이 있는데 다음 프로그램에서는 열을 대상으로 하기 위해서 리스트를 사용합니다. 리스트는 다른 프로그램 언어에서는 「배열」이라고도 하는 데이터 형식으로 여러 데이터를 기록하고 순서대로 꺼낼 수 있습니다.

　그럼 리스트를 사용해서 여러 열에서 폭을 바꾸는 프로그램을 살펴봅시다.

코드 6-7-1   여러 열을 한꺼번에 조작한다

047: set_col_width_02.py

```
01   import openpyxl
02
03
04   wb = openpyxl.load_workbook(r"..₩data₩sample6_7.xlsx")
05
06   ws = wb.active
07   cols = ["B","C","D"]
08   for col in cols:
09       ws.column_dimensions[col].width = 10
10
11   wb.save(r"..₩data₩sample6_7.xlsx")
```

8번째 행에서 열 이름을 리스트로 한 cols를 선언했습니다. 계속해서 9번째 행의 for 문으로 cols부터 열 이름을 하나씩 꺼내고 10번째 행에서 각각의 열 폭을 10으로 설정해 나갑니다.

프로그램의 실행 결과를 살펴봅시다. 시트가 보기 좋게 되었습니다.

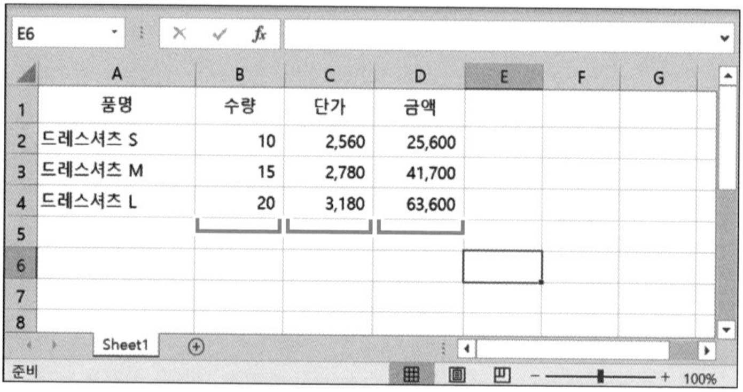

그림 6-7-2   B, C, D 각 열에 대해서 폭을 10으로 넓혔다

194

6-8 윈도 틀(행·열)을 고정한다

048: set_freeze_panes_01.py

```
01  import openpyxl
02
03
04  wb = openpyxl.load_workbook(r"..\data\sample6_8.xlsx")
05  ws = wb.active
06
07  ws.freeze_panes = "B2"
08
09  wb.save(r"..\data\sample6_8.xlsx")
```

「윈도 틀 고정」은 가로세로로 많은 데이터를 가진 표를 Excel에서 다룰 때에 편리한 기능입니다. 행이나 열을 스크롤했을 때도 항상 표제 행(헤더 행)이나 표제 열을 표시한 상태로 할 수 있습니다. 편리하게 사용하고 있는 분도 많을 것입니다.

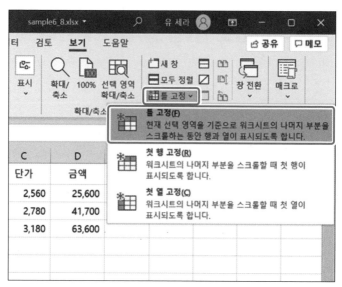

그림 6-8-1　Excel에서 「윈도 틀 고정」을 실행

이것을 Python 프로그램에서 설정하려면 Worksheet의 freeze_panes 프로퍼티를 사용합니다. 앞의 프로그램에서는 7번째 행에서

```
ws.freeze_panes = "B2"
```

라고 기술했습니다. 이로써 액티브 시트에서 윈도 틀을 고정할 수 있습니다. 여기에서는 freeze_panes에 B2 셀을 지정함으로써 행에서는 1번째 행, 열에서는 A 열이 고정됩니다.

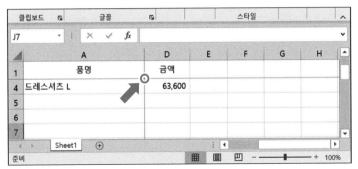

그림 6-8-2 freeze_panes에 "B2"를 지정함으로써 1번째 행과 A 열이 고정되었다

고정한 윈도 틀을 해제하려면 freeze_panes에 A1 셀을 설정하면 되는데 open
pyzl3.0.6에서는 한번 freeze_panes 프로퍼티를 설정한 다음에 다시 설정하려고
하면 다음과 같은 오류가 발생합니다[*1].

그림 6-8-3 freeze_panes의 재설정으로 북에 오류 발생

이에 반해 Excel에서 윈도 테두리의 고정을 해제한 상태로 해두면 또 freeze_panes
의 설정이 가능해지는 것을 확인할 수 있었습니다.

참고로 행 방향만 고정할 때는 freeze_panes에 A2처럼 지정합니다. 열 방향만
할 때는 B1처럼 고정합니다.

---

*1 2021년 11월에 확인

6-9 행의 표시·비표시를 설정한다

049: set_row_hidden_01.py

```
01    import openpyxl

02

03

04    wb = openpyxl.load_workbook(r"..₩data₩sample6_9.xlsx")

05

06    ws = wb.active

07    ws.row_dimensions[3].hidden = True

08

09    wb.save(r"..₩data₩sample6_9.xlsx")
```

Worksheet 오브젝트의 row_dimensions의 hidden 프로퍼티로 행을 비표시(숨김)로 할 수 있습니다. 단일 행을 비표시로 하는 코드는 위와 같습니다. 이 코드의 7번째 행에서

ws.row_dimensions[3].hidden = True

를 사용해 액티브 시트의 3번째 행의 hidden 프로퍼티를 True로 했습니다. 이것을 실행함으로써 3번째 행이 비표시가 됩니다.

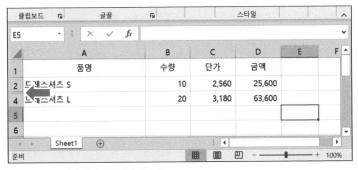

그림 6-9-1　3번째 행이 비표시가 되었다

비표시로 한 행을 다시 표시하려면 hidden 프로퍼티를 False로 합니다.

ws.row_dimensions[3].hidden = False

여러 행을 합쳐서 비표시로 하는 코드도 소개합니다.

코드 6-9-1　여러 행을 합쳐서 비표시로 한다

```
050: set_row_hidden_02.py
```

```
01    import openpyxl
02
03
04    wb = openpyxl.load_workbook(r"..\data\sample6_9.xlsx")
05
06    ws = wb.active
07    for i in range(2, 5):
08        ws.row_dimensions[i].hidden = True
09
10    wb.save(r"..\data\sample6_9.xlsx")
```

7번째 행의 for 문 내에서 range 함수를 사용해 2 이상 5 미만인 행의 hidden 프로퍼티를 True로 합니다. 이것을 실행하면 2번째 행부터 4번째 행이 비표시가 됩니다.

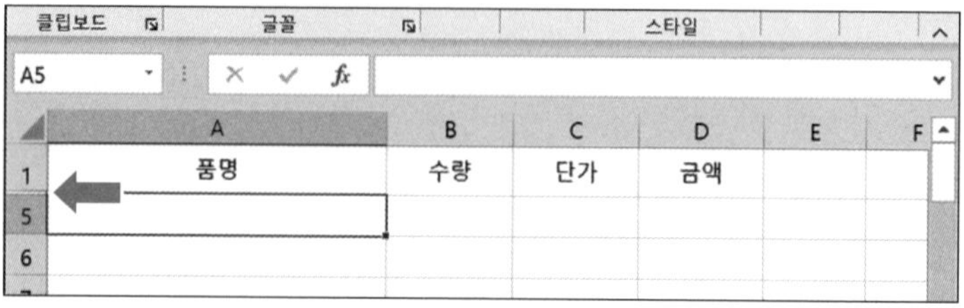

그림 6-9-2 2번째 행부터 4번째 행이 비표시가 되었다

이것을 다시 표시하려면 1행 단위로 제어했을 때와 마찬가지로 hidden 프로퍼티를 False로 합니다.

6-10 열의 표시·비표시를 설정한다

```
051: set_col_hidden_01.py

01    import openpyxl

02

03

04    wb = openpyxl.load_workbook(r"..\data\sample6_10.xlsx")

05

06    ws = wb.active

07    ws.column_dimensions["A"].hidden = True

08

09    wb.save(r"..\data\sample6_10.xlsx")
```

Worksheet 오브젝트의 column_dimensions의 hidden 프로퍼티로 열을 비표시로 할 수 있습니다. 단일 열을 비표시로 하는 코드는 위와 같습니다.

이 프로그램에서는 7번째 행에서 A 열의 hidden 프로퍼티를 True로 합니다. 이로써 A 열이 비표시가 됩니다.

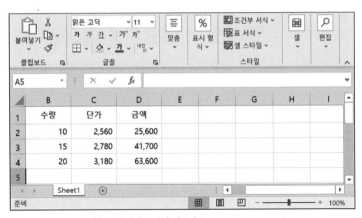

그림 6-10-1 　프로그램을 실행하면 A 열이 비표시로

다시 표시하려면

ws.column_dimensions["A"].hidden = False

처럼 hidden 프로퍼티를 False로 합니다.

다음에 여러 열을 합쳐서 비표시로 하는 코드를 소개합니다.

코드 6-10-1 　여러 열을 합쳐서 비표시로

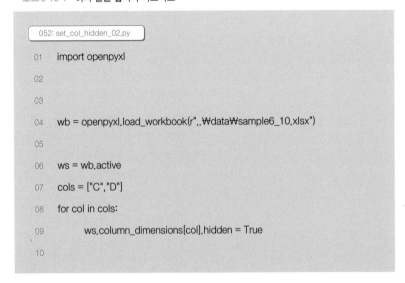

```
052: set_col_hidden_02.py

01    import openpyxl

02

03

04    wb = openpyxl.load_workbook(r"..₩data₩sample6_10.xlsx")

05

06    ws = wb.active

07    cols = ["C","D"]

08    for col in cols:

09            ws.column_dimensions[col].hidden = True

10
```

```
11    wb.save(r"..₩data₩sample6_10.xlsx")
```

이 프로그램은 C 열과 D 열의 hidden 프로퍼티를 True로 하여 비표시로 합니다.
이 프로그램을 실행함으로써 C 열과 D 열이 비표시가 되었습니다.

그림6-10-2 C 열과 D 열이 비표시가 되었다

재표시로 하려면 마찬가지로 hidden 프로퍼티를 false로 합니다.

지금까지의 샘플에서는 위의 프로그램처럼 C 열과 D 열을 비표시로 하거나 열 폭
샘플에서의 B, C, D 열과 같이 조작하고 싶은 열 이름을 사전에 알고 있었습니다.
그러나 경우에 따라서는 값이 들어 있는 열을 전부 비표시로 하고 싶거나 값이 들어
있는 열 전체의 열 폭을 맞추고 싶을 수도 있습니다. 그런 경우는 Cell 오브젝트의
column_letter 프로퍼티를 사용합니다.

앞의 샘플 프로그램에서 sample6_10.xlsx의 Sheet1의 C 열과 D 열의 hidden
프로퍼티를 True로 해서 비표시로 했는데 C 열 이후 값이 입력되어 있는 열을 전부
표시로 하는 프로그램은 다음과 같습니다.

코드6-10-2 C 열 이후의 비표시 열을 전부 표시한다

053: set_col_hidden_03.py

```
01    import openpyxl
02
03
```

```
04    wb = openpyxl.load_workbook(r"..\data\sample6_10.xlsx")

05

06    ws = wb.active

07    for col_no in range(3, ws.max_column+1):

08        col_letter = ws.cell(row=1,column=col_no).column_letter

09        ws.column_dimensions[col_letter].hidden = False

10

11    wb.save(r"..\data\sample6_10.xlsx")
```

7번째 행을 보세요. for 문과 함께 사용하고 있는 range 함수 내에서 최솟값을 3,
최댓값을 max_column+1로 지정하였으므로 C 열부터 값이 입력되어 있는 마지막
열까지가 반복 처리의 대상이 됩니다.

8번째 행의

ws.cell(row=1,column=col_no).column_letter

로 열 번호(변수 col_no)가 나타내는 열의 column_letter(열 이름)을 취득합니다[1].
그리고 9번째 행에서는 그 열 이름을 지정하고 그 열의 hidden 프로퍼티를 False로
하였으므로 값이 들어 있는 열이 표시 상태가 됩니다.

이 set_col_hidden_03.py를 실행하면 C 열과 D 열이 표시 상태가 됩니다.

---

[1] 편의상 row에는 1을 지정합니다.

그림 6-10-3   C 열과 D 열이 표시되었다

셀을 조작한다

7-1 셀의 값을 읽어 들인다

```
054: get_cell_value_01.py

01    import openpyxl
02
03
04    wb = openpyxl.load_workbook(r"..₩data₩포도와 복숭아의 소비 금액 순위.xlsx")
05    ws = wb.active
06    print(ws["C2"].value)
```

Excel 데이터를 프로그램에서 다루는 이상, 셀 읽고 쓰기는 가장 빈번하게 사용하는 처리일 것입니다. 그 처리에는 Worksheet 오브젝트 변수를 사용합니다. 이 변수에 셀 번지를 지정함으로써 해당 셀의 값을 취득할 수 있습니다. 셀 번지는 A 열 1번째 행이라면 「A1」과 같이 지정합니다. 보통 Excel에서의 셀 위치를 생각할 때와 같습니다.

여기에서는 레퍼런스로서 「포도와 복숭아의 소비 금액 순위」라는 가공의 데이터를 등록한 북을 다룹니다. 이 북의 셀 C2를 읽어 들이도록 한 것이 위의 프로그램입니다.

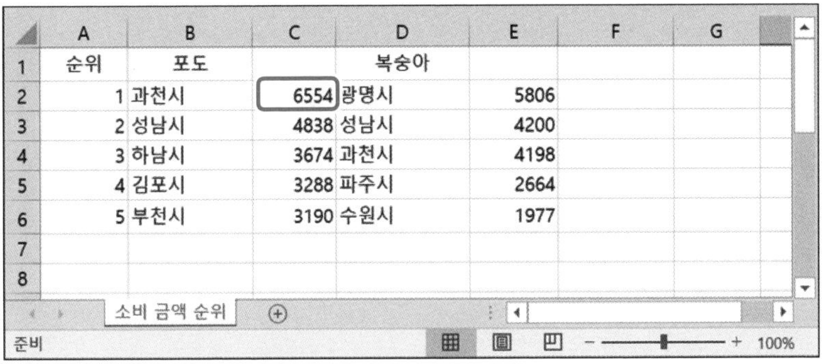

	A	B	C	D	E	F	G
1	순위	포도		복숭아			
2	1	과천시	6554	광명시	5806		
3	2	성남시	4838	성남시	4200		
4	3	하남시	3674	과천시	4198		
5	4	김포시	3288	파주시	2664		
6	5	부천시	3190	수원시	1977		
7							
8							

그림 7-1-1　샘플 북「포도와 복숭아의 소비 금액 순위」

지금까지의 샘플 프로그램과 마찬가지로 프로그램 본체와 같은 계층에 있는「data」 폴더에「포도와 복숭아의 소비 금액 순위.xlsx」가 저장되어 있다는 가정으로 프로그램을 만듭니다. 이 파일로부터 셀의 값을 취득해 봅시다.

이 북에는「소비 금액 순위」라는 이름의 시트가 하나 있을 뿐이므로 이 북을 열면 자동으로 이 시트가 액티브됩니다. 그러므로 Workbook 오브젝트 변수 wb의 active 프로퍼티로 취득할 수 있습니다(5번째 행). 물론 ws = wb["소비 금액 순위"]로 시트명으로 취득할 수도 있습니다.

계속해서 6번째 행의 print 함수의 인수로

```
ws["C2"].value
```

라고 기술함으로써 C 열, 2번째 행, 즉 셀 C2의 값을 취득하고 있습니다. 셀 번지는 문자열로 지정하므로 ws["C2"]나 ws['C2']와 같은 기술로 지정합니다.

print 함수로 ws["C2"].value를 출력하므로 터미널에 6554로 표시됩니다.

그림 7-1-2   get_cell_value_01.py 의 실행 결과

7-2 셀의 값을 행렬 번호로 읽어 들인다

```
055: get_cell_value_02.py
01    import openpyxl
02
03
04    wb = openpyxl.load_workbook(r"..₩data₩포도와 복숭아의 소비 금액 순위.xlsx")
05    ws = wb.active
06
07    print(ws.cell(row=2, column=3).value)
```

이전 절의 「7-1 셀의 값을 읽어 들인다」에서는 셀 번지를 Excel과 같은 표기로 다 뤘습니다. 이것을 수치로 지정할 수도 있습니다. 그 방법을 살펴봅시다. Python에서 Excel 데이터를 다룰 때는 그게 더 편리한 상황이 있습니다.

구체적으로는 위 프로그램의 7번째 행과 같이

```
ws.cell(row=2, column=3).value
```

라고 기술합니다. 이로써 Worksheet의 Cell의 지정한 행, 열의 값을 취득할 수 있습 니다.

이 코드를 북 「포도와 복숭아의 소비 금액 순위」에 대해 처리한 결과는 다음 그림 과 같습니다.

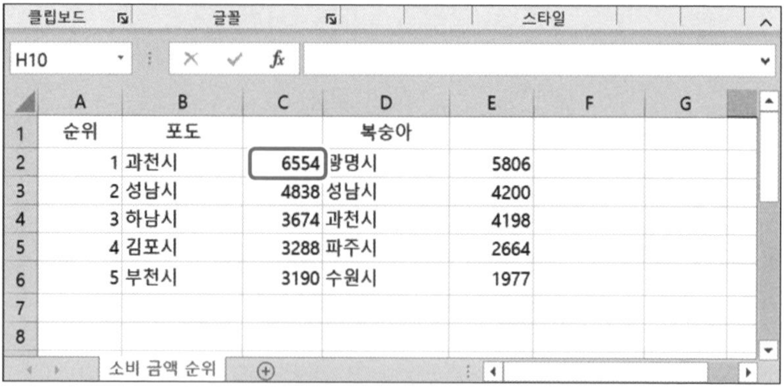

그림 7-2-1　읽어 들이기 원본 북 「포도와 복숭아의 소비 금액 순위」

그림 7-2-2　get_cell_value_02.py의 실행 결과

이전 절의 프로그램(get_cell_value_01.py)과 마찬가지로 셀 C2의 값 6554를 출력합니다.

그러나 다음 2가지에 주의하길 바랍니다.

우선 첫 번째는 인수의 순번입니다. 반드시 「row(행 번호), column(열 번호)」순으로 기술합니다. 예를 들어

```
ws.cell(2, 3).value
```

와 같은 기술입니다. 한편 앞 프로그램의 7번째 행처럼

```
ws.cell(row=2, column=3).value
```

라고 각각의 수치가 무엇을 나타내는지를 기술해서 지정하면 다음과 같이 순번을 반대로 기술해도 문제는 없습니다.

```
print(ws.cell(column=3, row=2).value)
```

row=, column=을 생략하는 경우는 반드시

```
print(ws.cell(2, 3).value)
```

처럼 수치를 row(행 번호), column(열 번호) 순으로 기술해야 합니다.

또 하나의 주의점은 row(행 번호), column(열 번호)는 모두 1부터 시작한다는 것입니다. 그러므로

```
(row=1, column=1)
```

이 셀 A1을 가리킵니다.

7-3 셀에 값을 써넣는다

056: set_cell_value_01.py

```
01   import openpyxl
02
03
04   wb = openpyxl.load_workbook(r"..₩data₩포도와 복숭아의 소비 금액 순위.xlsx")
05   ws = wb[" 써넣기용 "]
06
07   ws["A1"] = " 귤 "
08   ws["B1"] = 7685
09
10   wb.save(r"..₩data₩포도와 복숭아의 소비 금액 순위.xlsx")
```

셀에 값을 써넣으려면

ws[셀 번지] = 설정하고 싶은 값

으로 기술합니다.

　조작하는 「포도와 복숭아의 소비 금액 순위.xlsx」에는 시트 「써넣기용」이 준비되어 있습니다.

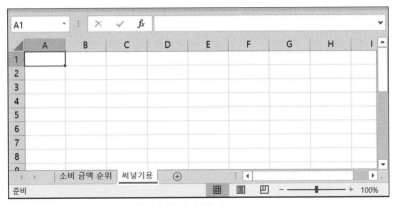

그림 7-3-1　백지 시트 「써넣기용」이 데이터를 옮겨 적는 곳

위의 프로그램은 이 시트의 셀 A1에 「귤」, 셀 B1에 수치 「7665」를 입력하는 프로그램입니다. 7번째 행, 8번째 행이 각각 셀 A1, 셀 B2에 값을 써넣는 코드입니다.

데이터를 써넣었으면 프로그램에서 명시적으로 북을 저장해야 합니다. 북의 저장은 「4-2 북을 저장한다」에서도 설명한 대로 Workbook의 save 메서드를 사용합니다(10번째 행).

이 프로그램을 실행해 봅시다.

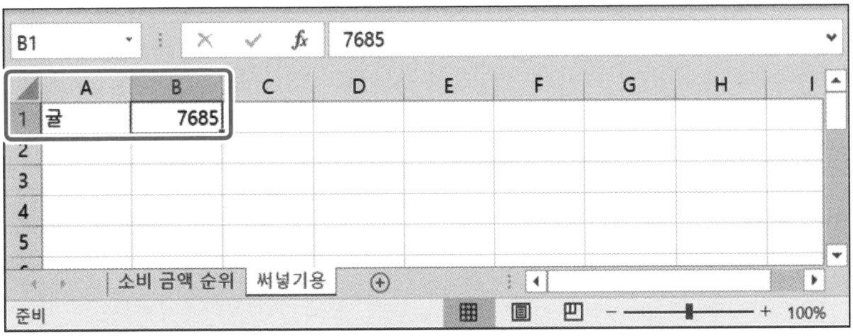

그림 7-3-2　셀 A1에 「귤」, 셀 B1에 7685라고 써넣는다

프로그램에서 기술한 대로 A1 셀에 「귤」, B1 셀에 7685라고 써넣어졌습니다.

셀 읽어 들이기와 달리 써넣으려면 「.value」를 지정하지 않아도 됩니다. 하지만 필요가 없는 것일 뿐 7~8번째 행은 다음과 같이 기술해도 결과는 같습니다.

```
ws["A1"].value = "귤"
ws["B1"].value = 7685
```

7-4 셀에 값을 행렬 번호로 써넣는다

```
057: set_cell_value_02.py

01   import openpyxl

02

03

04   wb = openpyxl.load_workbook(r"..\data\포도와 복숭아의 소비 금액 순위.xlsx")

05   ws = wb["써넣기용"]

06

07   ws.cell(row=2, column=1).value = "사과"

08   ws.cell(row=2, column=2).value = 8975

09

10   wb.save(r"..\data\포도와 복숭아의 소비 금액 순위.xlsx")
```

셀 번지를 「A1」「B2」와 같은 표기가 아닌 「몇 번째 행의 몇 번째 열」과 행·렬을 각각 수치로 지정해서 값을 써넣을 수도 있습니다. 그러기 위해서는

ws.cell(row=2, column=3).value

와 같이 기술합니다. 여기서는 「포도와 복숭아의 소비 금액 순위7_4.xlsx」의 「써넣기용」 시트에 대해서 셀 A2에 「사과」, 셀 B2에 수치로 「8975」를 써넣으려고 합니다.

그것을 코딩한 것이 앞의 프로그램입니다. 7번째 행과 8번째 행이 지정한 셀에 값을 써넣는 코드입니다.

먼저 7번째 행에서는

ws.cell(row=2, column=1).value = "사과"

로서 2번째 행의 첫 열, 즉 셀 A2에 「사과」라고 써넣습니다. 계속해서 8번째 행의

```
ws.cell(row=2, column=2).value = 8975
```

로는 2번째 행의 2번째 열, 즉 셀 B2에 8975라고 써넣습니다. 마지막으로 10번째 행의 save 메서드로 저장시킵니다. 이 프로그램을 실행하고 결과를 확인해 봅시다.

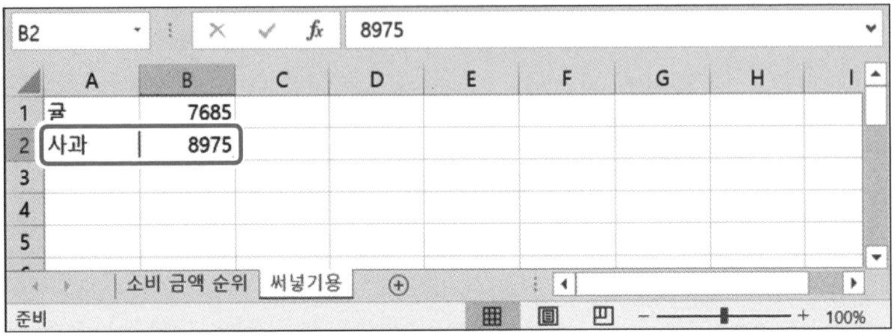

그림 7-4-1　셀 A2에 「사과」, 셀 B2에 「8975」를 써넣었다

「7-3 셀에 값을 써넣는다」에서 소개한

```
ws["A1"] = "귤"
```

과 같은 기술일 때는 「.value」를 생략할 수 있었지만 셀을 행 번호, 열 번호로 지정하는 기술에서는 「.value」는 생략할 수 없습니다.

7-5 셀 범위의 값을 읽어 들인다

```
① for row in ws["B2:C6"]:
        for cell in row:
② for row in ws.iter_rows(min_row=2, max_row=6, min_col=2, max_col=3):
        for cell in row:
③ for row_no in range(2, 7):
        for col_no in range(2, 4):
```

읽어 들이고 싶은 셀이 하나만이라고는 할 수 없습니다. 셀 범위를 합쳐서 읽고 싶은 경우도 있을 것입니다. 그러기 위해서는 범위를 지정해서 값을 취득하려면 여러 방법이 있지만 여기에서는 3가지 방법을 소개합니다.

❶ 셀 범위를 「번지 : 번지」로 지정한다.
❷ 워크시트의 iter_rows 메서드로 취득한다
❸ for 문과 함께 range 함수를 사용하여 행 번호, 열 번호로 지정한다.

그럼 순서대로 살펴봅시다.

❶ 셀 범위를 「번지 : 번지」로 지정한다

셀 범위를 지정하는 방법은 외형으로 알기 쉬우므로 취득하고 싶은 셀의 범위를 미리 알고 있을 때 유효합니다.

코드7-5-1 셀 번지로 범위를 지정한다

```
058: get_cell_range_01.py

01   import openpyxl

02

03

04   wb = openpyxl.load_workbook(r"..₩data₩포도와 복숭아의 소비 금액 순위7_5.
     xlsx")
05   ws = wb["소비 금액 순위"]
06   for row in ws["B2:C6"]:
07       for cell in row:
08           print(cell.value)
```

북 「포도와 복숭아의 소비 금액 순위7_5」에는 여러 개의 시트가 준비되어 있습니
다. 그러므로 5번째 행에서 처리하는 대상의 시트를

ws = wb["소비 금액 순위"]

로 선택합니다. 여기에서는 시트 「소비 금액 순위」를 지정했습니다.

계속해서 6번째 행에서는 for in 문의 내에서

ws["B2:C6"]

이라고 워크시트 상의 셀 범위를 지정하고, 해당하는 셀 범위로부터 차례대로 행
(row)을 취득하고(6번째 행), 다음에 행으로부터 셀(cell)을 취득하고(7번째 행). 그
셀의 값을 나타내는 cell.value 를 print 함수로 출력합니다(8번째 행).

읽어 들이는 것은 시트 「소비 금액 순위」의 다음 부분입니다.

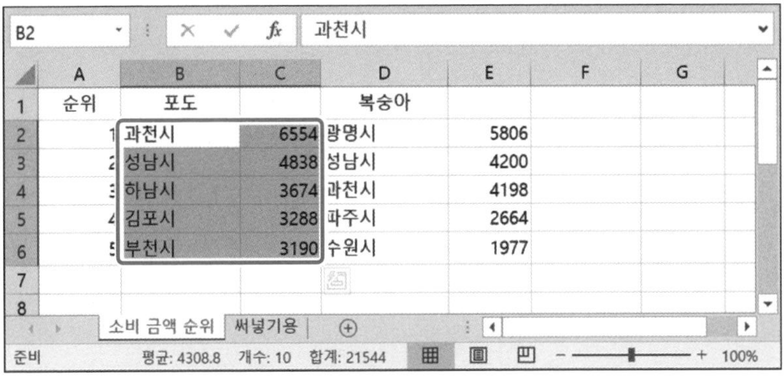

그림 7-5-1 시트 「소비 금액 순위」로부터 읽어 들이는 범위

이 프로그램을 실행하면 터미널에는 다음과 같이 출력됩니다. 이처럼 셀 범위를
[열행:열행]라고 범위 지정해서 다룰 수 있습니다.

그림 7-5-2 터미널에 출력된 처리 결과

2번째 방법을 살펴봅시다. Worksheet 오브젝트의 iter_rows 메서드에 취득하고 싶은 셀 범위의 행렬 범위를 수치로 지정해서 행(row)을 취득하고 행으로부터 셀(cell)을 취득하는 방법입니다.

코드7-5-2 iter_rows 메서드로 취득한다

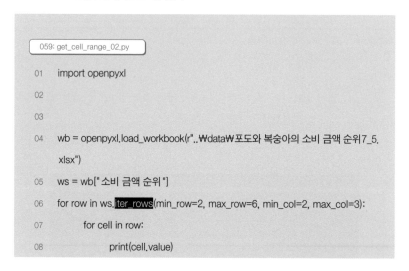

```
059: get_cell_range_02.py

01    import openpyxl

02

03

04    wb = openpyxl.load_workbook(r"..₩data₩포도와 복숭아의 소비 금액 순위7_5.
      xlsx")
05    ws = wb["소비 금액 순위"]
06    for row in ws.iter_rows(min_row=2, max_row=6, min_col=2, max_col=3):
07        for cell in row:
08            print(cell.value)
```

get_cell_range_02.py는 코드7-5-1의 get_cell_range_01.py와 같은 셀 범위를 읽어 들입니다. 6번째 행을 보세요. iter_rows 메서드로는 인수로서 min_row에는 시작 행, max_row에는 종료 행, min_col에는 시작 열, max_col에는 종료 열을 지정합니다.

실행 결과는 get_cell_range_01.py와 같습니다.

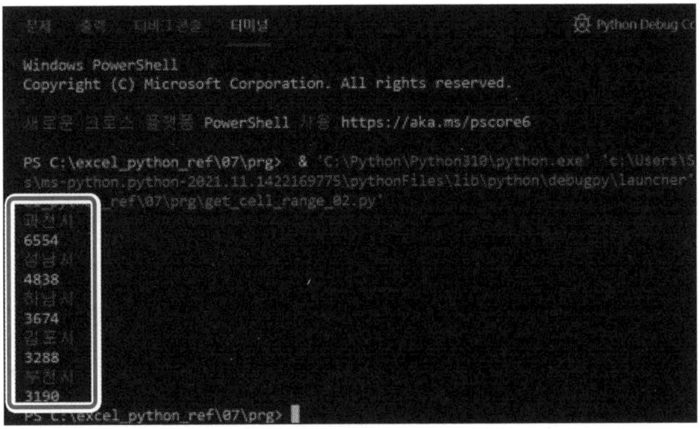

그림 7-5-3 셀 범위가 같으므로 출력도 같다

인수명은 다음과 같이 생략할 수 있는데 그 경우는 인수의 나열 순에 주의해야 합
니다.

```
for row in ws.iter_rows(2, 6, 2, 3):
```

생략할 때는 반드시 min_row, max_row, min_col, max_col의 순으로 지정하세
요.

또한, 다음과 같이 인수를 생략하면(6번째 행에 해당하는 코드), 값이 들어 있는
범위를 자동으로 검출하고 데이터가 있는 셀이 전부 대상이 되도록 마지막 행, 마지
막 열을 취득합니다.

```
01   for row in ws.iter_rows( ):
02       for cell in row:
03           print(cell.value)
```

이것을 실행하면 셀 A1의 「순위」로부터 수원시의 수치인 셀 E6의 「1977」까지의
전체에 대해서 셀 값이 터미널에 출력됩니다.

마지막으로 for in과 range 함수를 조합해서 행 번호, 열 번호를 작성하고 셀 범위를 지정하는 방법을 소개합니다.

코드7-5-3 range 함수로 셀 범위를 지정한다

```
060: get_cell_range_03.py

01    import openpyxl

02

03

04    wb = openpyxl.load_workbook(r"..₩data₩포도와 복숭아의 소비 금액 순위7_5.
      xlsx")

05    ws = wb["소비 금액 순위"]

06

07    for row_no in range(2, 7):

08        for col_no in range(2, 4):

09            print(ws.cell(row_no,col_no).value)
```

지금까지의 샘플 프로그램과 마찬가지로 읽어 들이는 대상의 셀 범위는 B2:C6입니다. 이 코드에서는 7번째 행에서 지정합니다. 셀 범위는 for in 문에서 range 함수를 사용해서 B2:C6을 지정해 봅시다. 행 번호를 직접 지정하는 서식이면 B2:C6은

min_row=2, max_row=6, min_col=2, max_col=3

이 됩니다. 이 셀 범위를 range 함수로 지정하려면 행 범위로서 range(2, 7)과 지정(7번째 행), 열 범위로서 range(2, 4)를 지정합니다(8번째 행). range 함수는 1번째 인수에 지정한 시작 값부터 2번째 인수에 지정한 종료 값 이전까지 처리를 반복하기 때문입니다. 처리 결과는 이제까지와 같으므로 생략합니다.

그리고 이 범위 지정의 방법으로 하나 더 알아 두었으면 하는 것은 값이 입력되어 있는 셀 범위를 전부 읽어 들이는 방법입니다. range 함수는 인수에 지정된 범위의 값을 순서대로 반환하는 것일 뿐이므로 다음과 같이 max_row 프로퍼티를 사용해서 마지막 행, max_column 프로퍼티를 사용하여 마지막 열을 구할 수 있습니다. 각각의 프로퍼티에 「+1」 해야 하는 점을 잊지 마세요. 이것은 range 함수는 2번째 인수에 지정한 종료 값 이전까지만 처리하기 때문입니다. 그러므로 마지막 행, 마지막 열까지 처리하고 싶을 때는 2번째 인수에 사용하는 max_row, max_column 에는 각각 +1 이 필요합니다.

```
01    for row_no in range(1, ws.max_row + 1):
02        for col_no in range(1, ws.max_column + 1):
03            print(ws.cell(row_no,col_no).value)
```

7-6 셀 범위에 값을 써넣는다

```
01   import openpyxl
02
03   wb = openpyxl.Workbook( )
04   ws = wb.active
05
06   #곱하는 수
07   for col_no in range(2, 11):
08       ws.cell(1,col_no).value = col_no - 1
09
10   #곱해지는 수
11   for row_no in range(2, 11):
12       ws.cell(row_no,1).value = row_no - 1
13
14   # 곱셈
15   for row_no in range(2, 11):
16       for col_no in range(2, 11):
17           ws.cell(row_no,col_no).value = (row_no - 1)
                 * (col_no - 1)
18
19   wb.save(r"..\data\sample7_6.xlsx")
```

워크시트 상의 셀 범위에 값을 써넣는 방법을 살펴봅시다. 여기에서는 새로운 북을 작성해서 구구단 표를 써넣는 프로그램을 생각해 봤습니다.

보기에도 알기 쉬운 방법이 for in range 함수에 의한 반복 처리를 3회 기술하는 방법입니다. 이로써 「곱하는 수」(가장 위 행의 각 열), 「곱해지는 수」(가장 왼쪽 열의 각 행), 그 계산 결과를 각각 루프의 내에서 써넣어 나갑니다. 이로써 이러한 느낌의 표를 만듭니다.

그림7-6-1 작성한 구구단 표

그럼 구체적인 코드를 살펴봅시다.

먼저 7번째 행부터의 루프에 대해서 설명합니다. 여기에서는 곱하는 수를 가장 위의 행에 9셀만큼, 각 열에 입력합니다. 가장 위의 행은 8번째 행에서

```
08   ws.cell(1,col_no).value = col_no - 1
```

로 함으로써 행 번호를 1로 고정했습니다. 그러므로 7번째 행에서

```
07   for col_no in range(2, 11):
```

라는 루프를 만들어서 시트의 행 번호 1의 2번째 열부터 col_no-1의 값을 순서대로 써넣습니다. range 함수로는 col_no는 다음의 범위

$2 \leqq$ col_no < 11

로 변화했습니다. 그러므로 2번째 열부터 10번째 열에 1부터 9의 값이 써넣어지는 것입니다.

11번째 행부터의 루프에서는 이번은 열 번호를 1로 고정해서 써넣는 처리를(12번째 행), A 열의 2번째 행을 기점으로 1부터 9까지 반복하는 것입니다(11번째 행).

21번째 행의 루프에서는 행렬 번호를 변화시켜 구구단의 결과를 써넣어 나갑니다. 21번째 행과 22번째 행에서

```
15    for row_no in range(2, 11):
16        for col_no in range(2, 11):
```

로 행 번호의 루프 내에 열 번호의 루프를 넣었습니다. 이 루프의 내에서

```
17    ws.cell(row_no,col_no).value = (row_no - 1) * (col_no - 1)
```

을 실행함으로써 행렬 번호로 나타내는 써넣는 위치와 써넣는 값을 1 미루면서 구구단표 계산 결과를 써넣습니다.

구구단처럼 정연하게 나열되어 있는 표라면 이렇게 for in range 함수를 사용한 루프가 가장 적합할 것 같으나 「A1」처럼 셀 번지를 지정하는 편이 알기 쉬울 지도 모르겠습니다. 구구단 표의 프로그램을 변형하고, 그 방법도 살펴봅시다.

코드7-6-1 셀 번지를 사용해서 구구단 표를 만든다

062: set_cell_range_02.py

```
01    import openpyxl
02
03    r_ope = ["B","C","D","E","F","G","H","I","J"]
04    wb = openpyxl.Workbook( )
05    ws = wb.active
06
07    #곱하는 수
```

```
08    for i in range(9):
09        ws[f"{r_ope[i]}1"] = i + 1
10
11    # 곱해지는 수
12    for row_no in range(2, 11):
13        ws.cell(row_no,1).value = row_no - 1
14
15    # 곱셈
16    for row_no in range(2, 11):
17        for col_no in range(2, 11):
18            ws.cell(row_no,col_no).value = (row_no - 1)
     * (col_no - 1)
19
20    wb.save(r"..₩data₩sample7_6.xlsx")
```

이 코드와 앞의 set_cell_range_01.py와의 차이는 곱하는 수(승수) 써넣기에 열 이름을 기술한 문자열의 리스트를 사용하고 있는 부분입니다. 그 리스트를 8번째 행의

for i in range(9):

에 의해 range 함수를 사용한 반복 처리의 내에서 f 문자열에 행 번호 1과 함께 「B1」으로 시작하는 셀 번지로 사용하고 있는 부분입니다.

이렇게 고쳐도 단순히 프로그램이 복잡해져서 이점이 없다고 생각될 수도 있습니다. 그러나 열 이름을 리스트로 하면 리스트의 값을 자유롭게 정할 수 있기 때문에 열을 하나 건너뛰고 값을 써넣거나 불규칙한 위치에 써넣거나 하는 융통성을 발휘할 수 있습니다.

7-7 셀 범위의 값을 다른 셀 범위에 복사한다

```
01  import openpyxl
02
03
04  wb = openpyxl.load_workbook(r"..\data\포도와 복숭아의 소비 금액 순위7_7.
    xlsx")
05  ws = wb[" 소비 금액 순위 "]
06
07  for row_no in range(2,7):
08      for col_no in range(2, 4):
09          ws.cell(row_no + 5, col_no + 4).value =    ₩
10              ws.cell(row_no, col_no).value
11
12  wb.save(r"..\data\포도와 복숭아의 소비 금액 순위7_7.xlsx")
```

여기에서는 지정한 셀 범위의 값을 같은 시트 상의 다른 위치에 그대로 복사하는 코드를 생각해 봅시다. 예로서 북 「포도와 복숭아의 소비 금액 순위7_7」의 시트 「소비 금액 순위」의 B2:C6의 범위를 F7:G11에 복사합니다. Excel상에서 이러한 상태가 되는 프로그램입니다.

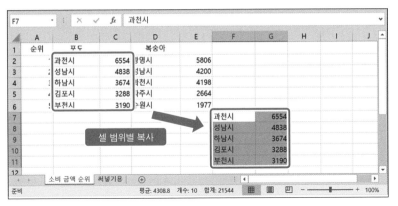

그림 7-7-1 시별로 나눈 포도의 소비 금액을 F, G 열에 복사

워크시트 내에서의 셀 범위의 복사에는 읽어 들이는 범위와 써넣는 범위를 상대적으로 이동하는 방법이 간단할 것입니다.

복사 원본과 복사본은 5행, 4열만큼 이동합니다.

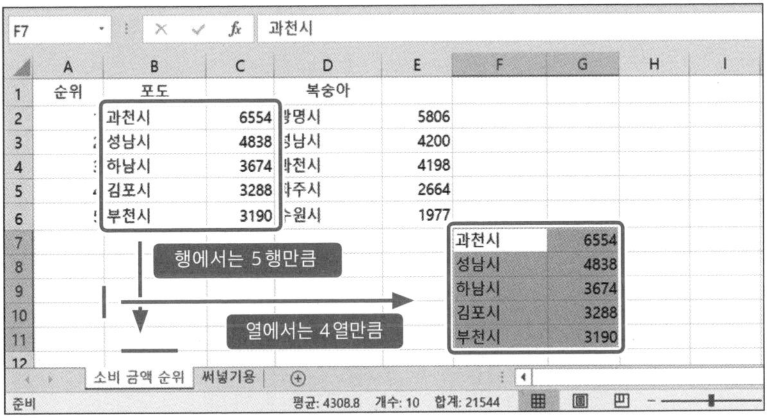

그림 7-7-2 복사본은 5행만큼, 4열만큼 이동한 위치

그러므로 복사본의 행을 row_no + 5, 열을 col_no + 4로 함으로써 복사본의 위치는 간단하게 지정할 수 있을 것 같습니다. 거기에 대응하는 셀의 값을 각각 써넣어 가면 복사할 수 있을 것입니다.

앞 코드의 7번째 행과 8번째 행은 복사 원본의 범위로부터 각 행마다 1셀씩 처리해 나가기 위한 루프입니다. 1행만큼의 셀을 처리했으면 다음 행으로 이동하는 것처럼 동작합니다.

9번째 행이 복사본 위치를 이동하여 써넣는 처리를 기술합니다. 여기에서 cell 프로퍼티의 인수를

row_no + 5, col_no + 4

로 해서 「처리 대상이 되고 있는 셀의 5행만큼, 4열만큼 이동한 대상의 셀」에 써넣도록 지정합니다.

9번째 행의 끝에 백슬래시(₩)가 있는데, Python에서는 이 기호가 행 연속자입니다. 보기에는 여기에서 줄바꿈되어 있는데 프로그램으로서는 아직 그 행이 끝난 것이 아닌 다음 행에 처리의 기술이 이어져 있는 것을 나타냅니다.

7-8 행렬을 바꿔서 값을 기억한다

064: trans_columns_and_rows.py

```
01  import openpyxl
02
03
04  wb = openpyxl.load_workbook(r"..₩data₩포도와 복숭아의 소비 금액 순위7_8.
    xlsx")
05  ws = wb[" 행과 열을 바꿈 "]
06
07  for row_no in range(1, 7):
08      for col_no in range(1, 7):
09          ws.cell(row= col_no, column = row_no +
    7).value  = ws.cell(row_no, col_no).value
10
11  wb.save(r"../data/ 포도와 복숭아의 소비 금액 순위7_8.xlsx")
```

Excel을 사용해서 데이터를 복사하는 경우 행과 열을 바꿔 붙여야만 하는 경우도 있습니다. 그 때에는 붙여 넣을 때 「행/ 열 바꿈」을 선택하는 조작을 합니다.

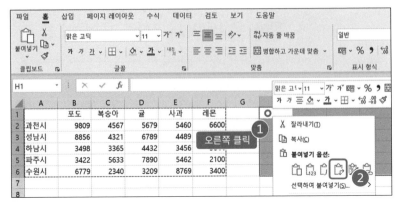

그림 7-8-1 붙일 때에「행/열 바꿈」을 선택한다

이 조작으로 행과 열을 바꿔서 복사할 수 있습니다.

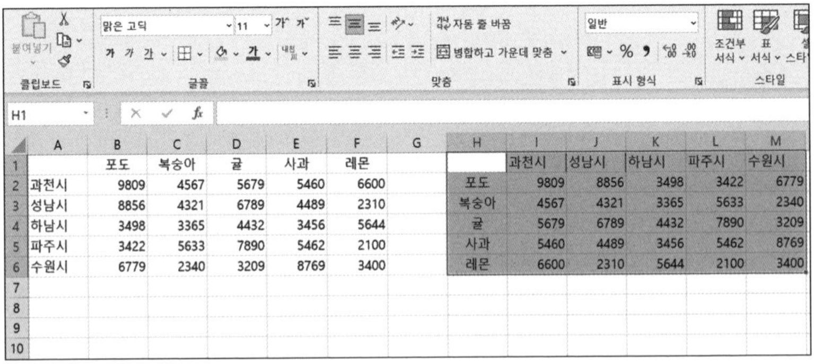

그림 7-8-2 행과 열이 바뀌었다

이 조작을 Openpyxl을 사용한 Python 프로그램으로 자동화하는 것을 생각해 봤습니다[1].

```
09        ws.cell(row= col_no, column = row_no + 7).value
           = ws.cell(row_no, col_no).value
```

---

[1] 포도와 복숭아의 소비 금액 순위7_8.xlsx 에서 실제로 행과 열을 바꾸는 조작을 한 경우는 원래대로 되돌려 놓읍시다.

가 핵심입니다.

우변의

```
ws.cell(row_no, col_no).value
```

는 읽어 들인 각 셀의 값입니다. 이것을 좌변에 대입합니다. 여기에서 좌변을

```
ws.cell(row= col_no, column = row_no + 7).value
```

로 합니다. 행 번호에 복사 원본의 열 번호, 열 번호에 복사 원본의 행 번호를 사용합니다. 이로써 행과 열을 바꿀 수 있습니다. 실제로는 복사로 하기 위해서 열의 위치를 「+7」로 옮김으로써 H 열에 붙도록 하고 있는데 기본적으로는 상당히 간단한 코드로 구현할 수 있다는 것을 알았나요?

실제로 프로그램을 실행하고 생각한 대로 동작이 되었는지 확인해 봅시다.

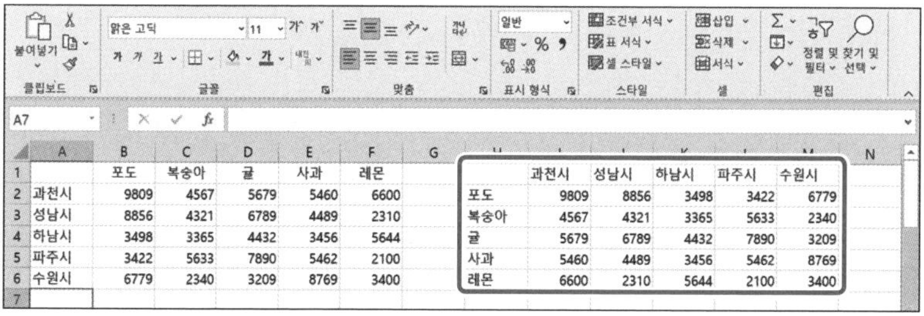

	포도	복숭아	귤	사과	레몬
과천시	9809	4567	5679	5460	6600
성남시	8856	4321	6789	4489	2310
하남시	3498	3365	4432	3456	5644
파주시	3422	5633	7890	5462	2100
수원시	6779	2340	3209	8769	3400

	과천시	성남시	하남시	파주시	수원시
포도	9809	8856	3498	3422	6779
복숭아	4567	4321	3365	5633	2340
귤	5679	6789	4432	7890	3209
사과	5460	4489	3456	5462	8769
레몬	6600	2310	5644	2100	3400

그림 7-8-3 프로그램으로 행과 열을 바꿨다

7-9 셀 범위의 값을 다른 시트에 옮겨 적는다

사용하는 라이브러리 : import openpyxl

065: copy_cell_range_02.py

```
01  import openpyxl
02
03
04  wb = openpyxl.load_workbook(r"..\data\포도와 복숭아의 소비 금액 순위7_9.
    xlsx")
05  ws1 = wb["소비 금액 순위"]
06  ws2 = wb["써넣기용"]
07
08  for row_no in range(1,7):
09      col_no_d = 1
10      for col_no in range(4, 6):
11          ws2.cell(row_no, col_no_d).value =  ws1.
    cell(row_no, col_no).value
12          col_no_d += 1
13
14  wb.save(r"..\data\포도와 복숭아의 소비 금액 순위7_9.xlsx")
```

복사 원본과 붙여 넣는 대상에서는 시트가 다른 경우도 있을 것입니다. 그래서 어떤 워크시트의 셀 범위의 값을 다른 워크시트로 복사하는 프로그램을 소개합니다. 다음과 같은 복사/붙여넣기를 Python이 하는 코드입니다.

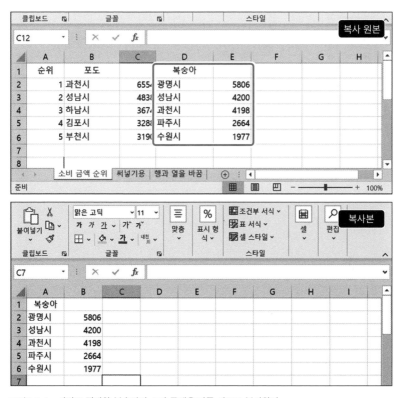

그림 7-9-1　시별로 집계한 복숭아의 소비 금액을 다른 시트로 복사한다

어떤 워크시트의 셀 범위의 값을 다른 워크시트에 복사하는 경우의 요점은 Work sheet 오브젝트 변수를 두 개 만드는 것입니다. 앞의 샘플 프로그램에서는 변수 ws1(5번째 행)과ws2(6번째 행)이 그것에 해당됩니다.

이 변수를 사용해서 시트 「소비 금액 순위」상의 데이터를 시트 「써넣기용」에 복사하는 것이 11번째 행입니다.

```
ws2.cell(row_no, col_no_d).value = ws1.cell(row_no,
col_no).value
```

써넣는 예를 나타내는 변수 col_no_d는 시트 「써넣기용」의 A 열부터 써넣기 위해서 초기값으로서 1을 주고(9번째 행), 1셀만큼의 처리를 끝낸 곳에서 1씩 더합니다 (12번째 행).

여기에서는 코드를 이해하기 쉽도록 우선 고려해서 변수 col_no_d를 사용하는데 실제로는 그렇게 하지 않아도 col_no를 좌변 우변 양쪽에서 모두 사용할 수 있습니다. 그것을 고친 것이 다음 코드입니다.

코드7-9-1 열 번호를 나타내는 변수로서 col_no만으로 기술했다

```
066: copy_cell_range_03.py

01    import openpyxl
02
03
04    wb = openpyxl.load_workbook(r"..₩data₩포도와 복숭아의 소비 금액 순위7_9.
      xlsx")
05    ws1 = wb["소비 금액 순위"]
06    ws2 = wb["써넣기용"]
07
08    for row_no in range(1,7):
09        for col_no in range(4, 6):
10            ws2.cell(row_no, col_no - 3).value =  ws1.
      cell(row_no, col_no).value
11
12    wb.save(r"..₩data₩포도와 복숭아의 소비 금액 순위7_9.xlsx")
```

10번째 행의 좌변에서 써넣는 대상의 셀 번지를 지정할 때

ws2.cell(row_no, col_no - 3).value

처럼 열 번호를 나타내는 인수에 col_no - 3이라고 기술했습니다. 이로써 입력 시트

에서 취득한 셀의 번지를 복사본의 시트로도 사용합니다. 복사 원본의 시트에서 취득한 셀 번지이긴 하지만「어떤 시트」로부터 떼어내서 복사본의 시트에서도 이를 바탕으로 상대적인 위치를 써넣는 위치에 지정할 수 있습니다.

여기에서 조금 방향을 바꿔서 range 함수를 사용하지 않는 코드 예를 소개합니다.

코드7-9-2 이터러블 오브젝트를 사용해서 옮겨 적는다

```
067: copy_cell_range_04.py

01  import openpyxl
02
03
04  wb = openpyxl.load_workbook(r"..\data\포도와 복숭아의 소비 금액 순위7_9.
    xlsx")
05  ws1 = wb["소비 금액 순위"]
06  ws2 = wb["넣기 용"]
07
08  row_no = 1
09  for row in ws1.iter_rows(min_row=1, max_row=6, min_col=4, max_col=5):
10      col_no = 1
11      for cell in row:
12          ws2.cell(row_no, col_no).value = cell.value
13          col_no += 1
14
15      row_no += 1
16
17  wb.save(r"..\data\포도와 복숭아의 소비 금액 순위7_9.xlsx")
```

이 샘플 프로그램에서는 복사 원본의 셀 값은 오브젝트 변수 ws1에 iter_rows 메서드를 사용해서 읽어 들입니다. 복사본의 시트를 지정한 ws2에 읽어 들일 때는 12번째 행에서

12	ws2.cell(row_no, col_no).value = cell.value

라고 기술한 것처럼 변수 row_no, col_no에 의해 행렬 번호를 지정합니다(12번째 행). 그 변수 row_no는 for 루프에 들어가기 전에 초깃값을 1로 하고(8번째 행), 열 번호를 나타내는 col_no는 새로운 행의 처리에 들어가자마자 10번째 행에서 초기화합니다(초깃값은 1).

여기에서 소개한 샘플 프로그램은 기술은 달라도 실행 결과는 같습니다. 이처럼 실제로 응용하는 경우에는 다른 방법을 조합할 수 있다는 것을 알아 두면 보다 빠르게 프로그램을 만들 수 있을 것입니다.

7-10 셀 범위의 값을
다른 북에 옮겨 적는다

CHAPTER 7

```
068: copy_cell_range_05.py

01   import openpyxl
02
03
04   wb1 = openpyxl.load_workbook(r"..₩data₩sample7_10.xlsx")
05   ws1 = wb1.active
06
07   wb2 = openpyxl.Workbook( )
08   ws2 = wb2.active
09
10   row_no = 1
11   for row in ws1.iter_rows( ):
12       col_no = 1
13       for cell in row:
14           ws2.cell(row_no, col_no).value = cell.value
15           col_no += 1
16
17       row_no += 1
18
19   wb2.save(r"..₩data₩sample7_10_copy.xlsx")
```

데이터를 옮겨 적는 대상이 같은 북이라고는 할 수 없습니다. 다른 북에 있는 데이터를 집계용의 북에 집약하는 경우도 있을 것입니다. 그래서 셀 범위의 값을 다른 북에 옮겨 적는 프로그램을 살펴봅시다. 여기에서는 2종류의 프로그램을 소개합니다.

먼저 첫 번째는 앞에서 나타낸 프로그램입니다. 이것은 기존 북으로부터 데이터를 읽어 들이고 신규 북을 작성하여 옮겨 적습니다.

여기에서 옮겨 적는 원본에 사용하는 sample7_10.xlsx에는 「7-6 셀 범위에 값을 써넣는다」에서 작성된 구구단 표의 시트가 하나만 작성되어 있습니다. 이 시트상의 데이터가 입력되어 있는 셀을 전부 새로운 북에 옮겨 적습니다. 새로운 북을 만들면 자동적으로 시트가 1장 만들어집니다. 이것에 셀 범위로서 복사하고 옮겨 적는 대상의 북을 sample7_10_copy.xlsx라는 다른 이름으로 저장하는 프로그램입니다.

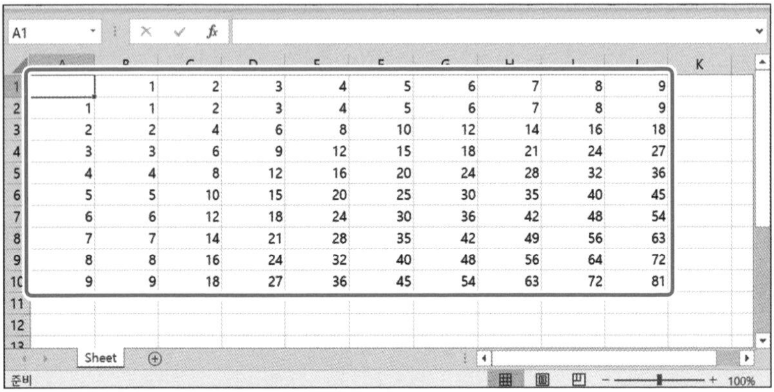

	A	B	C	D	E	F	G	H	I	J
1		1	2	3	4	5	6	7	8	9
2	1	1	2	3	4	5	6	7	8	9
3	2	2	4	6	8	10	12	14	16	18
4	3	3	6	9	12	15	18	21	24	27
5	4	4	8	12	16	20	24	28	32	36
6	5	5	10	15	20	25	30	35	40	45
7	6	6	12	18	24	30	36	42	48	54
8	7	7	14	21	28	35	42	49	56	63
9	8	8	16	24	32	40	48	56	64	72
10	9	9	18	27	36	45	54	63	72	81

그림 7-10-1　이 구구단 표를 신규 북에 복사한다

이 프로그램의 요점은 Workbook 오브젝트 변수를 두 개 작성하는 것입니다. wb1이 복사 원본의 북(4번째 행), wb2가 복사본의 북입니다(7번째 행). wb1에는 시트가 하나 작성되었고 이것이 ws1입니다(5번째 행). 또한, 옮겨 적는 대상의 신규 북 wb2에도 북을 작성한 시점에서 시트가 하나 작성됩니다. 이것을 ws2로 합니다(8번째 행).

구구단 표의 범위를 전부 복사하고자 11번째 행의

```
11    for row in ws1.iter_rows():
```

에서는 ws1의 iter_rows() 메서드를 사용해서 값이 입력되어 있는 셀 범위를 전부 취득하도록 합니다.

ws2 셀에 값을 써넣는 코드에서는 14번째 행에서

```
14                    ws2.cell(row_no, col_no).value = cell.value
```

로서 변수 row_no, col_no으로 행렬 번호를 지정합니다. 옮겨 적는 후의 북을 「sample7_10_copy.xlsx」라고 다른 이름을 붙여서 저장합니다(18번째 행). 그 실행 결과를 살펴 봅시다.

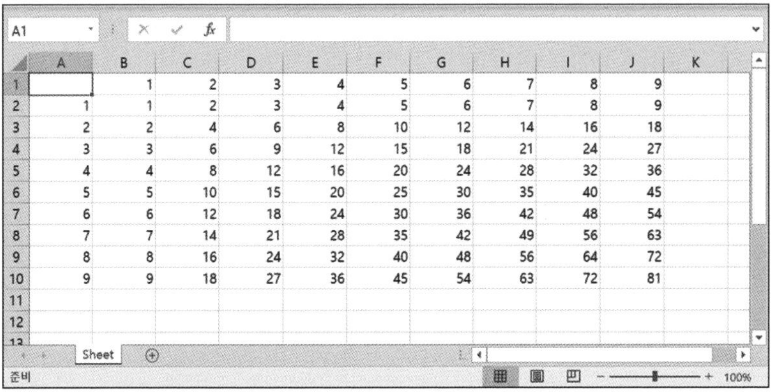

	A	B	C	D	E	F	G	H	I	J	K
1		1	2	3	4	5	6	7	8	9	
2	1	1	2	3	4	5	6	7	8	9	
3	2	2	4	6	8	10	12	14	16	18	
4	3	3	6	9	12	15	18	21	24	27	
5	4	4	8	12	16	20	24	28	32	36	
6	5	5	10	15	20	25	30	35	40	45	
7	6	6	12	18	24	30	36	42	48	54	
8	7	7	14	21	28	35	42	49	56	63	
9	8	8	16	24	32	40	48	56	64	72	
10	9	9	18	27	36	45	54	63	72	81	
11											
12											

그림 7-10-2 sample7_10_copy.xlsx에 옮겨 적은 구구단 표

다음의 샘플 프로그램에서는 두 개의 기존 북을 열고 복사 원본의 북으로부터 구구단 표의 일부를 복사본의 북에 신규 노트를 작성해 복사합니다.

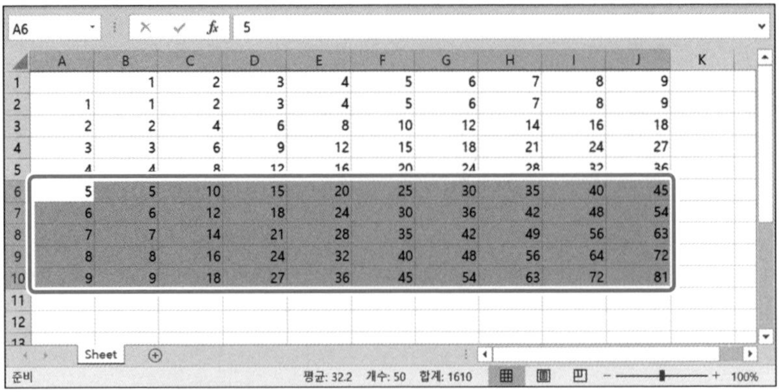

그림 7-10-3 sample7_10.xlsx의 구구단 표로부터 5단 이후를 복사한다

sample7_10.xlsx의 시트 「Sheet」에 만들어진 구구단 표를 바탕으로 5단부터 마지막까지의 데이터를 sample7_10_copy.xlsx에 「5단 이후」라는 시트를 만들어 옮겨 적습니다.

이것을 코딩한 것이 다음 프로그램입니다.

코드 7-10-1 범위를 지정하고 다른 북에 옮겨 적는다

```
069: copy_cell_range_06.py

01    import openpyxl
02
03
04    wb1 = openpyxl.load_workbook(r"..₩data₩sample7_10.xlsx")
05    ws1 = wb1.active
06
07    wb2 = openpyxl.load_workbook(r"..₩data₩sample7_10_copy.xlsx")
08    ws2 = wb2.create_sheet(title="5단 이후")
09
10    row_no_d = 1
11    for row_no in range(6,ws1.max_row + 1):
12        col_no_d = 1
```

244

```
13          for col_no in range(1, ws1.max_column + 1):
14              ws2.cell(row_no_d, col_no_d).value = ws1.
        cell(row_no, col_no).value
15              col_no_d += 1
16          row_no_d += 1
17
18      wb2.save(r"..\data\sample7_10_copy.xlsx")
```

핵심이 되는 부분을 살펴봅시다.

4번째 행에서 wb1에 sample7_10.xlsx를 취득합니다. 이 북의 경우 시트는 1장 뿐이므로 이 시트를 active로 취득합니다(5번째 행).

다음으로 앞의 프로그램에서 작성한 sample7_10_copy.xlsx를 wb2에 취득합니다(7번째 행). 계속해서 8번째 행에서 Workbook의 create_sheet 메서드를 사용해 시트를 추가하고 title 인수로 시트 이름을 「5단 이후」라고 붙입니다.

ws상의 구구단 표로부터 11번째 행의 for 루프에서 행 범위를

range(6,ws1.max_row + 1)

로 하며, 13번째 행의 for 루프에서 셀의 범위를

range(1, ws1.max_column + 1)

로 함으로써 5단 이후를 전부 취득합니다.

이렇게 취득한 셀 범위의 값을 복사 대상의 시트에 row_no_d와 col_no_d로 행렬을 지정하여 복사합니다(14번째 행). 마지막으로 sample7_10_copy.xlsx를 save 메서드로 저장합니다(18번째 행).

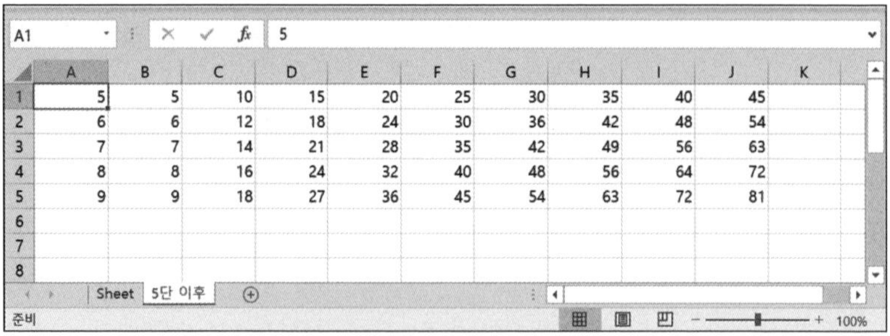

그림 7-10-4   복사본의 sample7_10_copy.xlsx 에 시트 「5단 이후」를 만들고 옮겨 적었다

Chapter

8

서식을 설정한다

8-1 수치의 표시 방법을 설정한다

```python
01  import openpyxl
02
03
04  wb = openpyxl.load_workbook(r"..\data\sample8_1.xlsx")
05  ws  = wb["수치 서식"]
06
07  ws.cell(row = 1, column = 2).number_format = "#,##0"
08  ws.cell(row = 2, column = 2).number_format = "#,##0.00"
09
10  wb.save(r"..\data\sample8_1.xlsx")
```

openpyxl는 여러 가지 셀의 서식 설정을 지원합니다. 먼저 수치의 서식 설정부터 살펴봅시다.

대표적인 표시 형식은 다음의 두 가지입니다.

● **3자릿수마다 제로 억제(zero supress: 0 서프레스)**

#,##0

이 서식으로는 수치의 3자릿수마다 콤마(,)를 넣고 맨 앞의 불필요한 0을 억제합니다.

● 소수점 이하 자릿수 지정

#,##0.00

소수점보다 위의 자릿수는 3자릿수마다 제로 억제입니다. 이것에 이어서 「.」을 붙이고 0을 나열하는 수에 의해 소수점 이하의 자릿수를 지정합니다. 예를 들어 소수점 이하를 2자릿수 표시하도록 한 것이 「#,##0.00」입니다.

여기에서 다음과 같은 시트가 있었다고 합시다.

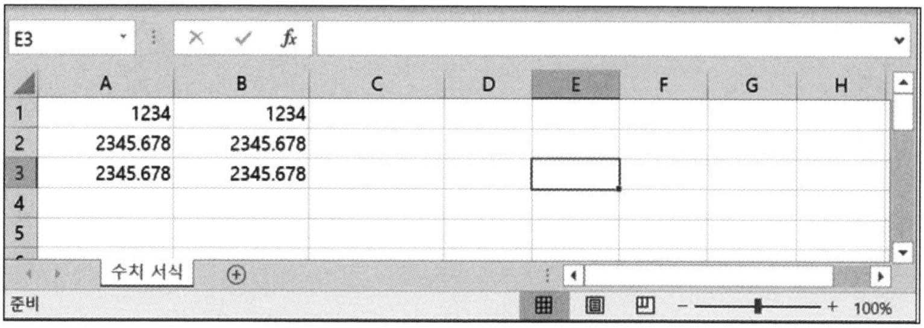

그림 8-1-1 수치 서식을 설정하기 전. 같은 숫자를 2열로 나열한다

소수점 없는 것과 소수점 있는 것을 섞어서 A 열과 B 열에 각각 같은 수치를 입력했습니다. 이에 대해서 B 열의 수치에 프로그램으로부터 서식을 설정합니다. 그 프로그램이 앞의 코드입니다. 대략적인 구조로서는 시트 「수치 서식」을 선택하고 지정한 셀에 표시 형식을 설정하는 프로그램입니다.

셀 B1은 3자릿수마다 제로 억제로 했습니다. #이 제로 억제입니다. 제로 억제를 기술하지 않고 "0,000"이라는 서식으로 설정했다고 합시다. 그 셀의 값이 「12」였다고 하면 그 셀에서는 「0,012」라고 불필요한 제로나 콤마가 앞에 붙게 됩니다.

이것을 코드로 한 것이 7번째 행입니다.

```
07    ws.cell(row = 1, column = 2).number_format = "#,##0"
```

B 열의 2번째 행은 1번째 행에서 설정한 제로 억제한 3자릿수마다에 덧붙여 소수점 이하를 2자릿수로 고정했습니다. 이것이 8번째 행의 코드입니다.

```
08   ws.cell(row = 2, column = 2).number_format = "#,##0.00"
```

이것을 실행한 결과를 살펴봅시다.

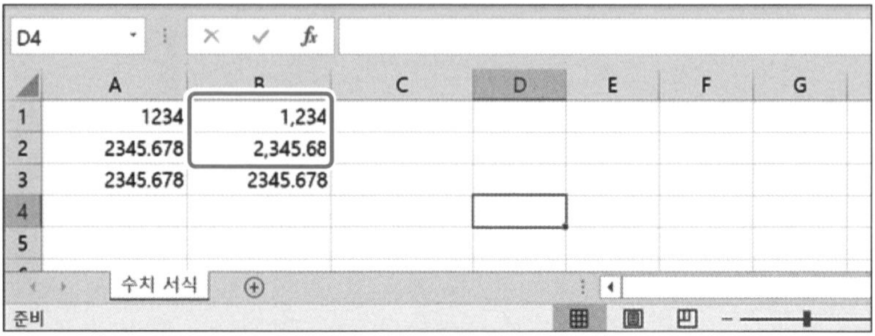

그림 8-1-2 셀 B1과 B2에 수치의 서식을 새롭게 설정했다

다음으로 상수처럼 선언되어 있는 서식을 사용하는 방법을 소개합니다. 일부의 서식은 내장서식으로서 openpyxl.styles의 numbers 모듈에 선언되어 있습니다.

Python 이외의 언어에서 프로그래밍 경험이 있는 분이면 「상수처럼」이라는 말이 걸릴지도 모르겠습니다. 굳이 그렇게 적은 것은 Python에는 문법적으로 상수는 준비되어 있지 않기 때문입니다. 다음 코드처럼

FORMAT_NUMBER_COMMA_SEPARATED1

이라고 대문자로 기술한 부분을 관습적으로 상수로 취급합니다.

코드 8-1-1 　FORMAT_NUMBER_COMMA_SEPARATED1을 사용해서 서식을 설정

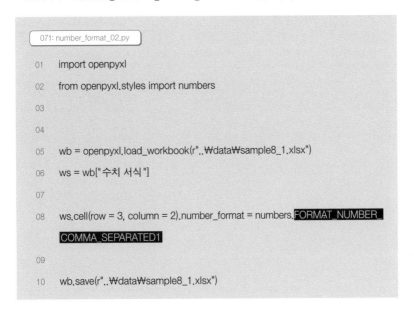

```
071: number_format_02.py

01    import openpyxl
02    from openpyxl.styles import numbers
03
04
05    wb = openpyxl.load_workbook(r"..₩data₩sample8_1.xlsx")
06    ws = wb["수치 서식"]
07
08    ws.cell(row = 3, column = 2).number_format = numbers.FORMAT_NUMBER_
      COMMA_SEPARATED1
09
10    wb.save(r"..₩data₩sample8_1.xlsx")
```

코드의 8번째 행에서 3행 B 열에 numbers 모듈의 FORMAT_NUMBER_COMMA
_SEPARATED1을 적용했습니다. 이 프로그램을 실행 후에 시트 『수치 서식』을 살
펴봅시다. 셀B3의 표시는 셀B2와 같습니다. FORMAT_NUMBER_COMMA_
SEPARATED1은 numbers 모듈로 '#,#0.00' 이라고 선언되어 있기 때문입니다.

그림 8-1-3　셀B3에 openpyxl에 내장되어 있는 서식을 설정

물론 서식은 이것뿐만이 아닙니다. 그 밖에 어떤 서식이 선언되어 있는지 관심이 있는 분은 다음 페이지를 참조하세요.

https://openpyxl.readthedocs.io/en/stable/_modules/openpyxl/styles/numbers.html#NumberFormat

8-2 날짜 서식을 설정한다

```
072: number_format_03.py

01   import openpyxl
02
03
04   wb = openpyxl.load_workbook(r"..￦data￦sample8_2.xlsx")
05   ws  = wb["날짜 서식"]
06
07   ws.cell(row = 1, column = 2).number_format = "yyyy-mm-dd"
08   ws.cell(row = 2, column = 2).number_format = "yyyy년 m월 d일"
09   ws.cell(row = 3, column = 2).number_format = "yyyy년 mm월 dd일"
10
11   wb.save(r"..￦data￦sample8_2.xlsx")
```

날짜 서식도 한국, 미국, 유럽에서는 여러 가지 형태가 있습니다. 대표적인 것을 설정하는 것이 위의 코드입니다.

이 프로그램에서는 북 「sample8_2」의 시트 「날짜 서식」에 입력한 날짜 서식을 변경합니다. 서식을 지정하는 기술이 7~9번째 행의 우변입니다.

원래 이 시트에는 A 열과 B 열에 같은 형식으로 날짜를 입력하고 있었습니다. 말하자면 A 열의 서식을 B 열처럼 변경한 것이라고 생각하세요.

여기에서는 「yyyy-mm-dd」「yyyy년 m월 d일」「yyyy년 mm월 dd일」과 같이 3종류의 서식을 기술했습니다. 그 결과를 보면 알 수 있듯이 m이나 d가 한 자릿수인지 두 자릿수인지에 따라서 월, 일의 표시 자릿수가 바뀝니다. 날짜이므로 「4월」을 그대로 표기할지 「04월」로 할지의 차이입니다.

다른 지정 방법을 한 프로그램도 보세요. 이 프로그램은 앞에서 설명한 number_format_03.py를 실행 후에도 그대로 사용할 수 있도록 시트 「날짜 서식」의 셀 B4를 처리하도록 합니다.

코드 8-2-1   FORMAT_DATE_YYMMDD를 사용해서 서식을 설정한다

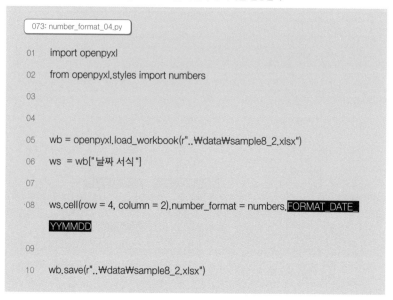

```
073: number_format_04.py

01    import openpyxl
02    from openpyxl.styles import numbers
03
04
05    wb = openpyxl.load_workbook(r"..\data\sample8_2.xlsx")
06    ws = wb["날짜 서식"]
07
08    ws.cell(row = 4, column = 2).number_format = numbers.FORMAT_DATE_
      YYMMDD
09
10    wb.save(r"..\data\sample8_2.xlsx")
```

시트 「날짜 서식」의 셀 B4는 openpyxl.styles의 numbers 모듈에 선언되어 있는 서식 FORMAT_DATE_YYMMDD('yy-mm-dd')로 포맷합니다.

지금까지의 처리 결과를 봅시다.

각각 어떠한 서식이 되는지 실행 후의 시트를 살펴봅시다.

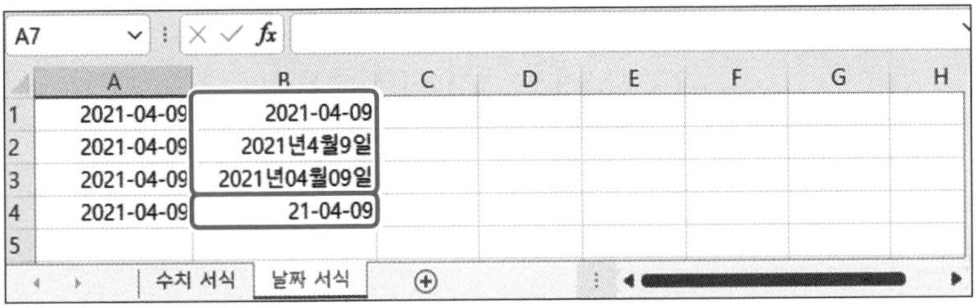

그림 8-2-1   B 열의 1~3번째 행과 4번째 행이 프로그램으로 변경한 서식

셀B1부터 B3이 앞의 number_format_03.py에서 변경한 부분으로 셀 B4가 number_format_04.py에 의한 것입니다. B4에서는 연도가 아래 2자릿수의 표기로 되어 있습니다. 이처럼 날짜에 여러 가지 서식을 적용할 수 있습니다.

8-3 폰트, 크기, 문자색을 지정한다

074: set_font_01.py

```python
01   import openpyxl
02   from openpyxl.styles import Font
03
04
05   wb = openpyxl.load_workbook(r"..₩data₩sample8_3.xlsx")
06   ws = wb["폰트"]
07
08   font_header = Font(name="고딕", size=14, color="000FFF")
09
10   for rows in ws["A1:F1"]:
11       for cell in rows:
12           cell.font = font_header
13
14   wb.save(r"..₩data₩sample8_3.xlsx")
```

셀의 폰트를 프로그램으로 지정하는 방법을 소개합니다. 그러기 위해서는 Font 오브젝트를 작성하고 Excel에서 이용할 수 있는 폰트나 폰트 크기, 문자색을 지정합니다.

2번째 행에서는 Font 클래스를 간략한 기술로 사용할 수 있도록 하기 위해서 openpyxl.styles로부터 Font를 직접 임포트합니다. 1번째 행에서 이미 openpyxl 을 임포트하고 있는데 이와는 별도로 임포트해 둡니다. 5~6번째 행에서 처리 대상 의 북과 시트를 선택합니다. 여기에서는 북 「sample8_3」의 시트 「폰트」를 지정했습니다. 여기에서 처리 전의 이 시트를 살펴봅시다.

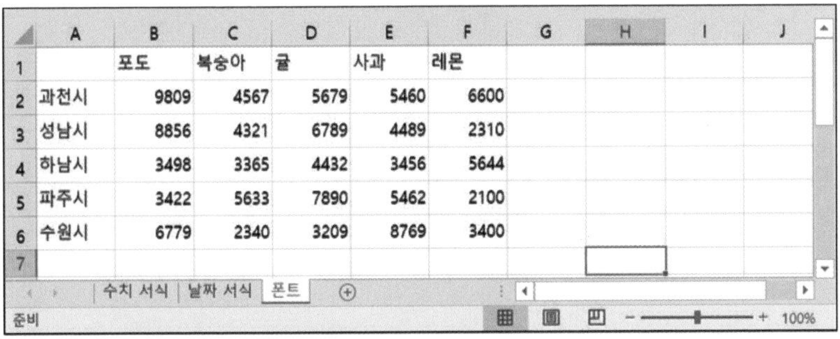

	A	B	C	D	E	F
1		포도	복숭아	귤	사과	레몬
2	과천시	9809	4567	5679	5460	6600
3	성남시	8856	4321	6789	4489	2310
4	하남시	3498	3365	4432	3456	5644
5	파주시	3422	5633	7890	5462	2100
6	수원시	6779	2340	3209	8769	3400
7						

그림 8-3-1 폰트를 설정하기 전의 상태

이 프로그램에서는 이 시트의 「포도」부터 시작하는 행 헤더 부분의 폰트를 설정합니다. 중요한 것은 8번째 행입니다. 여기에서는 font_header라는 이름으로 Font 오브젝트 변수를 작성하고, 폰트명에 「고딕」, 폰트 크기에 14, 문자색에 RGB로 「000FFF」를 각각 지정했습니다. 워크시트의 "A1:F1"의 범위로부터 행과 셀을 취득하여 셀의 font에 font_header를 설정하고 북을 저장합니다.

이것을 정리하면

```
08    font_header = Font(name="고딕", size=14, color="000FFF")
```

가 됩니다. 이것을 지정한 셀 범위에 서식으로서 적용하는 것입니다(10~12번째 행).

이것을 실행해서 서식이 바뀐 것을 확인해 봅시다.

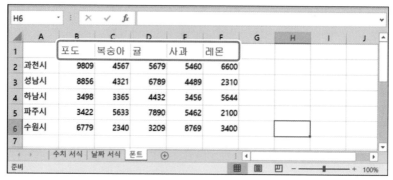

그림 8-3-2 표의 헤더에 폰트 설정을 변경했다

「포도」부터 시작하는 표의 헤더 부분을 지정한 폰트로 설정할 수 있었습니다.

8-4 볼드, 이탤릭을 지정한다

075: set_font_02.py

```
01    import openpyxl
02    from openpyxl.styles import Font
03
04
05    wb = openpyxl.load_workbook(r"..\data\sample8_4.xlsx")
06    ws  = wb["폰트"]
07
08    font01 = Font(name="고딕", size=12, bold=True)
09    font02 = Font(name="궁서", size=12, italic=True)
10
11    ws.cell(2, 1).font = font01
12    ws.cell(3, 1).font = font02
13
14    wb.save(r"..\data\sample8_4.xlsx")
```

여러 가지 폰트 설정이 있습니다. 여기에서는 Font 오브젝트를 사용해서 bold(굵은 글씨)와 italic(이탤릭)을 설정하는 코드를 살펴봅시다.

위의 프로그램은 북 「sample8_4」의 시트 「폰트」에 있는 표의 열 헤더에 있는 셀 A2의 「과천시」, 셀 A3의 「성남시」에 각각 굵은 글씨와 이탤릭체를 설정하려고 합니다.

bold와 italic 두 종류의 폰트를 설정하기 위해 Font 오브젝트 변수를 font01과 font02 두 개 작성합니다(8번째 행 및 9번째 행).

font01은 볼드, font02는 이탤릭입니다. 또한 차이를 확인하기 쉽도록 폰트 그 자체도 각각 「고딕」과 「궁서」를 지정합니다.

셀 A2에는 font01을 적용하고(11번째 행), 셀 A3에는 font02를 적용합니다(12번째 행). 실제로 프로그램을 동작해서 결과를 살펴봅시다.

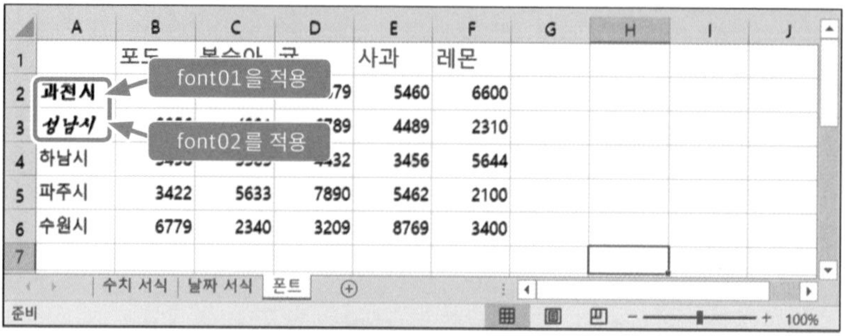

그림 8-4-1 「과천시」가 고딕으로 볼드, 「성남시」가 궁서로 이탤릭

셀 A2의 폰트가 고딕, 볼드체로 바뀌고, 셀 A3가 궁서, 이탤릭체로 설정되었습니다. 이 프로그램에서는 변경하는 셀은 하나였지만 셀 범위에 적용하도록 반복 처리를 기술하면 font01, font02는 그대로 사용할 수 있습니다.

8-5 밑줄, 취소선을 긋는다

```python
01  import openpyxl
02  from openpyxl.styles import Font
03
04
05  wb = openpyxl.load_workbook(r"..\data\sample8_5.xlsx")
06  ws = wb["폰트"]
07
08  font01 = Font(name="고딕", size=12, underline="single")
09  font02 = Font(name="궁서", size=12, strike=True)
10
11  ws.cell(5, 1).font = font01
12  ws.cell(6, 1).font = font02
13
14  wb.save(r"..\data\sample8_5.xlsx")
```

Font 오브젝트를 사용해서 밑줄이나 취소선을 그을 수도 있습니다. 여기에서는 북 [sample8_5]의 시트 「폰트」상에 있는 「파주시」에 밑줄, 「수원시」에 취소선을 그으려고 합니다. 그러기 위한 코드가 위 프로그램의 8번째 행과 9번째 행입니다.

8번째 행의 underline에는 선의 종류를 지정합니다. 여기에서는 「single」을 지정했습니다. 이로써 하나의 밑줄, 즉, 이른바 아래 선을 긋습니다. 9번째 행에 있는 것처럼 strike를 True로 하면 취소선을 긋습니다.

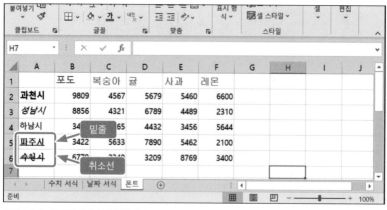

그림 8-5-1 밑줄과 취소선이 그어졌다

8번째 행의 underline을 single로 하지 않고

underline="double"

로 하면 밑줄이 이중선이 됩니다.

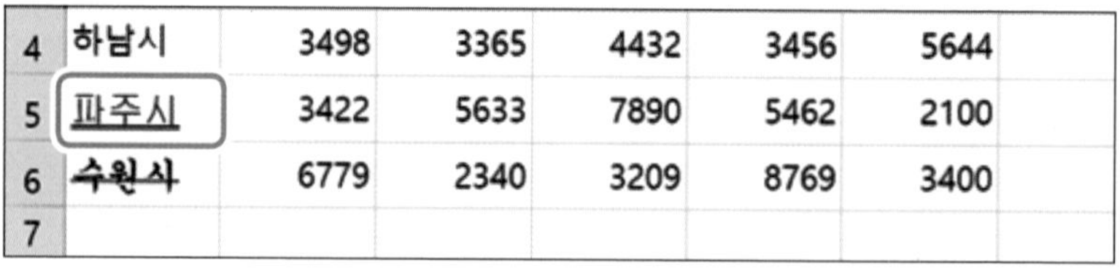

4	하남시	3498	3365	4432	3456	5644
5	파주시	3422	5633	7890	5462	2100
6	수원시	6779	2340	3209	8769	3400
7						

그림 8-5-2 underline을 "double"로 한 경우의 실행 결과

폰트 설정의 마지막에 약간 응용을 생각해 봅시다. 표의 명세부에 합쳐서 폰트 크기의 설정을 하고 수치 서식을 설정하는 프로그램을 소개합니다.

코드 8-5-1 폰트 크기와 수치 서식을 합쳐서 설정한다

```
077: set_font_04.py

01  import openpyxl
02  from openpyxl.styles import Font
03
04
05  wb = openpyxl.load_workbook(r"..\data\sample8_5.xlsx")
06  ws  = wb["폰트"]
07
08  font_detail = Font(size=12)
09
10  for rows in ws["B2:F6"]:
11      for cell in rows:
12          cell.font = font_detail
13          cell.number_format = "#,##0"
14
15  wb.save(r"..\data\sample8_5.xlsx")
```

「합쳐서 설정한다」고 했는데 프로그램으로서는 ①폰트 크기를 설정한다 ②서식을 수치로 설정한다를 따로 따로 실행합니다.

봤으면 하는 것은 먼저 8번째 행에서 Font 오브젝트 변수 font_detail을 만들고 있는 부분. 이걸로 폰트의 크기를 지정합니다. 다음에 10번째 행부터 워크시트의 셀 범위 B2:F6으로부터 행을 취득. 이어서 그 행의 셀을 순차 취득합니다(11번째 행). 그 각 셀에 대해서 font 프로퍼티에 8번째 행의 font_detail을 설정합니다(12번째 행). 계속해서 수치의 서식으로서 "#,##0"을 지정합니다(13번째 행).

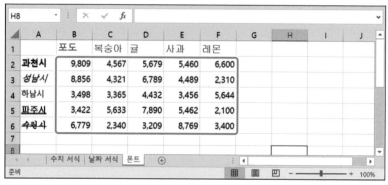

그림 8-5-3 헤더를 제외한 표의 수치 크기를 바꾸고 수치 서식을 설정했다

이로써 명세부에 폰트 크기와 수치 서식을 설정했습니다.

8-6 셀을 채운다

```
078: set_fill_01.py

01    import openpyxl
02    from openpyxl.styles import PatternFill
03
04
05    wb = openpyxl.load_workbook(r"..\data\sample8_6.xlsx")
06    ws = wb["채우기"]
07
08    fill_01 = PatternFill(patternType="solid", fgColor="A3E312")
09
10
11    for rows in ws["A1:F1"]:
12        for cell in rows:
13            # 셀 배경색
14            cell.fill = fill_01
15
16    wb.save("..\data\sample8_6.xlsx")
```

PatternFill 오브젝트를 사용하여 셀을 채울 수 있습니다. 그러기 위해서는 openpyxl.styles로부터 PatternFill 클래스를 임포트해 두면 편리합니다(2번째 행). 위 프로그램에서는 샘플 프로그램용의 북「sample8_6」의 시트「채우기」를 대상 으로 하도록 5번째 행, 6번째 행에서 각각 북과 시트를 지정합니다.

이어서 PatternFill 오브젝트의 변수 fill_01을 작성하는데 있어서 patternType과 fgColor를 RGB 값으로 지정합니다. PatternFill의 인수에는 채우기 패턴을 나타내는 patternType 및 채우기 색상을 나타내는 fgColor와 bgColor를 지정합니다. 구체적인 기술은 다음과 같이

PatternFill(patternType="패턴 타입명", fgColor="RGB값", bgColor="RGB값")

이 되는데 단색으로만 칠한다면 patternType과 fgColor를 지정하고 bgColor는 생략합니다.

위의 프로그램을 실행하고 채우기를 확인해봅시다.

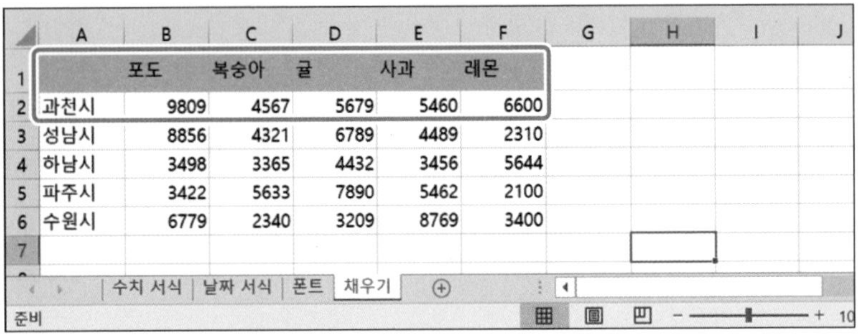

	A	B	C	D	E	F	G	H	I	J
1		포도	복숭아	귤	사과	레몬				
2	과천시	9809	4567	5679	5460	6600				
3	성남시	8856	4321	6789	4489	2310				
4	하남시	3498	3365	4432	3456	5644				
5	파주시	3422	5633	7890	5462	2100				
6	수원시	6779	2340	3209	8769	3400				
7										

수치 서식 | 날짜 서식 | 폰트 | 채우기

준비

그림 8-6-1 　patternType = "solid", fgColor = "A3E312" 로 채웠다

patternType = "solid", fgColor = "A3E312" 로 A1:F1 셀을 채웠습니다.

patternType 에 는 "darkDown", "darkGrid", "darkHorizontal", "darkTrellis", "darkUp", "darkVertical", "gray0625", "gray125", "lightDown", "lightGray", "lightHorizontal" 등을 지정할 수 있습니다.

예를 들어 dark Horizontal 을 지정하면 다음과 같은 패턴이 됩니다.

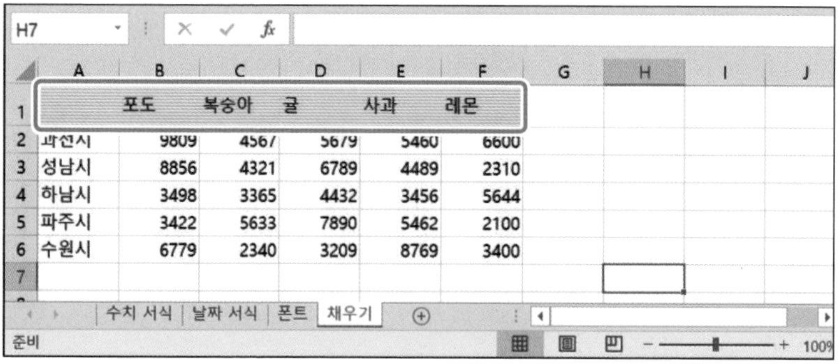

H7		▼	:	×	✓	*fx*					

◢	A	B	C	D	E	F	G	H	I	J
1		포도	복숭아	귤	사과	레몬				
2	과천시	9809	4567	5679	5460	6600				
3	성남시	8856	4321	6789	4489	2310				
4	하남시	3498	3365	4432	3456	5644				
5	파주시	3422	5633	7890	5462	2100				
6	수원시	6779	2340	3209	8769	3400				
7										

수치 서식 │ 날짜 서식 │ 폰트 │ 채우기 ⊕

준비 ⊞ ▣ ▣ ─ ──▮── + 100%

그림 8-6-2　patternType = "darkHorizontal", fgColor = "A3E312"를 지정한 경우

8-7 문자의 배치를 지정한다

```python
01  import openpyxl
02  from openpyxl.styles import PatternFill, Alignment
03
04
05  wb = openpyxl.load_workbook(r"..₩data₩sample8_7.xlsx")
06  ws  = wb["채우기"]
07
08
09  ws.row_dimensions[1].height = 36
10
11  fill_01 = PatternFill(patternType="darkHorizontal", fgColor="A3E312")
12  for rows in ws["A1:F1"]:
13      for cell in rows:
14          cell.fill = fill_01
15
16  ws["B1"].alignment = Alignment(horizontal="left",vertical="bottom")
17  ws["C1"].alignment = Alignment(horizontal="center",vertical="center")
18  ws["D1"].alignment = Alignment(horizontal="right",vertical="top")
19  ws["E1"].alignment = Alignment(horizontal="distributed",vertical="bottom")
20  ws["F1"].alignment = Alignment(horizontal="distributed",vertical="center")
21
22  wb.save("..₩data₩sample8_7.xlsx")
```

Alignment 오브젝트를 사용하여 셀 내의 가로 위치(horizontal)와 세로 위치 (vertical)의 배치를 지정해 봅시다. 위 프로그램은 「8-6 셀을 채운다」에서 다룬 행 헤더를 채우는 프로그램, 가로 위치, 세로 위치의 설정을 추가한 것입니다.

9번째 행에서 행의 높이를 36으로 높게 하고 있는 것은 셀 내의 세로 위치를 알기 쉽게 하기 위해서입니다. 이것은 어디까지나 샘플 프로그램을 위한 코드라고 이해해 주세요.

배치의 지정은 16번째 행부터 20번째 행에서 셀 B1부터 F1에 대해서 각각 지정합니다. 지정하기 위한 기술은 가로 위치(horizontal)에는 left(왼쪽 맞춤), center(가운데 맞춤), right(오른쪽 맞춤), distributed(균등 분할) 등을 지정할 수 있습니다. 세로 위치(vertical)에는 top(위쪽 맞춤), center(위아래쪽 가운데 맞춤), bottom(아래쪽 맞춤)을 지정할 수 있습니다.

다음의 실행 결과와 코드를 비교해 가면서 어떻게 기술하면 어떻게 배치가 바뀌는 것인지 실제로 확인해 봅시다.

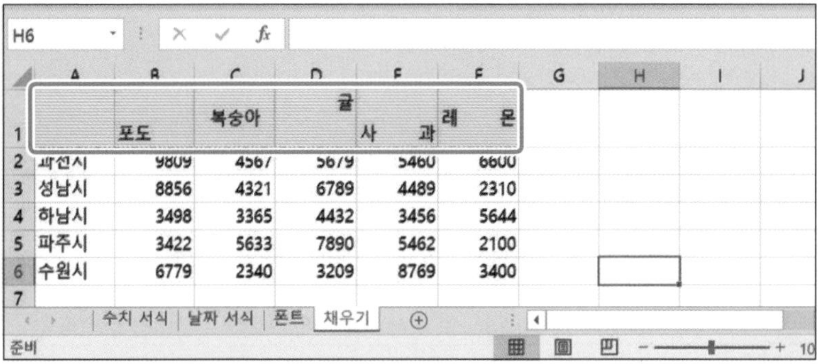

그림 8-7-1　B1셀부터 F1셀에 각각 다른 배치의 설정을 했다

다음의 set_alignment_02.py는 PatternFill 오브젝트와 Alignment 오브젝트를 작성하고 A1:F1의 셀 범위에 적용합니다.

코드 8-7-1 셀 범위에 대해서 문자 배치를 적용한다

```
080: set_alignment_02.py

01  import openpyxl

02  from openpyxl.styles import PatternFill, Alignment

03

04

05  wb = openpyxl.load_workbook(r"..\data\sample8_7.xlsx")

06  ws = wb["채우기"]

07

08  ws.row_dimensions[1].height = 26

09

10  fill_01 = PatternFill(patternType="darkVertical", fgColor="A3E312")

11  align_01 = Alignment(horizontal="center",vertical="center")

12  for rows in ws["A1:F1"]:

13      for cell in rows:

14          cell.fill = fill_01

15          cell.alignment = align_01

16

17  wb.save("..\data\sample8_7.xlsx")
```

문자의 배치는 11번째 행의 align_01에서 가로, 세로 모두 가운데 맞춤으로 합니
다. 이것을 실행한 결과로 헤더의 문자 배치가 가로 세로 모두 가운데 맞춤으로 되는
것을 확인하세요.

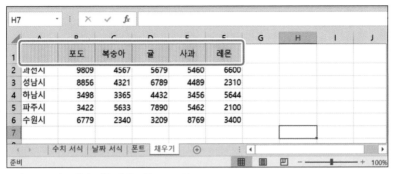

그림 8-7-2 가로 위치, 세로 위치 모두 center로

8-8 셀을 결합한다

```python
01  import openpyxl
02  from openpyxl.styles import Alignment
03
04
05  wb = openpyxl.load_workbook(r"..₩data₩sample8_8.xlsx")
06  ws = wb["셀 결합"]
07
08  ws["B2"] = "셀의 결합을 테스트"
09  ws.merge_cells("B2:D2")
10  ws["B2"].alignment = Alignment(horizontal="center")
11  #ws.unmerge_cells("B2:D2")
12
13  wb.save(r"..₩data₩sample8_8.xlsx")
```

Excel에서 회사 문서를 작성할 때 자주 사용하는 기능이 셀의 결합입니다.

openpyxl로 셀 결합을 사용하려면 Worksheet 오브젝트의 merge_cells 메서드에 결합할 셀 범위를 지정합니다.

여기에서는 북 「sample8_8」의 시트 「셀의 결합을 테스트」상에서 B2:D2의 셀 범위를 결합한다는 가정으로 프로그램을 만들었습니다.

결합 셀에 입력하는 문자열 「셀의 결합을 테스트」는 시트 「셀 결합」의 B2에 입력해 두었습니다(8번째 행).

셀 결합의 기술은 9번째 행입니다. 시트 「셀 결합」에 대하여 인수에 결합하는 범위인 B2:D2를 문자열로서 준 merge_cells 메서드를 실행합니다.

결합한 셀로는 문자열을 가운데 맞춤으로 하는 것과 세트로 많이 사용될 것 같습니다. 그래서 2번째 행에서는 openpyxl.styles로부터 Alignment를 별도 임포트했습니다. 이로써 간단한 기술로 문자열을 가운데 맞춤(center)으로 할 수 있습니다 (10번째 행).

이것을 실행하여 셀 결합이 되었는지 확인하세요.

그림 8-8-1　B2:D2를 결합하고 문자열은 가운데 맞춤으로

반대로 결합을 해제하려면 Worksheet 오브젝트의 unmerge_cells 메서드를 결합한 셀에 대해서

```
ws.unmerge_cells("B2:D2")
```

처럼 사용합니다. merge_cells.01.py에서는 11번째 행에 주석으로서 기술했습니다. 행 앞의 주석 기호를 삭제하고 실행하면 9번째 행에서 결합한 셀 범위 B2:D2를 11번째 행에서 해제하는 처리를 합니다. 이 상태에서 프로그램을 실행하면 셀 B2에 가운데 맞춤으로 「셀의 결합을 테스트」라는 문자열이 입력된 상태가 됩니다.

그림 8-8-2 B2:D2의 셀 결합을 해제

8-9 괘선을 긋는다

082: set_border_01.py

```
01   import openpyxl
02   from openpyxl.styles import Border, Side
03
04
05   wb = openpyxl.load_workbook(r"..\data\sample8_9.xlsx")
06   ws  = wb["채우기"]
07
08   side1 = Side(style="thin", color="000000")
09   for rows in ws["A1:F6"]:
10       for cell in rows:
11           cell.border = Border(left=side1,
         right=side1, top=side1, bottom=side1 )
12
13   wb.save(r"..\data\sample8_9.xlsx")
```

프로그램으로 괘선을 그어봅시다. 그러기 위해서는 먼저 오브젝트를 작성합니다. Side 오브젝트에는 인수로서 선의 스타일과 색을 지정할 수 있습니다. 다음으로 작성한 Side 오브젝트를 사방에 배치하여 Border 오브젝트를 작성합니다. cell의 border 프로퍼티에 이 Border 오브젝트를 설정하면 괘선이 작성됩니다.

그럼 위의 프로그램을 보면서 구체적인 코드를 살펴 나갑니다.

여기에서는 북 「sample8_9」의 시트 「채우기」를 대상으로 A1부터 F6 셀에 스타일은 thin(실선(가늚)), 색은 000000(검은색)으로 괘선을 긋도록 코드를 작성했습니다.

Border 오브젝트를 작성하고 있는 것은 11번째 행입니다. 이 행의 우변에서는 Border의 인수로서 8번째 행에서 작성한 오브젝트 변수 side1을 left, right, top, bottom에게 각각 줍니다. side1에는 Side 오브젝트(스타일은 가는 실선, 색은 검은색)을 대입합니다. 이것을 A1부터 F6까지의 각 셀 상하좌우의 괘선으로서 설정합니다.

이렇게 실행하면 실선(가늚)으로 검정색 괘선이 격자모양으로 그어집니다.

	A	B	C	D	E	F	G
1		포도	복숭아	귤	사과	레몬	
2	과천시	9809	4567	5679	5460	6600	
3	성남시	8856	4321	6789	4489	2310	
4	하남시	3498	3365	4432	3456	5644	
5	파주시	3422	5633	7890	5462	2100	
6	수원시	6779	2340	3209	8769	3400	
7							

그림 8-9-1　스타일은 thin(실선(가늚)), 색은 000000(검정색)으로 괘선을 긋는다

Border 오브젝트의 left, right, top, bottom에는 각각 다른 Side 오브젝트를 지정할 수도 있습니다. 상하좌우에 각기 다른 괘선을 설정하는 것은 그다지 현실적이지 않지만 코딩 예로서 소개합니다.

코드 8-9-1　사방에 각기 다른 괘선을 설정한다

083: set_border_02.py

```
01    import openpyxl
02    from openpyxl.styles import Border, Side
03
04
05    wb = openpyxl.load_workbook(r"..\data\sample8_9.xlsx")
06    ws = wb.create_sheet( )
```

276

```
07
08    side1 = Side(style="hair", color="FF0000")
09    side2 = Side(style="thin", color="00FF00")
10    side3 = Side(style="dashDotDot", color="0000FF")
11    side4 = Side(style="double", color="000000")
12
13    ws.cell(2,2).border = Border(left=side1, right=side2, top=side3, bottom=side4 )
14
15    wb.save(r"..\data\sample8_9.xlsx")
```

앞의 프로그램과 마찬가지로 북 「sample8_9」를 조작하기로 했습니다(5번째 행).
이쪽은 Workbook 오브젝트의 create_sheet 메서드로 새로운 시트를 작성합니다
(6번째 행). 그리고 Side 오브젝트 변수를 side1부터 side4까지 4종류 작성합니다
(8~11번째 행). side1의 스타일은 hair(실선(가장 가늘)), side2는 thin(실선(가늘)),
side3는 dashDotDot(이중 쇄선), side4는 double(이중선)입니다. 색도 RGB 값을
바꿉니다. 이것을 셀 B2의 사방 각각에 적용합니다. 실행 후의 결과를 봅시다

그림 8-9-2 각 변에 다른 괘선을 그었다

이처럼 상하좌우에 각각 다른 Side 오브젝트를 설정하고 다른 괘선을 그을 수도
있습니다.

8-10 복잡한 괘선을 긋는다

084: set_border_03.py

```
01  import openpyxl
02  from openpyxl.styles import Border, Side
03
04
05  wb = openpyxl.load_workbook(r"..\data\sample8_10.xlsx")
06  ws = wb.create_sheet( )
07
08  side1 = Side(style="medium", color="000000")
09  side2 = Side(style="thick", color="00FF00")
10
11  side3 = Side(style="dashed", color="0000FF")
12  side4 = Side(style="dashDot", color="FF0000")
13
14  side5 = Side(style="double", color="000000")
15  side6 = Side(style="dashDotDot", color="77AA66")
16
17  for rows in ws["B2:C4"]:
18      for cell in rows:
19          cell.border = Border(left=side1, right=side1,
                top=side1, bottom=side1)
20  for rows in ws["E2:F4"]:
21      for cell in rows:
22          cell.border = Border(left=side2, right=side2,
                top=side2, bottom=side2)
23
```

```
24    for rows in ws["H2:I4"]:
25        for cell in rows:
26            cell.border = Border(left=side3, right=side3,
                  top=side3, bottom=side3)
27
28    for rows in ws["K2:L4"]:
29        for cell in rows:
30            cell.border = Border(left=side4, right=side4,
                  top=side4, bottom=side4)
31
32    for rows in ws["B6:F6"]:
33        for cell in rows:
34            cell.border = Border(top=side5)
35    for rows in ws["B9:F9"]:
36        for cell in rows:
37            cell.border = Border(bottom=side5)
38
39    for rows in ws["H6:H9"]:
40        for cell in rows:
41            cell.border = Border(left=side6)
42    for rows in ws["I6:I9"]:
43        for cell in rows:
44            cell.border = Border(right=side6)
45
46    wb.save(r"..\data\sample8_10.xlsx")
```

엑셀에 준비되어 있는 괘선 스타일에는, 굵기가 다른 실선 외에, 점선이나 일점 쇄선 등 여러 가지 표현이 있습니다.

표 8-10-1 괘선의 스타일

실선		그 외	
hair	매우 가늚	dashed	파선
thin	가늚	dotted	점선
medium	중간	dashDot	일점 쇄선
thick	두꺼움	dashDotDot	이점 쇄선
		double	이중선

앞의 프로그램은 시트의 2번째 행부터 4번째 행에 격자 모양의 괘선을 그었습니다. 그때, 여러 가지 스타일을 섞었습니다. 6번째 행부터 9번째 행에 대해서는 위쪽 아래쪽만, 왼쪽 오른쪽만 괘선을 긋습니다. 먼저 실행 결과를 보세요.

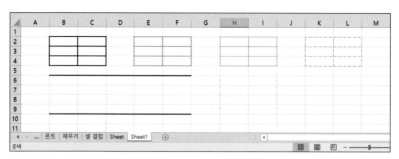

그림 8-10-1   여러 가지 괘선을 그은 것

프로그램의 8번째 행부터 15번째 행까지는 side1부터 side6으로 괘선의 설정을 Side 오브젝트로 지정합니다. 여기서 style은 선의 종류를 나타내며, 실선을 나타내는 hair, thin, medium, thick은 이 순서로 굵어집니다. 이 프로그램에서는 side1이 medium, side2가 thick입니다. style로는 dashed(파선)과 dashDot(일점 쇄선)을 설정하는 것이 side3과 side4입니다. 각각 H2:I4, K2:L4에서 파선 및 일점 쇄선으로 격자 모양의 괘선을 긋습니다. 먼저 「8-9 괘선을 긋는다」에서 본 것과 같이 하나의 셀에 대해서 이러한 괘선을 조합해서 그을 수도 있습니다.

14번째 행에서 작성한 Side 오브젝트 변수 side5에서는 스타일을 double(이중선)으로 했습니다. 이것을 B6:F6의 top에 지정합니다(32~34번째 행). 이것으로 B6

부터 F6셀의 위쪽에 이중선이 그어졌습니다. 또한 B9:F9의 bottom에 side5를 지정하였으므로 (35~37번째 행), B9 셀부터 F9 셀의 아래에 이중선이 그어졌습니다.

변수 side6에는 dashDotDot(이점 쇄선)을 작성해서(15번째 행), 39번째 행부터 41번째 행의 반복 처리로 H6:H9의 left, 42번째 행부터 44번째 행에서 I6:I9의 right에 괘선을 긋습니다.

Excel 함수나
조건부 서식을
사용한다

9-1 셀에 수식을 설정한다

```python
01   import openpyxl
02
03
04   wb = openpyxl.load_workbook(r"..\data\sample9_1.xlsx")
05   ws = wb["사칙연산"]
06
07   ws["C1"] = "=A1+B1"
08   ws["C2"] = "=A2-B2"
09   ws["C3"] = "=A3*B3"
10   ws["C4"] = "=A4/B3"
11
12   wb.save(r"..\data\sample9_1.xlsx")
```

셀에 수식을 설정할 때의 핵심은 수식을 문자열로 다룬다는 점입니다. Excel에 익숙한 분에게는 위화감이 들지도 모르겠습니다. 그러나 Python 프로그래밍에서는 「셀에 입력하는 수식은 문자열로 하고 다룬다」라고 기억하세요. 이때 수식의 앞에는 이퀄(=)을 붙입니다. 이것은 Excel에서 수식을 다룰 때와 같습니다.

가장 간단한 수식은 덧셈, 뺄셈, 곱셈, 나눗셈의 사칙 연산일 것입니다. 앞의 프로그램은 「sample 9_1」의 시트 「사칙연산」을 선택하고 A 열과 B 열의 값을 기준으로 C 열에 수식을 하는 프로그램입니다. C 열에서는 위에서부터 순서대로 A 열과 B 열의 값을 덧셈, 뺄셈, 곱셈, 나눗셈한 값을 구하도록 수식을 입력했습니다. Excel에서는 곱셈은 애스터리스크(*), 나눗셈은 슬래시(/)로 나타냅니다. 이것은 프로그래밍 언어의 대부분과 같습니다.

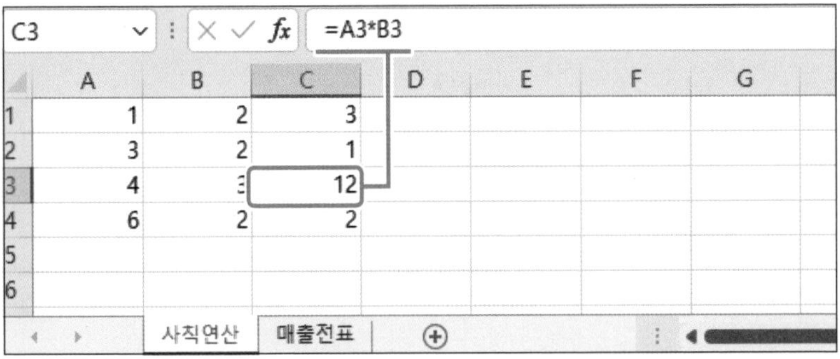

그림 9-1-1   사칙연산의 수식을 설정해서 계산

수식의 취급 원칙을 알았으니 좀 더 실용적인 예를 들어봅시다. 예를 들어, 판매한 상품의 단가와 수량만이 입력된 매출전표가 있다고 합시다. 명세 행에서 수량 x 단가로 금액을 구하는 수식을 설정하려고 합니다.

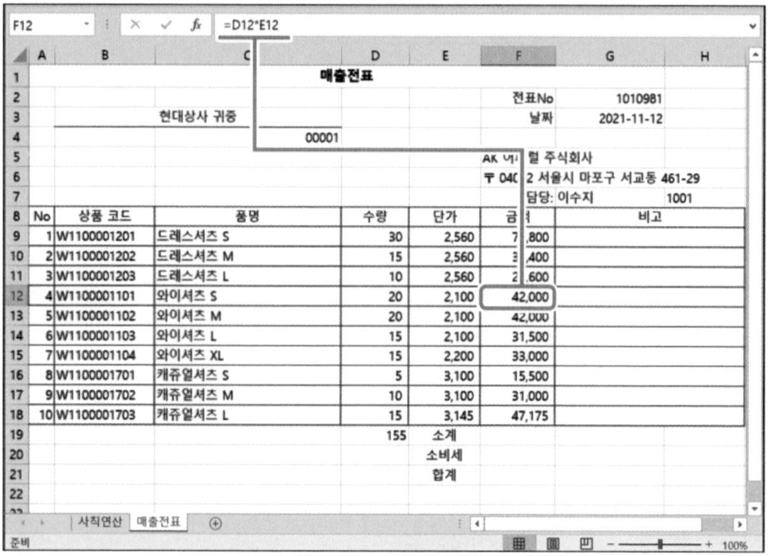

| F12 | ▾ | : | × | ✓ | fx | =D12*E12 | | | ▾ |

	A	B	C	D	E	F	G	H	
1				매출전표					
2						전표No		1010981	
3		현대상사 귀중				날짜		2021-11-12	
4			00001						
5						AK 니	럴 주식회사		
6						☎ 04C	2 서울시 마포구 서교동 461-29		
7							담당: 이수지	1001	
8	No	상품 코드	품명	수량	단가	금		비고	
9	1	W1100001201	드레스셔츠 S	30	2,560	7 ,800			
10	2	W1100001202	드레스셔츠 M	15	2,560	3 ,400			
11	3	W1100001203	드레스셔츠 L	10	2,560	2 ,600			
12	4	W1100001101	와이셔츠 S	20	2,100	42,000			
13	5	W1100001102	와이셔츠 M	20	2,100	42,000			
14	6	W1100001103	와이셔츠 L	15	2,100	31,500			
15	7	W1100001104	와이셔츠 XL	15	2,200	33,000			
16	8	W1100001701	캐쥬얼셔츠 S	5	3,100	15,500			
17	9	W1100001702	캐쥬얼셔츠 M	10	3,100	31,000			
18	10	W1100001703	캐쥬얼셔츠 L	15	3,145	47,175			
19				155	소계				
20					소비세				
21					합계				
22									

| 사직연산 | 매출전표 | ⊕ |

준비

그림 9-1-2 각 명세행의 F 열(금액)에 = 수량 * 단가의 수식을 설정했다

이것을 구현한 것이 다음 프로그램입니다.

코드 9-1-1 수량과 단가로부터 금액을 구하는 수식을 입력

086: set_formula_02.py

```python
01  import openpyxl
02
03
04  wb = openpyxl.load_workbook(r"..₩data₩sample9_1.xlsx")
05  ws = wb["매출전표"]
06
07  ws["F9"] = "=D9*E9"
08  ws["F10"] = "=D10*E10"
09  ws["F11"] = "=D11*E11"
10  ws["F12"] = "=D12*E12"
```

```
11    ws["F13"] = "=D13*E13"

12    ws["F14"] = "=D14*E14"

13    ws["F15"] = "=D15*E15"

14    ws["F16"] = "=D16*E16"

15    ws["F17"] = "=D17*E17"

16    ws["F18"] = "=D18*E18"

17

18    wb.save(r"..\data\sample9_1.xlsx")
```

이와 같이 해서 「금액」 열에 그 왼쪽에 있는 「수량」*「단가」의 수식을 설정하면 각 명세행의 금액은 계산할 수 있습니다.

그러나 이 작성법으로는 역시 스마트하지 않습니다. 계산하는 행이 늘어나면 그만큼 코딩이 힘듭니다. 명세 행의 수만큼 수식을 프로그램 내에 기술해야 합니다. 비슷한 처리의 반복이므로 for 루프를 사용하면 코드도 간소화할 수 있습니다. 그러기 위해서는 Chapter5에서 소개한 f 문자열을 사용합니다.

코드 9-1-2　f 문자열을 사용해서 수식을 설정

```
087: set_formula_03.py

01    import openpyxl

02

03

04    wb = openpyxl.load_workbook(r"..\data\sample9_1.xlsx")

05    ws = wb["매출전표"]

06

07    for row in ws.iter_rows(min_row=9, max_row=18):

08        row[5].value = f"=D{row[0].row}*E{row[0].row}"

09

10    wb.save(r"..\data\sample9_1.xlsx")
```

ws는 시트 「매출전표」의 워크시트 오브젝트 변수입니다(5번째 행).

7번째 행에서 iter_rows 메서드에 min_row = 9, max_row = 18이라고 명세 행의 범위를 지정하고 행(row)을 취득합니다. row의 인덱스는 0부터 시작하므로 row[5]가 F 열의 「금액」의 예입니다(8번째 행). 거기에 f 문자열로 수식을 설정합니다.

f 문자열(포맷 문자열, f-strings)에는 { } 내에 변수나 식을 기술할 수 있습니다. 이 코드에서는 "=D"와 row[0].row, "*E"와 row[0].row를 연결합니다. row[0].row는 행을 반환합니다. 역시 row[n].row는 전부 같은 값을 반환합니다.

이 책에서는 몇 번인가 반복해 설명하는데 f 문자열에는 문자열 리터럴의 앞에 f 또는 F를 놓고, 싱글 쿼트 (')또는 더블 쿼트(")로 문자열을 감쌉니다. 또한 f 문자열을 이용할 수 있는 것은 Python3.6 이후입니다. 이전 버전 그대로 사용하는 분은 주의하세요.

```
088: set_function_01.py
01   import openpyxl
02
03
04   wb = openpyxl.load_workbook(r"..₩data₩sample9_2.xlsx")
05   ws = wb["매출전표"]
06
07   ws["F19"] = "=SUM(F9:F18)"
08   ws["F20"] = "=ROUNDDOWN(F19*0.1,0)"
09   ws["F21"] = "=F19+F20"
10
11   wb.save(r"..₩data₩sample9_2.xlsx")
```

Excel에 준비되어 있는 많은 함수도 수식과 마찬가지로 사용할 수 있습니다. 상황에 맞는 함수를 그대로 사용할 수 있으면 효율적으로 프로그래밍할 수도 있을 것입니다. 여기에서는 북 「sample9_2」의 시트 「매출전표」에 있는 명세 행의 금액 합계에 SUM 함수, 소비세의 단수 처리에 ROUND 계의 함수를 사용해 봅시다.

Excel 함수를 프로그램에 넣을 때의 요령은 처음에 Excel의 시트상에서 함수식을 완성시켜 둘 것. 이것을 문자열로 Python의 프로그램에 붙이면 간단하게 프로그래밍할 수 있습니다.

그럼 구체적인 코드를 살펴봅시다. 먼저 명세 행의 각 항목의 합계액을 구합니다. 그러기 위해서는 원래 데이터의 셀 F19에 "=SUM(F9:F18)"을 설정해서 명세 행의 금액 SUM(합계)을 구합니다(7번째 행). 여기에서 실행 후의 상태를 보세요.

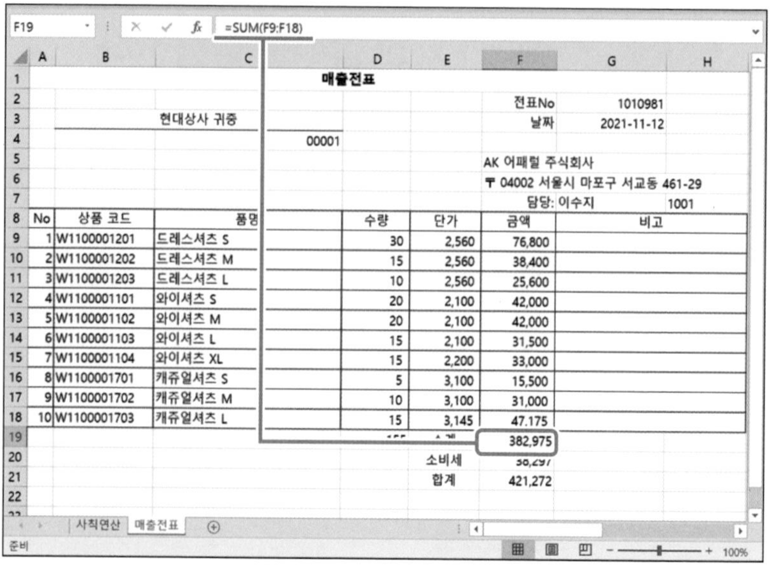

그림 9-2-1   셀 F19에 SUM 함수를 설정했다

소비세를 계산할 때 1원 미만의 단수는 버립니다. Excel에서 소비세를 계산할 때 1원 미만의 단수 처리를 하려면 ROUND로 시작하는 함수를 이용하는 것이 일반적입니다. 소비세에는 버림을 합니다. 이것에는 ROUNDDOWN 함수를 이용합니다. 여기에서 작성하는 함수식은

ROUNDDOWN(F19*0.1,0)

입니다. 2번째 인수를 0으로 하면 소수점 이하를 버립니다.

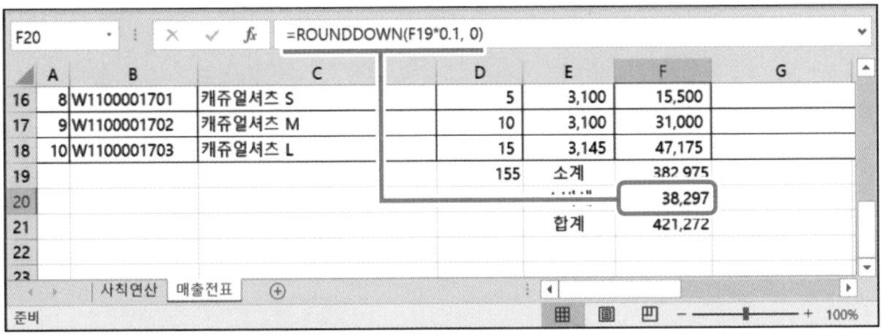

그림 9-2-2 셀 F20에 소비세액을 구하는 함수식을 입력했다

만약 단수를 올림 계산을 하는 경우는 ROUNDUP 함수를 이용합니다. 이 경우의 8번째 행은

```
ws["F20"] = " =ROUNDUP(F19*0.1,0)"
```

입니다. 반올림을 하는 경우는 ROUND 함수를 이용합니다. 이 경우는

```
ws["F20"] = " =ROUND(F19*0.1,0)"
```

입니다.

샘플 파일로 제공하는 「sample9_2」의 데이터를 조금 조정하고 소비세액에 소수점 이하의 단수가 나오도록 조정한 데이터에서 올림, 반올림의 코드가 제대로 동작하는지 확인했습니다.

프로그램의 8번째 행에서 ROUNDDOWN에 의해 단수 처리한 결과는 38,297이었습니다. 함수를 ROUNDUP 함수로 한 경우의 결과를 봐 둡시다.

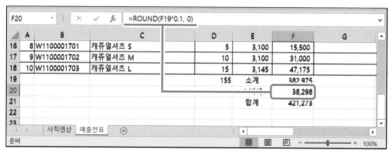

F20	▾ :	× ✓	fx	=ROUNDUP(F19*0.1, 0)				
◢	A	B	C		D	E	F	G
16	8	W1100001701	캐쥬얼셔츠 S		5	3,100	15,500	
17	9	W1100001702	캐쥬얼셔츠 M		10	3,100	31,000	
18	10	W1100001703	캐쥬얼셔츠 L		15	3,145	47,175	
19					155	소계	382,975	
20							38,298	
21						합계	421,273	
22								
23								

그림 9-2-3 　셀 F20에 「=ROUNDUP(F19*0.1, 0)」을 설정한 경우

단수가 처리되어 38,298로 반올림되었습니다. 한편 ROUND 함수를 사용해서
단수 처리하면 반올림이 됩니다.

F20	▾ :	× ✓	fx	=ROUND(F19*0.1, 0)				
◢	A	B	C		D	E	F	G
16	8	W1100001701	캐쥬얼셔츠 S		5	3,100	15,500	
17	9	W1100001702	캐쥬얼셔츠 M		10	3,100	31,000	
18	10	W1100001703	캐쥬얼셔츠 L		15	3,145	47,175	
19					155	소계	382,975	
20							38,298	
21						합계	421,273	
22								
23								

그림 9-2-4 　셀 F20에 「=ROUND(F19*0.1, 0)」을 설정한 경우

9-3 함수식을 상대 참조로 복사한다

```
01    import openpyxl
02    from openpyxl.formula.translate import Translator
03
04
05    wb = openpyxl.load_workbook(r"..₩data₩sample9_3.xlsx")
06    ws = wb["매출전표"]
07
08    ws["D19"] = Translator(ws["F19"].value, origin="F19").translate_formula("D19")
09
10    wb.save(r"..₩data₩sample9_3.xlsx")
```

수식이나 함수를 상대 참조로 복사하고 싶을 때는 Translator 오브젝트를 사용합
니다. 이런 매출전표의 데이터를 예로 생각해 봅시다.

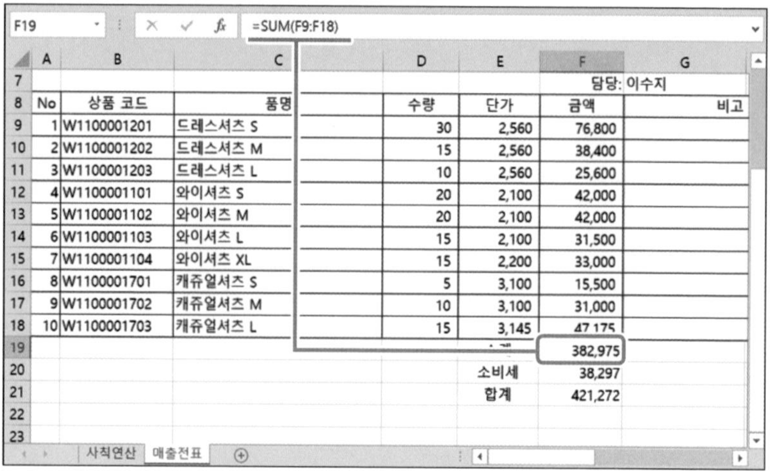

	A	B	C	D	E	F	G
7						담당: 이수지	
8	No	상품 코드	품명	수량	단가	금액	비고
9	1	W1100001201	드레스셔츠 S	30	2,560	76,800	
10	2	W1100001202	드레스셔츠 M	15	2,560	38,400	
11	3	W1100001203	드레스셔츠 L	10	2,560	25,600	
12	4	W1100001101	와이셔츠 S	20	2,100	42,000	
13	5	W1100001102	와이셔츠 M	20	2,100	42,000	
14	6	W1100001103	와이셔츠 L	15	2,100	31,500	
15	7	W1100001104	와이셔츠 XL	15	2,200	33,000	
16	8	W1100001701	캐쥬얼셔츠 S	5	3,100	15,500	
17	9	W1100001702	캐쥬얼셔츠 M	10	3,100	31,000	
18	10	W1100001703	캐쥬얼셔츠 L	15	3,145	47,175	
19						382,975	
20					소비세	38,297	
21					합계	421,272	
22							
23							

사칙연산　매출전표　⊕

그림 9-3-1　셀 F19에는 「=SUM(F9:F18)」이라고 함수가 입력되어 있다

셀 F19에는 명세 행의 금액을 합계하는 SUM 함수가 입력되어 있습니다. 인수는 대상 셀 범위인 F9:F18입니다. 여기에서는 D 열의 수량도 합계하기 위해서 셀 F19의 식을 상대 참조로 복사하는 프로그램을 작성합니다. 평소에는 수작업으로 하는 셀 복사를 자동화하려는 것입니다.

Translator 오브젝트를 작성하려면 openpyxl.formula.translate로부터 Translator 클래스 전체를 임포트하면 좋을 것입니다. 그것을 앞의 프로그램에서는 2번째 행에 기술했습니다.

상대 참조를 하기 위해 8번째 행의 우변에서 Translator 오브젝트를 작성하고, translate_formula 메서드로 상대 참조로 복사합니다.

셀 F19의 식을 셀 D19에 상대 참조로 복사하기 위해 Translator 작성 시에 그 1 번째 인수로서

```
ws["F19"].value
```

로 했습니다. 이로써 셀 F19의 식(=SUM(F9:F18))을 지정할 수 있습니다.

상대 참조로는 2번째 인수의 origin도 중요합니다. 이것을

origin="F19"

로 상대 참조의 기점으로 하는 셀 번지를 지정합니다. 이 경우는 기점을 F19로 합니다. 이 오브젝트에 대해서 translate_formula 메서드의 인수에 복사 대상의 D19를 지정하고 실행합니다. 이 프로그램을 실행합시다.

D19		▼	:	×	✓	fx	=SUM(D9:D18)		

	A	B	C	D	E	F	G
7						담당: 이수지	
8	No	상품 코드	품명	수량	단가	금액	비고
9	1	W1100001201	드레스셔츠 S	30	2,560	76,800	
10	2	W1100001202	드레스셔츠 M	15	2,560	38,400	
11	3	W1100001203	드레스셔츠 L	10	2,560	25,600	
12	4	W1100001101	와이셔츠 S	20	2,100	42,000	
13	5	W1100001102	와이셔츠 M	20	2,100	42,000	
14	6	W1100001103	와이셔츠 L	15	2,100	31,500	
15	7	W1100001104	와이셔츠 XL	15	2,200	33,000	
16	8	W1100001701	캐쥬얼셔츠 S	5	3,100	15,500	
17	9	W1100001702	캐쥬얼셔츠 M	10	3,100	31,000	
18	10	W1100001703	캐쥬얼셔츠 L	15	3,145	47,175	
19				155	소계	382,975	
20					소비세	38,297	
21					합계	421,272	
22							
23							

사칙연산   매출전표   ⊕

준비

그림 9-3-2   셀 D19에는 「=SUM(D9:D18)」이 입력되었다

이것으로 열을 이동해서 식을 복사할 수 있었습니다. 1열만큼을 복사하는 것뿐이라면 프로그램으로 할 필요는 없을 수도 있지만 이러한 오브젝트와 메서드의 사용법을 마스터해 두면 거대한 데이터에서 대량의 집계용 셀을 설정하거나 그것을 여러 파일에 걸쳐서 같은 작업을 해야 할 때에는 써넣는 대상의 반복 처리를 적절하게 기술함으로써 프로그램에 의한 자동 처리를 할 수 있습니다.

9-4 데이터의 입력 규칙을 설정한다

```
090: set_dv_01.py

01  import openpyxl

02  from openpyxl.worksheet.datavalidation import DataValidation

03

04

05  wb = openpyxl.load_workbook(r"..\data\sample9_4.xlsx")

06  ws = wb["수주전표"]

07

08  dv = DataValidation(type="list", formula1='"완납, 일부 납품"', allow_blank=True)

09  dv.add("D9:D18")

10  ws.add_data_validation(dv)

11

12  wb.save(r"..\data\sample9_4.xlsx")
```

입력 데이터를 한정하기 위해서 「데이터 입력 규칙」을 활용하는 분은 많지 않나
요? 이것도 Python으로 프로그램으로부터 임의의 셀 범위에 임의의 규칙을 설정할
수 있습니다. 그러기 위해서는 DataValidation 오브젝트를 만들고 구체적인 규칙을
설정합니다.

DataValidation 오브젝트를 작성하려면 미리 라이브러리를 임포트해야 합니다.
구체적으로는 위 코드의 2번째 행을 보세요. 여기에서는 openpyxl.worksheet.
datavalidation으로부터 DataValidation 클래스를 임포트합니다. 이렇게 하면 간단
한 기술로 DataValidation을 이용할 수 있습니다.

실제로 입력 규칙을 설정하는 것은 8번째 행입니다. 여기에서 DataValidation 오
브젝트 변수를 dv라는 변수명으로 작성합니다. DataValidation 오브젝트 변수의 서
식은 조금 복잡하므로 여기에서 원칙이 되는 서식을 살펴봅시다.

> **DataValidation(type=입력값 타입, formula1=입력할 수 있게 하는 값,**
> **allow_blank=공백을 허용할지 여부의 부울값(True, False))**

DataValidation 오브젝트를 작성할 때, type 인수에는 입력값의 종류, formula1에는 입력할 수 있는 값을 지정합니다. allow_blank는 공백을 허용할지 여부를 부울값으로 지정합니다.

그런데 이 샘플에서는 시트 「수주 전표」의 D 열에 마련한 「납품 상황」이라는 칸에 DataValidation(데이터의 입력 규칙)을 적응합니다. 여기에서는 type에는 list를 지정하고 「완납」「일부 납품」이라는 문자열을 입력할 수 있게 합니다. 또한, allow_blank를 True로 하면 빈 칸을 허용하는 설정입니다. 이 경우, 입력 규칙을 설정 후의 Excel을 조작할 때 해당하는 셀에 일단 「완납」 또는 「일부 납품」을 선택한 후, 셀 내용을 삭제함으로써 빈 칸으로 할 수 있게 됩니다.

DataValidation 오브젝트의 add 메서드로 설정하는 셀 범위를 추가하면(9번째 행), Worksheet 오브젝트의 add_data_validation 메서드로 시트의 데이터 입력 규칙에 추가합니다(10번째 행).

이 프로그램을 실행하면 「완납」, 「일부 납품」을 리스트에서 선택할 수 있게 됩니다.

D12	▾	:	×	✓	f_x		

⬚	A	B	C	D	E	F
7						
8	No	상품 코드	품명	납품 상태	수량	단가
9	1	W1100001201	드레스셔츠 S		30	2,
10	2	W1100001202	드레스셔츠 M		15	2,
11	3	W1100001203	드레스셔츠 L		10	2,
12	4	W1100001101	와이셔츠 S	▾	20	2,
13	5	W1100001102	와이셔츠 M	완납	20	2,
14	6	W1100001103	와이셔츠 L	일부 납품	15	2,
15	7	W1100001104	와이셔츠 XL		15	2,
16	8	W1100001701	캐쥬얼셔츠 S		5	3,
17	9	W1100001702	캐쥬얼셔츠 M		10	3,
18	10	W1100001703	캐쥬얼셔츠 L		10	3,

그림 9-4-1 「완납」「일부 납품」을 리스트로부터 선택할 수 있게 되었다

처리 후의 북에서 납품 상황 열의 셀을 선택하고 데이터 유효성 검사를 표시[1] 하면
제한 대상에 목록, 원본에 「완납」, 「일부 납품」을 선택할 수 있는 걸 알 수 있습니다.

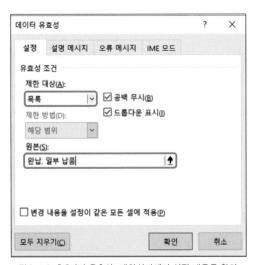

그림 9-4-2 「데이터 유효성」 대화상자에서 설정 내용을 확인

---

type 지정에 의해 설정할 수 있는 입력값의 범위가 다릅니다. type에 지정할 수 있는 파라미터를 정리했습니다. 참조하세요.

type	입력값의 종류
whole	정수값
decimal	소수값
date	날짜
time	시각
textLength	문자열의 길이
list	리스트
Custom	커스텀

표 9-4-1　설정과 각각의 입력값

처음에는 여러 가지 시험해 보면서 프로그램 기술이 생각한 대로 설정되어 있는지, 처리 후의 Excel에서 「데이터 입력 규칙」 대화상자 박스를 그때마다 열어서 확인하도록 하면 이해가 빨라질 것입니다.

설정 시의 오류에 대처하려면

DataValidation을 비롯한 Excel의 다양한 설정을 Python 프로그램으로 시험해볼 때 기술을 잘못하면 최악의 경우 대상의 Excel 파일을 파손시킬 수 있습니다. 예를 들어 앞의 프로그램 8번째 행을

```
dv = DataValidation(type = "list", formula1 = '"완납, 일부 납품"', allow_
blank = True)
```

가 아닌

```
dv = DataValidation(type = "list", formula1 = '" 완납 ", " 일부 납품 "',
allow_blank = True)
```

라고 잘못된 채로 실행하면 파일이 망가집니다. 망가진 파일은 다시 열 때 오류가 발
생하며 북을 회복할지 여부를 확인하는 대화상자가 표시됩니다.

그림 9-4-3 북의 회복을 확인하는 대화상자

이처럼 오류가 검출된 경우, 「예」를 선택함으로써 파일을 복원할 수 있는 경우가
많지만 그것도 일일이 귀찮고 경우에 따라서는 복원할 수 없는 위험도 따릅니다. 그
래서 프로그램을 작성하는 단계에서는 테스트 결과에 만족할 수 있고 「완성」이라
고 할 수 있을 때까지는 읽어 들인 Excel 파일에 덮어쓰기 저장이 아닌 다른 이름의
Excel 파일로 저장해 둡시다.

예를 들어 파일을 저장하는 12번째 행을 다음과 같이 하면 읽어 들인 파일은
sample 9_4.xlsx 인 것에 반해 저장할 때는 sample9_4_new.xlsx 로 이름을 바꿀
수 있습니다.

```
12   wb.save(r"..₩data₩sample9_4_new.xlsx")
```

이렇게 해 두면 읽어 들인 Excel 파일에는 아무런 변경도 더해지지 않습니다.

그리고 프로그램이 안전하게 실행되는 것을 확인했으면 다음과 같이 덮어쓰고 저
장할 수 있게 하면 좋을 것입니다.

```
12   wb.save(r"..₩data₩sample9_4.xlsx")
```

9-5 조건부 서식을 설정한다

```
091: fill_red_01.py

01   import openpyxl
02   from openpyxl.styles import PatternFill
03   from openpyxl.formatting.rule import CellIsRule
04
05
06   wb = openpyxl.load_workbook(r"..\data\sample9_5.xlsx")
07   ws = wb["전년대비"]
08
09   less_than_rule = CellIsRule(
10       operator="lessThan",
11       formula=[100],
12       stopIfTrue=True,
13       fill=PatternFill("solid", start_color="FF0000",
     end_color="FF0000")
14   )
15   ws.conditional_formatting.add("B2:B11", less_than_rule)
16
17   wb.save(r"..\data\sample9_5.xlsx")
```

이 프로그램은 전년 대비 달성률 데이터 중 100%에 만족하지 않는 달성율을 빨갛게 채우는 것입니다. Excel에서 말하는 부분의 조건부 서식입니다.

샘플로 다루는 것은 북「sample9_5」의 시트「전년대비」데이터입니다.

여기에는 영업 스태프의 성적이라는 가정으로 인명과 영업 성적의 달성률(전년대비)을 이미 입력했습니다. 여기서 100(%)를 달성하지 않는 수치 부분에 빨간색으로

CHAPTER 9 Excel 함수나 조건부 서식을 사용한다

칠하는 것을 생각했습니다.

채우기를 하기 위해서 2번째 행에서 openpyxl.styles로부터 PatternFill 클래스를 임포트했습니다. 다음에 조건부 서식의 규칙을 작성하기 위해서 openpyxl.formatting.rule로부터 CellIsRule 함수를 임포트합니다(3번째 행).

CellIsRule 함수로 서식 규칙을 만들고 워크시트의 오브젝트 변수의 conditional_formatting에 add하여 조건부 서식을 설정할 수 있습니다. CellIsRule 함수는 Rule 오브젝트를 반환합니다.

실제 코드에서 CellIsRule 함수의 사용법을 살펴봅시다. 위쪽의 프로그램에서는 9~14번째 행이 CellIsRule 함수에 의한 조건부 서식의 정의입니다.

```
09    less_than_rule = CellIsRule(
10           operator="lessThan",
11           formula=[100],
12           stopIfTrue=True,
13           fill=PatternFill("solid", start_color="FF0000",
       end_color="FF0000")
14    )
```

Cell Is Rule 함수의 인수를 순서대로 살펴봅시다. operator가 조건인 「~보다 작다」「~의 사이」「~보다 크다」를 설정하는 항목입니다(10번째 행). 여기에서는 「미만」으로 하고자 lessThan을 설정합니다.

다음의 formula에는 operator의 「~보다 작다」의 「~」에 해당하는 값을 지정합니다. 여기에서는 「100 미만」을 조건으로 하고자 100을 지정했습니다(11번째 행). fill에는 PatternFill로 채우기를 설정했습니다. 그때 채우는 패턴으로서 전체 채우는 solid, 채우는 색에는 두 가지 요소 start_color와 end_color를 설정합니다. 여기에서는 모두 「="FF0000"」라고 양쪽에 RGB로 빨간색을 지정합니다. 이렇게 작성한 규칙 less_than_rule을 B2:B11의 셀 범위로 설정하고(15번째 행) 북을 저장합니다(17번째 행).

이것을 실행하면 달성률이 100 미만인 셀이 빨갛게 채워집니다.

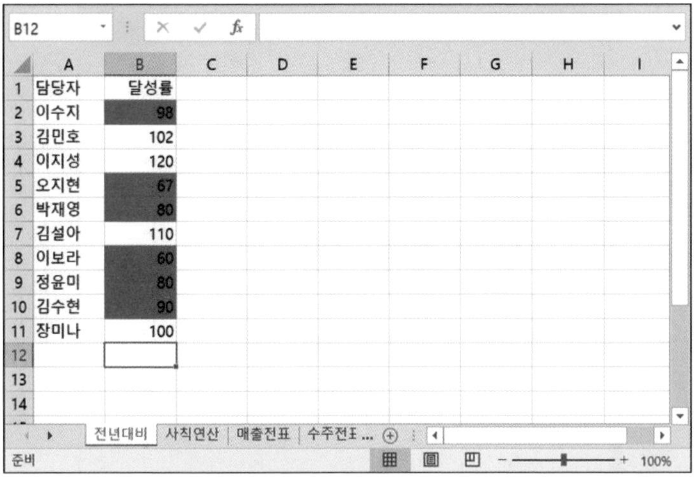

그림 9-5-1 조건부 서식이 Excel에서 어떻게 표현되는지 확인한다

실제로 어떻게 조건부 서식이 설정되었는지 Excel에서 확인해 봅시다. 규칙을 적용한 셀 범위를 선택한 상태에서 「홈」 탭에서 「조건부 서식」을 클릭하고, 「규칙 관리」를 선택하고 「조건부 서식 규칙 관리자」 대화상자 박스를 엽니다.

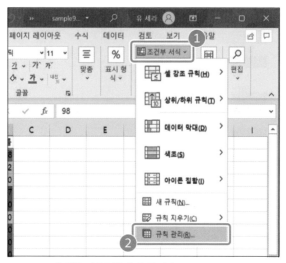

그림 9-5-2 「조건부 서식 규칙 관리」를 연다

왼쪽부터 순서대로 셀 값이 100보다 작으면 빨갛게 채우고, B2:B11의 범위로 설정되어 있는 걸 알 수 있습니다.

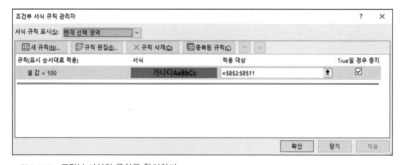

그림 9-5-3 조건부 서식의 규칙을 확인한다

조건부 서식에 컬러 스케일을 설정한다

```
092: color_scale_01.py

01   import openpyxl
02   from openpyxl.formatting.rule import ColorScaleRule
03
04
05   wb = openpyxl.load_workbook(r"..₩data₩sample9_6.xlsx")
06   ws = wb["전년대비"]
07
08   two_color_scale = ColorScaleRule(
09       start_type="min", start_color="FF0000",
10       end_type="max", end_color="FFFFFF"
11   )
12
13   ws.conditional_formatting.add("B2:B11", two_color_scale)
14
15   wb.save(r"..₩data₩sample9_6.xlsx")
```

조건부 서식으로 설정하는 채우기에 컬러 스케일을 설정해 봅시다. 이러한 상태를 프로그램으로 만들기로 합니다.

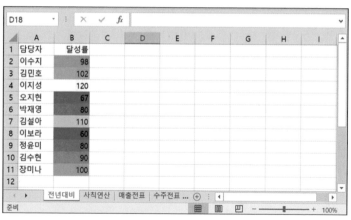

그림 9-6-1 컬러 스케일을 설정한 상태

달성률이 작을 때는 빨갛게, 클 때는 하얗게 단계적으로 색이 변화하는 조건부 서
식을 설정하기로 생각했습니다. 그것을 코딩한 것이 앞의 프로그램입니다. 바로 프로
그램을 구체적으로 살펴봅시다.

이 프로그램에서는 openpyxl.formatting.rule의 ColorScaleRule 함수를 사용합
니다. 그래서 이것을 개별적으로 임포트하도록 했습니다(2번째 행).

Color Scale Rule 함수로 규칙을 만들고 있는 것이 8번째 행에서 11번째 행입니
다.

```
08    two_color_scale = ColorScaleRule(
09          start_type="min", start_color="FF0000",
10          end_type="max", end_color="FFFFFF"
11    )
```

인수는 9번째 행 또는 10번째 행에 기술합니다. start_type은 컬러 스케일의 시
작점의 설정으로 min을 지정했습니다(9번째 행). end_type은 스케일의 종점으로
max를 지정합니다(10번째 행).

그리고 색은 시작점의 색으로 start_color에 FF0000(9번째 행), 종점의 색으로
end_color에 FFFFFF를 지정했습니다(10번째 행). 이렇게 함으로써 값이 작으면
빨강(FF0000), 크면 흰색(FFFFFF)으로 그라데이션됩니다.

또한, 인수의 순서는 고려하지 않습니다. 그러므로 이 프로그램에서는 시작점 설정을 9번째 행, 종점을 10번째 행에 통합했습니다. 이렇게 하는 것이 나중에 프로그램을 다시 봤을 때 이해하기 쉽다고 생각하기 때문입니다.

프로그램의 내용으로 돌아갑시다. 작성한 조건부 서식은 13번째 행처럼 워크시트 변수 ws의 conditional_formatting에 add함으로써 시트 「전년대비」에 적용할 수 있습니다. add 메서드의 인수에는 1번째 인수에 적용 범위(여기에서는 B2:B11), 2번째 인수에 규칙을 지정합니다. 이 프로그램에서는 변수 two_color_scale을 지정하는데 그 내용은 8~11번째 행에서 기술한 Color Scale Rule 함수입니다. 이 함수는 Rule 오브젝트를 반환합니다.

이 프로그램의 실행 결과를 봅시다.

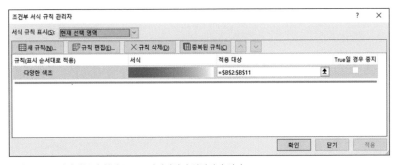

그림 9-6-2　빨간색부터 흰색으로 그라데이션이 설정되어 있다

ColorScaleRule이 Excel에 어떻게 설정되어 있는지도 확인할까요? 「홈」 탭의 「조건부 서식」을 클릭해 오픈한 메뉴로부터 「규칙 관리」를 선택하면 「조건부 서식 규칙 관리자」 대화상자 박스가 열립니다. 이것을 보면 빨간색에서 흰색으로 그라데이션이 설정되어 있습니다.

이 프로그램을 여러 번 실행하면 같은 규칙이 실행한 횟수만큼 추가됩니다. 그때 새로운 규칙은 기존의 규칙 아래에 추가됩니다. 완전히 같은 코드면 같은 색의 그라데이션이므로 겉모습의 영향은 없지만 다른 서식으로 규칙을 만드는 경우는 불필요한 규칙을 삭제해야 합니다.

그래프를
작성한다

10-1 막대 그래프를 만든다 (가로·세로)

```
01    import openpyxl
02    from openpyxl.chart import BarChart, Reference
03
04
05    wb = openpyxl.load_workbook(r"..\data\sample10_1.xlsx")
06    ws = wb["세로 막대 그래프"]
07
08    data = Reference(ws, min_col=2, max_col=2, min_row=1, max_row=ws.max_
      row)
09    labels = Reference(ws, min_col=1, max_col=1, min_row=2, max_row=ws.max_
      row)
10    chart = BarChart()
11    chart.type = "col"
12
13    chart.style = 11
14    chart.title = "과일 소비량"
15    chart.y_axis.title = "소비량"
16    chart.x_axis.title = "시"
17
18    chart.add_data(data,titles_from_data=True)
19    chart.set_categories(labels)
20    ws.add_chart(chart, "D2")
21
22    wb.save(r"..\data\sample10_1.xlsx")
```

openpyxl 라이브러리의 chart 패키지를 사용하여 Python으로 각종 그래프를 작성할 수 있습니다. 이 장에서는 막대 그래프, 누적 막대 그래프, 꺾은선 그래프, 면 그래프, 원 그래프, 도넛 그래프, 레이더 차트, 버블 차트 등을 작성합니다.

먼저 첫 번째로 막대 그래프를 작성합니다. 여기에서는 각 시별로 합친 포도의 소비량을 세로 막대 그래프로 나타내려고 합니다. 원본 데이터는 북「sample10_1」의 시트「세로 막대 그래프」에 있습니다.

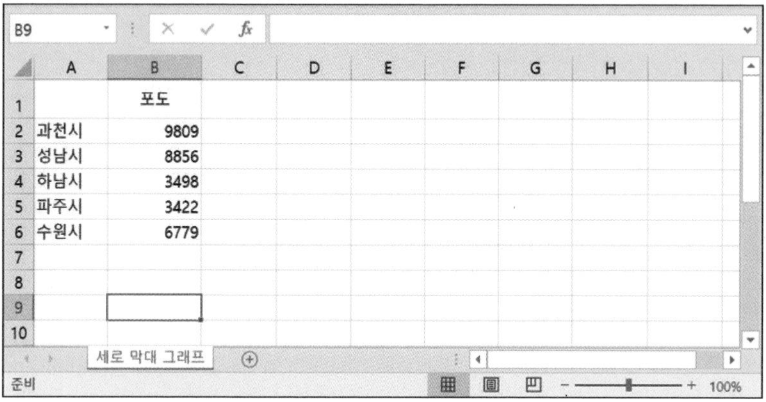

그림 10-1-1　포도의 시별 소비량

이것을 바탕으로 세로 막대 그래프를 만들고, 같은 시트에 표시하도록 합니다. 이것을 코딩한 것이 앞의 프로그램입니다.

이 bar_chart.py에서는 막대 그래프(Bar Chart)를 만들기 쉽게 하기 위해서 openpyxl 패키지 본체를 임포트할 뿐만 아니라(1번째 행) 그것과는 별개로 openpyxl.chart 패키지로부터 BarChart 클래스, Reference 클래스를 각각 개별적으로 임포트합니다(2번째 행).

세로 막대 그래프를 작성하려면 BarChart 클래스의 오브젝트를 작성하고 type이나 style, title 등의 프로퍼티를 설정하여 막대 그래프의 프로퍼티를 조정합니다. 그중에서 가장 중요한 것이 Reference 클래스에서 작성하는 data 오브젝트와 labels 오브젝트입니다. data 오브젝트를 만드는 방법을 살펴봅시다.

8번째 행이 data 오브젝트의 기술입니다.

우변을 보세요. Reference 오브젝트는 참조를 나타냅니다. 그 참조 범위로서 그래프의 데이터 범위를 줍니다. 여기에서는 data 오브젝트(데이터)는 현재 시트(ws)의 B 열의 1행(min_col = 2 또는 min_row = 1로 지정)부터 B 열에서 값이 들어 있는 마지막 행(max_col = 2 또는 max_row = ws.max_row로 지정)까지를 참조합니다.

다음 9번째 행에서 labels 오브젝트(카테고리)를 설정합니다.

```
09    labels = Reference(ws, min_col=1, max_col=1, min_row=2, max_row=ws.max_
      row)
```

여기에서는 data와 마찬가지로 Refence 오브젝트로 범위를 지정하고 A 열의 시 이름이 입력되어 있는 행(2~6번째 행)을 참조하도록 합니다.

그림 10-1-2 원본 데이터와 data 오브젝트, labels 오브젝트의 관계

그 앞도 살펴봅시다. 이어서 10번째 행에서 chart 오브젝트를 작성하고 여기에서 그래프의 종류(이 프로그램에서는 BarChart( ))를 지정합니다.

이렇게 데이터와 항목명, 그래프의 종류를 지정함으로써 그래프를 작성하는 준비가 갖춰졌습니다. chart의 add_data 메서드의 인수에 data 오브젝트를 지정함으로써 이러한 데이터 범위를 그래프의 원본 데이터로서 chart에 추가하면 그래프를 작성할 수 있습니다(18번째 행). 그때에

```
titles_from_data=True
```

를 지정하면 data 오브젝트의 1번째 행, 즉 열 표제를 막대 그래프의 범례로 해줍니다.

data와 마찬가지로 chart의 set_categories 메서드의 인수에 labels 오브젝트를 지정하고 chart에 카테고리를 설정합니다(19번째 행).

계속해서 20번째 행에서 시트에 그래프를 만듭니다. 여기에서는 시트(이 프로그램에서는 ws)의 add_chart 메서드로 chart를 셀 D2에 추가합니다. 추가하고, 이 프로그램을 여러 번 실행하면 그래프가 같은 위치에 여러 장 겹쳐서 작성됩니다. 겹쳐 있어서 겉보기에는 그래프가 한 장으로 보일 수도 있지만 실행한 횟수만큼 그래프가 중복해서 그려집니다.

이것이 그래프 작성의 기본 코드입니다. 마지막으로 save 메서드로 북을 저장하면 다음 그림과 같이 시트상에 그래프가 작성됩니다.

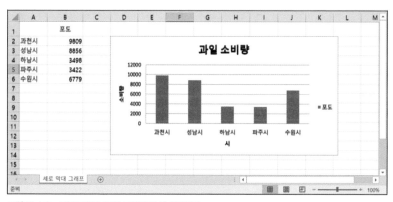

그림 10-1-3 프로그램에 의해 그래프가 작성되었다

여기에서 설명을 건너뛴 부분에 대해서도 살펴봅시다. 상세한 프로퍼티를 설정함으로써 그래프를 만들 수도 있습니다.

14번째 행부터 16번째 행에 걸쳐 기술돼 있는 title, y_axis.title, x_axis.title은 말 그대로 각각 그래프의 타이틀, Y축의 타이틀(축 라벨), X축의 타이틀(축 라벨)입니다.

13번째 행의 chart.style로는 지정하는 숫자를 바꾸면 그래프의 겉모습이 변화합니다. 이 예처럼 11이면 막대 그래프의 막대가 파란색, 1이면 회색, 28이면 주황색, 30이면 노란색에 가까워집니다. 37이면 그래프의 배경이 흐린 회색, 45면 전체의 배경이 어두워집니다.

참고로 11번째 행의 chart.type으로는 막대 그래프를 세로로 할 것인지 가로로 할 것인지를 지정할 수 있습니다. "col"을 지정하면 이 샘플과 같이 세로 막대의 그래프가 되는데

```
chart.type = "bar"
```

로 하면 가로 막대가 됩니다.

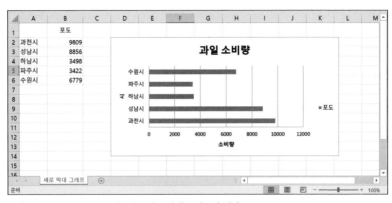

그림 10-1-4   chart.type = "bar"로 가로 막대 그래프가 된다

10-2 누적 막대 그래프를 만든다

```
094: bar_chart_stacked.py

01   import openpyxl
02   from openpyxl.chart import BarChart, Reference
03
04
05   wb = openpyxl.load_workbook(r"..\data\sample10_2.xlsx")
06   ws = wb["누적"]
07
08   data = Reference(ws, min_col=2, max_col=6, min_row=1, max_row=ws.max_
     row)
09   labels = Reference(ws, min_col=1, max_col=1, min_row=2, max_row=ws.max_
     row)
10   chart = BarChart()
11   chart.type = "col"
12   chart.grouping = "stacked"
13   #chart.grouping = "percentStacked"
14   chart.overlap = 100
15   chart.title = "과일별 소비량"
16   chart.x_axis.title = "시"
17   chart.y_axis.title = "과일"
18   chart.add_data(data, titles_from_data=True)
19   chart.set_categories(labels)
20
21   ws.add_chart(chart, "B8")
22   wb.save(r"..\data\sample10_2.xlsx")
```

여기에서는 누적 막대 그래프의 프로그램을 살펴봅시다. 시별로 포도나 복숭아 등의 과일 종류마다 소비량을 쌓아서 누적 막대 그래프로 합니다.

먼저 원본 데이터를 살펴봅시다.

▲	A	B	C	D	E	F	G	H
1		포도	복숭아	귤	사과	레몬		
2	과천시	9809	4567	5679	5460	6600		
3	성남시	8856	4321	6789	4489	2310		
4	하남시	3498	3365	4432	3456	5644		
5	파주시	3422	5633	7890	5462	2100		
6	수원시	6779	2340	3209	8769	3400		
7								

그림 10-2-1 시별로 합친 과일의 종류별 소비량

이것을 누적 세로 막대 그래프로 만드는 것이 앞의 프로그램입니다. 프로그램의 기본적인 내용은 막대 그래프(10-01 막대 그래프를 만든다)와 거의 같습니다. 여기 에서는 막대 그래프의 bar_chart.py 와 크게 다른 부분을 설명합니다.

Reference 클래스의 오브젝트로 작성하는 오브젝트 변수 data의 참조 범위는 B 열에서 F 열, 열 표제도 포함하여 값이 입력되어 있는 전체의 행으로 합니다(8번째 행). Excel에서 지정하면 B1:F6인데 이것을 Reference 오브젝트로 기술하면

```
Reference(ws, min_col=2, max_col=6, min_row=1, max_row=ws.max_
row)
```

입니다.

계속해서 9번째 행의 labels 오브젝트는 A 열의 2번째 행부터 마지막까지를 참조 합니다. 이것이 카테고리 분류입니다. 이 labels를 19번째 행의 set_categories 메 서드의 인수로 함으로써 그래프의 분류 항목에 설정할 수 있습니다.

이로써 시트상의 데이터는 다음과 같이 각 오브젝트가 참조하게 됩니다.

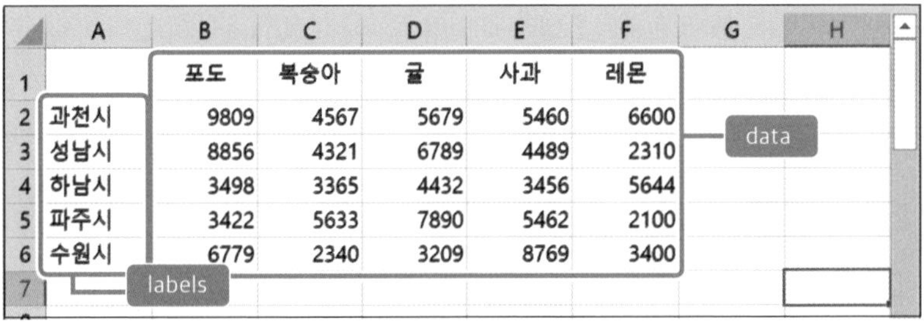

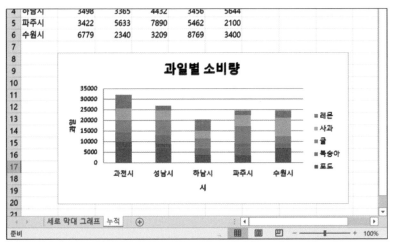

그림 10-2-2   bar_chart_stacked.py의 참조 범위

계속해서 프로그램을 살펴봅시다. 12번째 행의 chart.grouping에 "stacked"를
지정하면 누적 막대 그래프가 됩니다. 14번째 행의 overlap은 100으로 하는 것이
표준이라고 생각하세요. 여기에서 100보다 작은 수를 지정하면 크기마다 세로 막대
가 조금씩 이동해서 겹쳐집니다. 또한, 100을 넘는 값을 지정하면 오류가 발생합니
다.

이 프로그램을 실행해서 그래프가 생각한 대로 되었는지 확인합시다.

그림 10-2-3   bar_chart_stacked.py의 실행 결과

시트의 1번째 행, B 열부터 F 열에 있는 열 표제를 참조 범위에 포함해서 18번째 행의 add_data 메서드에는

```
titles_from_data=True
```

라고 지정하였으므로 포도나 복숭아, 귤 등이 그래프의 범례가 됩니다.

또한, 같은 누적 막대 그래프에서도 크기의 구성비를 보고 싶을 때는 grouping에 "percentStacked"를 지정합니다[1]. 코드로서는 12번째 행을

```
chart.grouping = "percentStacked"
```

로 합니다. 이러면 시별 과일 소비량의 구성비를 막대 그래프로 나타낼 수 있습니다.

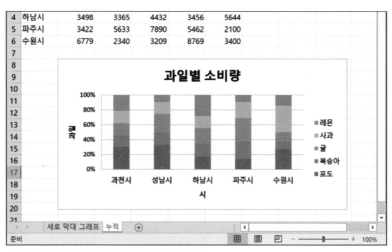

그림 10-2-4 구성비로 나타낸 누적 세로 막대 그래프

---

[1] 샘플 프로그램의 bar_chart_stacked.py에서는 13번째 행의 주석 기호를 삭제하고, 12번째 행을 주석 처리하면 구성비로 누적 세로 막대를 작성할 수 있습니다.

10-3 꺾은선 그래프를 만든다

```
095: line_chart.py

01   import openpyxl
02   from openpyxl.chart import LineChart, Reference
03
04
05   wb = openpyxl.load_workbook(r"..\data\sample10_3.xlsx")
06   ws = wb["꺾은선"]
07
08   data = Reference(ws, min_col=2, max_col=6, min_row=1, max_row=ws.max_
     row)
09   labels = Reference(ws, min_col=1, min_row=2, max_row=ws.max_row)
10
11   chart = LineChart( )
12   chart.title = "과일 소비량"
13   chart.y_axis.title = "소비량"
14   chart.add_data(data, titles_from_data=True)
15   chart.set_categories(labels)
16
17   ws.add_chart(chart, "A8")
18   wb.save(r"..\data\sample10_3.xlsx")
```

꺾은선 그래프(Line Chart)를 사용하면 과일 소비량이 매년 어떻게 바뀌어 왔는
지 추이를 따라갈 수 있습니다.

그러기 위한 프로그램을 살펴봅시다. 꺾은선 그래프를 만들기 위해서는 LineChart 클래스를 사용합니다. 그러기 위해서 openpyxl.chart 패키지로부터 LineChart 클래스를 임포트하고 동시에 데이터를 참조할 범위를 지정하기 위해 Reference 클래스도 임포트합니다(2번째 행).

　Reference 클래스에 의한 참조 범위 설정의 사고방식은 BarChart 클래스와 같습니다. 여기에서는 샘플 데이터로 북 「sample10_3」의 시트 「꺾은선」에 있는 과일 소비량의 데이터를 사용하도록 합니다. data 오브젝트로서 셀 범위 B1:F6을 (8번째 행), labels 오브젝트로 A2:A6를 지정했습니다(9번째 행). 완성 예와 함께 데이터의 참조 범위를 봅시다.

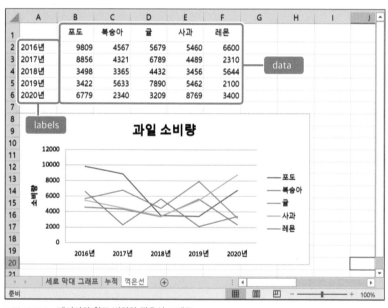

그림 10-3-1　데이터의 참조 범위와 꺾은선 그래프

　data 오브젝트에는 1번째 행(시트) 열 표제를 참조 범위에 포함합니다. 이것을 받아서 14번째 행(코드)의 add_data 메서드로 titles_from_data = True라고 지정했습니다. 이로써 셀 B1부터 F1에 입력되어 있는 「포도」나 「복숭아」가 범례가 됩니다.

덧붙이면 Reference 클래스로 data 오브젝트 변수를 만들 때의 인수로

```
max_col=6
```

과 max_col은 열을 수치로 지정하고 max_row에는

```
max_row=ws.max_row
```

라고 워크시트의 max_row 프로퍼티를 지정하는 것처럼 다르게 기술합니다. 그렇지만 여기에서 다룬 데이터의 경우, 데이터가 입력되어 있는 열의 최대는 6이므로 max_col에도

```
max_col=ws.max_column
```

처럼 워크시트의 max_column 프로퍼티를 지정할 수 있습니다. 즉, 여기에서 대상으로 하는 북으로 앞의 line_chart.py의 처리를 하는 경우,

```
max_col=6
```

과

```
max_col=ws.max_column
```

은 같은 결과가 되는 것입니다.

10-4 영역형 차트를 작성한다 (누적·퍼센트)

096: area_chart.py

```python
01  import openpyxl
02  from openpyxl.chart import AreaChart, Reference
03
04
05  wb = openpyxl.load_workbook(r"..\data\sample10_4.xlsx")
06  ws = wb["영역형 차트"]
07
08  data = Reference(ws, min_col=2, max_col=6, min_row=1, max_row=ws.max_row)
09  labels = Reference(ws, min_col=1, max_col=1, min_row=2, max_row=ws.max_row)
10  chart = AreaChart()
11  chart.grouping = "stacked"
12  #chart.grouping = "percentStacked"
13  chart.title = "시별 과일 소비량"
14  chart.x_axis.title = "시"
15  chart.y_axis.title = "과일"
16  chart.add_data(data, titles_from_data=True)
17  chart.set_categories(labels)
18
19  ws.add_chart(chart, "H2")
20  wb.save(r"..\data\sample10_4.xlsx")
```

영역형 차트(Area Chart)는 누적 막대 그래프와 꺾은선 그래프 양쪽의 특징을 가진 그래프입니다. 이것을 프로그램으로 작성해 봅시다. 그것이 위의 코드(area_chart.py) 입니다.

위에서부터 순서대로 핵심이 되는 기술을 살펴봅시다. 영역형 차트를 만들려면 AreaChart 클래스를 사용합니다. 그러기 위해서는 openpyxl.chart 패키지로부터 AreaChart 클래스, Reference 클래스를 임포트합니다(2번째 행).

11번째 행의

```
chart.grouping = "stacked"
```

처럼 grouping에 "stacked"를 지정함으로써 누적 영역형 차트가 됩니다. 여기에서

```
chart.grouping = "percentStacked"
```

처럼 "percentStacked"를 지정하면 구성비를 나타내는 그래프가 됩니다. 이것은 누적 막대 그래프일 때와 같습니다.

여기에서 기본으로 한 데이터(북「sample10_4」의 시트「영역형 차트」)와 차트의 완성형을 보세요.

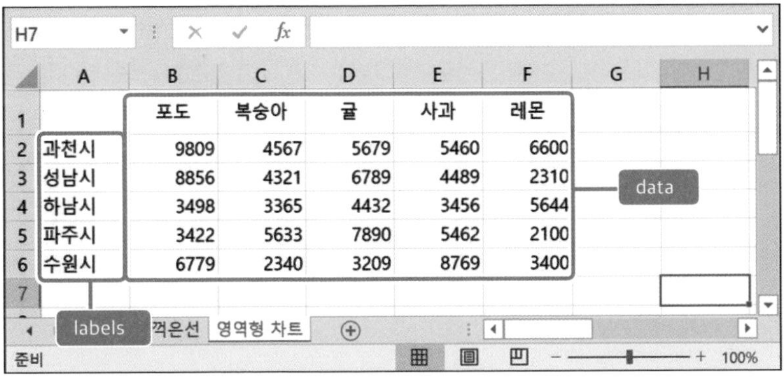

	A	B	C	D	E	F
1		포도	복숭아	귤	사과	레몬
2	과천시	9809	4567	5679	5460	6600
3	성남시	8856	4321	6789	4489	2310
4	하남시	3498	3365	4432	3456	5644
5	파주시	3422	5633	7890	5462	2100
6	수원시	6779	2340	3209	8769	3400

그림 10-4-1 영역형 차트가 참조하는 데이터 범위

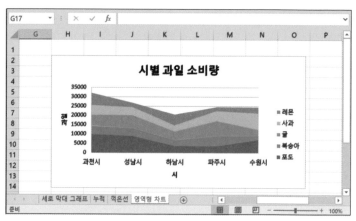

그림 10-4-2   프로그램으로 그린 누적 영역형 차트

Reference 클래스에 의한 참조 범위의 설정은 BarChart나 LineChart 클래스와 다르지 않습니다(8번째 행 또는 9번째 행). data 오브젝트로서 시트 1번째 행의 열 표제를 참조 범위에 포함하고 있으므로 add_data 메서드로 titles_from_data = True라고 지정함으로써 과일 이름이 범례가 됩니다. 각 시가 카테고리(항목)입니다.

덧붙이면 11번째 행에서

```
chart.grouping = "percentStacked"
```

라고 기술하고 chart_grouping에 percentStacked를 지정[1]한 경우는 다음 그림과 같이 구성비를 나타내는 누적 영역형 차트가 됩니다. 이 기술은 「10-2 누적 막대 그래프를 만든다」에서 설명한 코드와 같습니다.

---

[1]   샘플 프로그램의 area_chart.py 에서는 12번째 행의 주석 기호를 삭제하고 11번째 행을 주석 처리하면 구성비로 누적 영역형 차트를 작성할 수 있습니다.

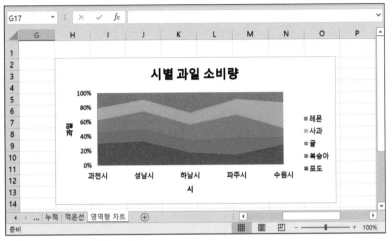

그림 10-4-3 퍼센트 영역형 그래프

10-5 파이 차트를 작성한다

097: pie_chart_01.py

```
01    import openpyxl
02    from openpyxl.chart import PieChart, Reference
03
04
05    wb = openpyxl.load_workbook(r"..₩data₩sample10_5.xlsx")
06    ws = wb["파이 차트"]
07
08    data = Reference(ws, min_col=2, min_row=1, max_row=ws.max_row)
09    labels = Reference(ws, min_col=1, min_row=2, max_row=ws.max_row)
10
11    chart = PieChart()
12    chart.title = "시의 포도 소비량"
13    chart.add_data(data, titles_from_data=True)
14    chart.set_categories(labels)
15
16    ws.add_chart(chart, "D2")
17    wb.save(r"..₩data₩sample10_5.xlsx")
```

여기에서는 파이 차트를 작성하기 위한 코드를 소개합시다. 종류는 포도. 일반적인 파이 차트와 일부의 요소를 잘라낸 파이 차트를 작성합니다. 그러면 먼저 일반적인 파이 차트를 만드는 프로그램을 살펴봅시다.

파이 차트(Pie Chart)를 만들려면 PieChart 클래스를 사용합니다. 그러기 위해서 앞의 프로그램(pie_chart_01.py)에서는 2번째 행에서 openpyxl.chart로부터 PieChart 클래스, Reference 클래스를 임포트합니다.

Reference 클래스에 의한 참조 범위의 설정은 지금까지의 사고방식은 바뀌지 않습니다. 파이 차트에서는 A 열의 시 이름을 범례로 합니다.

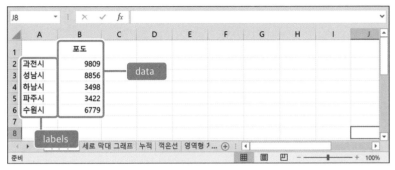

그림 10-5-1　파이 차트의 데이터를 참조하는 범위

그림 10-5-2　pie_chart_01.py로 작성한 파이 차트

이 장의 프로그램을 순서대로 봐 온 분에게는 지금까지 본 것과 같은 기술이 많이 있는 것처럼 보일 것입니다. 실제 11번째 행에서

```
chart = PieChart( )
```

로 해서 차트의 종류를 파이 차트라고 지정하는 것 이외는 같은 생각으로 프로그램
을 만들 수 있습니다.

pie_chart_01.py에서는 특별하지 않은 파이 차트가 되어 버렸습니다. 처음의 부
채꼴을 잘라서 표현력 높은 차트로 해봅시다.

코드10-5-1 특정 요소를 잘라서 강조한 파이 차트

```
098: pie_chart_02.py

01  import openpyxl
02  from openpyxl.chart import PieChart, Reference
03  from openpyxl.chart.series import DataPoint
04
05
06  wb = openpyxl.load_workbook(r"..\data\sample10_5.xlsx")
07  ws = wb["파이 차트"]
08
09  data = Reference(ws, min_col=2, min_row=1, max_row=ws.max_row)
10  labels = Reference(ws, min_col=1, min_row=2, max_row=ws.max_row)
11
12  chart = PieChart()
13  chart.title = "시의 포도 소비량"
14  chart.add_data(data, titles_from_data=True)
15  chart.set_categories(labels)
16
17  slice = DataPoint(idx=0, explosion=30)
18  chart.series[0].data_points = [slice]
19
20  ws.add_chart(chart, "D2")
21  wb.save(r"..\data\sample10_5.xlsx")
```

자른 파이 차트를 만들려면 pie_chart_01.py에서 임포트한 라이브러리나 클래스에 더해서 DataPoint 클래스를 임포트해야 합니다. pei_chart_01.py에서는 3번째 행에서 openpyxl.chart.series로부터 DataPoint를 별도 임포트합니다. 이로써 파이 차트의 내의 부채꼴을 잘라내도록 합니다.

17번째 행이 잘라내기 위해 설정을 하는 코드입니다.

17번째 행의 DataPoint 오브젝트에서는 인수의 idx로 잘라내는 부채꼴의 인덱스를 지정합니다. 여기에서는 첫 요소를 꺼내고자

```
idx=0
```

이라고 했습니다. 또 다른 인수인 explosion에는 원 그래프와의 벌어진 정도를 지정합니다. 여기에서는 30을 지정했습니다.

그리고 18번째 행에서 작성한 slice 오브젝트를 chart 오브젝트의 series[0]. data_points로 설정함으로써 잘라집니다. 이로써 프로그램을 실행해 봅시다.

그림 10-5-3　첫 요소를 잘라낸 파이 차트

여기에서 17번째 행을 바꿔 적으면 예를 들어

```
17    slice = DataPoint(idx=1, explosion=50)
```

로 하면 2번째 행의 부채꼴이 조금 많이 떨어져 잘라집니다.

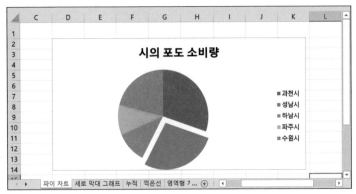

그림 10-5-4　2번째의 요소를 크게 잘라내는 설정으로 그린 파이 차트

10-6 레이더 차트를 작성한다

099: radar_chart.py

```
01    import openpyxl
02    from openpyxl.chart import RadarChart, Reference
03
04
05    wb = openpyxl.load_workbook(r"..\data\sample10_6.xlsx")
06    ws = wb["레이더 차트"]
07
08    data = Reference(ws, min_col=2, max_col=6, min_row=1, max_row=6)
09    labels = Reference(ws, min_col=1, min_row=2, max_row=6)
10
11    chart = RadarChart()
12    #chart.type = "filled"
13    chart.title = "과일의 소비량"
14    chart.add_data(data, titles_from_data=True)
15    chart.set_categories(labels)
16
17    ws.add_chart(chart, "B8")
18    wb.save(r"..\data\sample10_6.xlsx")
```

레이더 차트를 만들어 봅시다. 여기에서는 북 「sample10_6」의 시트 「레이더」의 데이터를 바탕으로 같은 시트에 그래프를 만들려고 합니다.

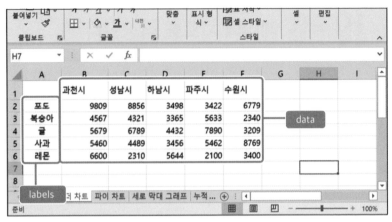

그림 10-6-1   레이더 차트용의 데이터와 참조한 범위

이 데이터를 바탕으로 레이더 차트를 만드는 것이 앞의 프로그램입니다.

레이더 차트(Radar Chart)를 만들려면 RadarChart 클래스를 사용합니다. 그러기 위해서는 openpyxl.chart 패키지로부터 RadarChart 클래스와 Reference 클래스를 임포트합니다(2번째 행).

Reference 클래스에 의한 참조 범위 설정은 지금까지와 마찬가지로 data는 1번째 행부터 카테고리에 설정하는 labels는 2번째 행부터입니다(8번째 행 및 9번째 행).

그리고 이것도 지금까지 같은데 add_data 메서드로 titles_from_data =True라고 지정하고 data의 1번째 행을 범례로 합니다(14번째 행).

이 프로그램을 실행하고 작성한 레이더 차트를 살펴봅시다.

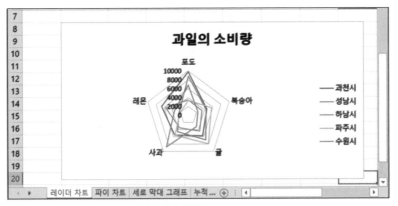

그림 10-6-2   radar_chart.py로 작성한 레이더 차트

레이터 차트에서는 수치가 크면 면적이 커집니다. 이 예로 말하면 과일 전체의 소비량이 많은 시는 면적이 커집니다. 또한, 여기에 나오는 과일을 균형 있게 먹는 시는 정다각형(이 그래프의 경우는 정오각형)에 가깝습니다. 이처럼 양과 균형을 동시에 볼 수 있는 것이 레이더 차트의 특징입니다.

레이더 차트의 타입은 기본값으로는 이 샘플처럼 선인데 11번째 행의

```
chart = RadarChart( )
```

와

```
ws.add_chart(chart, "B8")
```

행의 사이에

```
chart.type = "filled"
```

와 같이 type에 "filled"를 지정함으로써 채울 수도 있습니다[1].

*1   radar_chart.py에서는 12번째 줄에 chart.type = "filled"를 주석처리합니다. 이 행의 주석 기호를 삭제하면 채워진 레이더 차트를 작성할 수 있습니다.

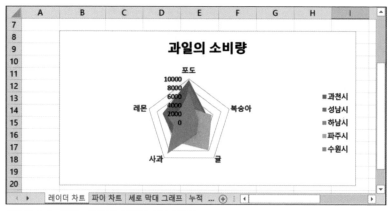

그림 10-6-3 채우는 설정으로 작성한 레이더 차트

10-7 버블 차트를 작성한다

```
100: bubble_chart.py

01  import openpyxl
02  from openpyxl.chart import Series, Reference, BubbleChart
03
04
05  wb = openpyxl.load_workbook(r"..\data\sample10_7.xlsx")
06  ws = wb["버블 차트"]
07
08  chart = BubbleChart()
09  chart.style = 18
10  for row in range(2,ws.max_row+1):
11      xvalues = Reference(ws, min_col=3, min_row=row)
12      yvalues = Reference(ws, min_col=2, min_row=row)
13      size = Reference(ws, min_col=4, min_row=row)
14      series = Series(values=yvalues, xvalues=xvalues,
    zvalues=size, title=ws.cell(row,1).value)
15    chart.series.append(series)
16
17  ws.add_chart(chart, "F2")
18  wb.save(r"..\data\sample10_7.xlsx")
```

버블 차트(BubbleChart)를 사용하면 2차원의 그래프상의 각 요소를 크기를 가진 버블로 표현함으로써 값의 크기도 함께 표현할 수 있습니다.

2차원 클래스인데 버블의 크기와 X축, Y축의 각 값과 3종류의 지표로 각 요소를 비교하는 것이 데이터 분석에 도움이 됩니다.

여기에서는 북 「sample10_7」의 시트 「버블」을 바탕으로 버블 차트를 만들려고 합니다.

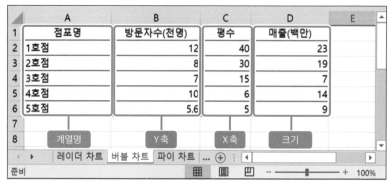

그림 10-7-1　레이더 차트에 의한 데이터와 참조 범위

그럼 bubble_Chart.py를 자세히 살펴봅시다.

버블 차트(Bubble Chart)를 만들려면 BubbleChart 클래스를 사용합니다. 그러기 위해서는 openpyxl.chart 패키지로부터 RadarChart 클래스, Reference 클래스와 Series 클래스를 임포트합니다(2번째 행).

이 버블 차트 작성 프로그램에서는 for in 문에 range 함수를 조합하여 시트의 2번째 행부터 데이터가 있는 마지막행까지 데이터를 작성하는 처리를 합니다(10번째 행).

구체적인 처리 내용은 1행씩 Series 오브젝트를 만들고(14번째 행), chart 오브젝트의 series에 추가(append)합니다(15번째 행).

Siries 오브젝트는 X 축의 값, Y 축의 값, 버블 크기와 각 요소의 항목명으로 구성됩니다.

X 축에는

```
min_col=3
```

으로 원본 데이터의 「평수」를 지정하고(11번째 행), Y 축에는

336

```
min_col=2
```

처럼 방문자 수를 지정합니다(12번째 행). 버블의 크기(size)는

```
min_col=4
```

즉 매출입니다(13번째 행). 이것들을 각각 Reference 오브젝트로서 작성하고 Series 오브젝트를 만듭니다(14번째 행).

앞에서 설명한 대로 14번째 행에서 작성한 Series 오브젝트를 chart.series.append 메서드로 BubbleChart 오브젝트인 chart에 추가함으로써 여러 개의 계열(Series)을 가지는 버블 차트가 됩니다(15번째 행). 버블 색은 계열별로 자동으로 바뀝니다.

또한, title에 ws.cell(row, 1).value로 점포명을 지정함으로써 점포명이 범례가 됩니다.

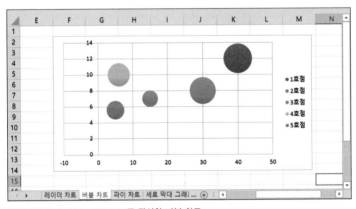

그림 10-7-2   bubble_chart.py로 작성한 버블 차트

테이블, 인쇄, 그 밖의 처리

11-1 CSV 파일로 저장한다

추가로 사용하는 라이브러리 : csv

```
101: sheet2csv_01.py

01  import openpyxl
02  import csv
03
04
05  wb = openpyxl.load_workbook(r"..\data\sample11_1.xlsx")
06  ws = wb["매출명세"]
07
08  with open(r"..\data\sample11_1.csv","w",encoding="utf_8_sig") as fp:
09      writer = csv.writer(fp, lineterminator="\n")
10      for row in ws.rows:
11          values = []
12          for cell in row:
13              values.append(cell.value)
14          writer.writerow(values)
```

Excel 파일을 CSV 파일로 저장하는 방법을 설명합니다. 알고 있는 분도 많을 것 같지만 CSV는 Comma Separated Value의 약자입니다.

Comma(콤마)로 Separated(구분된) Value(값)라는 의미입니다. CSV 파일의 확장자는 csv이지만 텍스트 파일이므로 메모장 등의 텍스트 에디터로 열 수 있고 Excel로도 열 수 있습니다. Excel 데이터와 같은 자체 형식의 파일이라도 일단 CSV 파일로 저장함으로써 다른 데이터베이스 소프트웨어나 업무용 소프트웨어 등 다른 어플리케이션과의 사이에서 데이터 교환을 할 수 있습니다.

여기에서는 다음과 같은 매출명세가 입력되어 있는 시트를 읽어 들이고, CSV 파일로 출력하는 것을 생각해 봅시다. 이 데이터는 샘플 파일의 북 「sample11_1」의 시트 「매출명세」에 준비되어 있습니다.

	D	E	F	G	H	I	J	K	L	M
1	거래처명	담당자 코드	담당자명	명세 No	상품 코드	품명	수량	단가	금액	
2	현대상사	1001	이수지	1	W1100001201	드레스셔츠 S	30	2,560	76,800	
3	현대상사	1001	이수지	2	W1100001202	드레스셔츠 M	15	2,560	38,400	
4	현대상사	1001	이수지	3	W1100001203	드레스셔츠 L	10	2,560	25,600	
5	현대상사	1001	이수지	4	W1100001101	와이셔츠 S	20	2,100	42,000	
6	현대상사	1001	이수지	5	W1100001102	와이셔츠 M	20	2,100	42,000	

그림 11-1-1   매출명세를 기입한 시트

이 데이터를 CSV에 쓰는 프로그램이 sheet2csv_01.py입니다. 이 프로그램에서
는 Excel 파일을 다루는 openpyxl 패키지에 더하여 csv 모델을 임포트합니다(2번
째 행). csv는 표준 라이브러리이므로 특별히 임포트하지 않아도 됩니다. csv 모듈
을 사용함으로써 Python 프로그램으로 CSV를 읽고 쓸 수 있습니다.

5번째 행에서 sample11_1.xlsx를 변수 wb에 읽어 들이고 6번째 행에서 더욱이

ws = wb[" 매출명세 "]

로 변수 ws로 대입함으로써 「매출명세」 키워드·오브젝트를 ws에 취득합니다. 여기
까지는 지금까지 몇 번이나 봐온 코드입니다. 이후의 코드는 실질적으로 9행으로 기
술은 짧지만 매우 Python다운 특징이 단적으로 나타나 있는 코드입니다. 그럼, 차
분히 음미해 봅시다.

CSV를 출력하려면 먼저 출력하는 파일을 open(오픈)합니다. 이것이 8번째 행입
니다. 파일을 open했으면 반드시 close(클로즈)해야 하지만 open할 때에 with를
지정하면 사용이 끝난 후 자동으로 close해 줍니다. 그러므로 close 기술을 잊어버
리거나 잘못 기술해서 다음에 오류를 수정해야 하는 수고를 덜 수 있습니다. 이것은
CSV 파일에 한정하지 않고 외부 파일 전반에 사용할 수 있는 방법입니다.

8번째 행을 좀 더 자세히 살펴봅시다. open 인수로서 출력하는 파일명과 모드,
인코딩(encoding)을 지정합니다. 모드의 w는 써넣기를 의미합니다. 인코딩은 글
자가 깨지지 않도록 BOM이 있는 UTF-8를 나타내는 utf_8_sig를 지정합니다.
BOM이란 바이트 오더 마크(byte order mark)를 말하며 Unicode(유니코드)로
부호화한 텍스트의 앞에 부여되는 몇 바이트의 데이터입니다. BOM에 의해 Excel

은 Unicode의 부호화 방식이 UTF-8인지 UTF-16인지 UTF-32인지를 판단합니다. 여러 가지 지정을 할 수 있는데 지금 단계에서는 Unicode에 대해서 인코딩에는 utf_8_sig를 지정한다고 기억해 둡시다.

8번째 행의 끝에 as fp가 있는 것은 이렇게 open한 CSV 파일을 fp(파일 포인터)로서 취득하기 위해서입니다. 이 fp를 이어서 9번째 행 csv.writer 오브젝트의 메서드로 써넣는 대상의 파일로 지정합니다.

이 메서드의 2번째 인수인

```
lineterminator="\n"
```

로 CSV 파일의 줄바꿈 코드를 지정합니다. 여기도 줄바꿈 코드를 특별히 지정할 필요가 없는 경우는 \n을 지정하도록 합니다.

10번째 행의

```
for row in ws.rows
```

로 매출명세 데이터의 리스트로부터 각 행을 취득하고, writer.writerow( )로 써넣습니다.

11번째 행의

```
values = [ ]
```

로서 초기화한 values는 리스트입니다. 리스트는 다른 프로그래밍 언어에서 말하는 배열과 비슷하며 이터러블한 오브젝트입니다. 이터러블 오브젝트란 반복 처리를 할 수 있는 오브젝트입니다.

Python에서는 리스트나 튜플, 문자열 등이 이터러블 오브젝트입니다.

다음의 12번째 행에서는

```
for cell in row
```

로 꺼낸 셀의 값을 values.append 메서드로 values 리스트에 추가합니다. 그리고

14번째 행의 writerow 메서드가 1행만큼의 데이터를 vaules에 꺼낸 데서 이 리스트를 CSV에 1행만큼의 데이터로서 출력합니다.

이렇게 작성된 CSV 파일은 다음과 같습니다.

코드11-1-1　작성된 CSV 파일(sample_11_1.csv)

```
01  전표 No,날짜,거래처 코드,거래처명,담당자 코드,담당자명,명세 No,상품 코드,품
    명,수량,단가,금액
02  1010981,2021-10-15 0:00,1,현대상사,1001,이수지,1,W1100001201,드레스셔
    츠 S,30,2560,76800
03  1010981,2021-10-15 0:00,1,현대상사,1001,이수지,2,W1100001202,드레스셔
    츠 M,15,2560,38400
04  1010981,2021-10-15 0:00,1,현대상사,1001,이수지,3,W1100001203,드레스셔
    츠 L,10,2560,25600
05  1010981,2021-10-15 0:00,1,현대상사,1001,이수지,4,W1100001101,와이셔츠
    S,20,2100,42000
06  1010981,2021-10-15 0:00,1,현대상사,1001,이수지,5,W1100001102,와이셔츠
    M,20,2100,42000
```

동작을 이해하기 쉽도록 프로그래밍했기 때문에 sheet2csv_01.py는 사실은 조금 장황한 코드로 되어 있습니다. 그래서 보다 Python다운 스마트한 코딩의 예를 봅시다.

코드 11-1-2 리스트 내포 표기를 사용한 CSV 쓰기 프로그램

```
102: sheet2csv_02.py

01   import openpyxl
02   import csv    # 표준 라이브러리
03
04
05   wb = openpyxl.load_workbook(r"..\data\sample11_1.xlsx")
06   ws = wb["매출명세"]
07
08   with open(r"..\data\sample11_1.csv","w",encoding="utf_8_sig") as fp:
09       writer = csv.writer(fp, lineterminator="\n")
10       for row in ws.rows:
11           writer.writerow([col.value for col in row])
                 #리스트 내포 표기
```

주목할 것은 11번째 행입니다.

[col.value for col in row]

와 같은 기술을 「리스트 내포 표기」라고 합니다. row부터 col(컬럼)을 꺼내고 꺼낸 값을 그대로 리스트의 요소로서 전개한다는 의미입니다. [와]로 감싸져 있기 때문에 꺼낸 값은 리스트로서 전개됩니다. sheet2csv_01.py의 12번째 행에 있는

for cell in row:

처럼 for 문을 사용할 필요가 없어졌으므로 보다 간략하게 기술할 수 있습니다. 그 단적인 예가 11번째 행 이후의 기술이 1행으로 끝난 부분입니다. 그 차이를 비교해 보세요.

리스트 내포 표기의 기본적인 작성법은

[식 for 변수명 in 이터러블 오브젝트]

와 같습니다.

11-2 테이블로서 서식 설정한다

103: set_table_01.py

```
01  import openpyxl
02  from openpyxl.worksheet.table import Table, TableStyleInfo
03
04
05  wb = openpyxl.load_workbook(r"..\data\sample11_2.xlsx")
06  ws = wb["매출명세"]
07
08  table = Table(displayName="Table1", ref="A1:L8")
09  table_style = TableStyleInfo(name="TableStyleMedium2",
        showRowStripes=True)
10
11  table.tableStyleInfo = table_style
12  ws.add_table(table)
13
14
15  wb.save(r"..\data\sample11_2_new.xlsx")
```

테이블의 작성도 Python으로 해봅시다. 시트상의 표를 테이블로 변환하면 데이터
가 잘 보일 뿐만 아니라 필터에 의한 추출이나 정렬을 간단하게 실행할 수 있습니다.
여기에서는 다음과 같은 데이터(북「sample11_2」의 시트「매출전표」)를 테이블로서
서식 설정해 보려고 합니다.

346

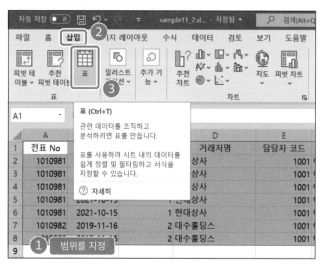

A	B	C	D	E	F	G	H	I	J	K	L
전표 No	날짜	거래처 코드	거래처명	담당자 코드	담당자명	명세 No	상품 코드	품명	수량	단가	금액
1010981	2021-10-15	1	현대상사	1001	이수지	1	W1100001201	드레스셔츠 S	30	2,560	76,800
1010981	2021-10-15	1	현대상사	1001	이수지	2	W1100001202	드레스셔츠 M	15	2,560	38,400
1010981	2021-10-15	1	현대상사	1001	이수지	3	W1100001203	드레스셔츠 L	10	2,560	25,600
1010981	2021-10-15	1	현대상사	1001	이수지	4	W1100001101	와이셔츠 S	20	2,100	42,000
1010981	2021-10-15	1	현대상사	1001	이수지	5	W1100001102	와이셔츠 M	20	2,100	42,000
1010982	2019-11-16	2	대수홀딩스	1001	이수지	1	W1200001201	캐쥬얼셔츠 S	50	1,890	94,500
1010982	2019-11-16	2	대수홀딩스	1001	이수지	2	W1200001202	캐쥬얼셔츠 M	30	1,890	56,700

그림 11-2-1 테이블로 하는 이전의 목록 표

먼저 Excel에서 테이블을 설정하는 조작 순서를 정리합니다.

테이블에 셀 범위를 헤더행(항목명)도 포함해서 선택하고[*1], 「삽입」 탭의 「테이블」을 선택합니다.

그림 11-2-2 데이터를 지정하고 「삽입」 탭의 「테이블」을 클릭

「테이블의 작성」 대화상자 박스에서 데이터 범위를 확인하고 「OK」를 클릭합니다.

---

*1 데이터로서 합쳐져 있으면 범위 내 임의의 셀을 선택하기만 해도 됩니다.

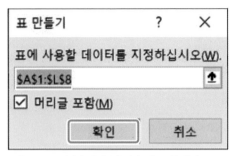

그림 11-2-3 데이터 범위를 확인하고 「OK」를 클릭

이로써 테이블이 작성되었습니다.

전표 N	날짜	거래처 코드	거래처명	담당자 코드	담당자명	명세 N	상품 코드	품명	수량	단가	금액
1010981	2021-10-15	1 현대상사		1001 이수지		1 W1100001201	드레스셔츠 S		30	2,560	76,800
1010981	2021-10-15	1 현대상사		1001 이수지		2 W1100001202	드레스셔츠 M		15	2,560	38,400
1010981	2021-10-15	1 현대상사		1001 이수지		3 W1100001203	드레스셔츠 L		10	2,560	25,600
1010981	2021-10-15	1 현대상사		1001 이수지		4 W1100001101	와이셔츠 S		20	2,100	42,000
1010981	2021-10-15	1 현대상사		1001 이수지		5 W1100001102	와이셔츠 M		20	2,100	42,000
1010982	2019-11-16	2 대우홀딩스		1001 이수지		1 W1200001201	캐쥬얼셔츠 S		50	1,890	94,500
1010982	2019-11-16	2 대우홀딩스		1001 이수지		2 W1200001202	캐쥬얼셔츠 M		30	1,890	56,700

그림 11-2-4 셀 범위가 테이블로 변환되었다

이로써 상품 코드로 나열하거나 필터를 사용해서 행의 범위를 좁히는 것을 간단하게 할 수 있습니다. 또한 1행 간격으로 옅은 배경색으로 목록표로서도 보기 좋습니다.

그림 11-2-5 나열이나 필터의 적용을 간단하게

이 테이블을 프로그램으로 작성해 봅시다[2]. 앞의 set_table_01.py이 그 프로그램입니다.

테이블을 작성하려면 openpyxl.worksheet.table 모듈로부터 Table 클래스와 TableStyleInfo 클래스를 임포트합니다(2번째 행).

Table 클래스를 이용해서 Table 오브젝트를 만드는 것이 8번째 행입니다. Table 오브젝트 변수 table을 작성할 때 인수 displayName에 테이블명을, ref 인수에 테이블로 하는 범위를 전달합니다.

TableStyleInfo 클래스를 사용하여 TableStyleInfo 오브젝트를 만드는 것이 그 다음의 행입니다. TableStyleInfo 오브젝트 변수 table_style 작성 시에는 name 인수에 테이블 스타일을 설정합니다.

테이블 스타일은 풍부하게 준비되어 있습니다. 테이블 디자인의 표 스타일에서 선택할 수 있는 스타일과 대응하고 있는 것 같습니다. TableStyleMedium2를 지정하면 Excel의 조작으로 「테이블 디자인」(「홈」 탭)을 선택했을 때에 표 스타일 목록에 표시되는 「중간」의 가장 위, 왼쪽부터 2번째 행의 스타일이 적용되었습니다. 스타일 명으로 말하면 「파랑, 표 스타일 보통 2」가 해당합니다.

CHAPTER 11 테이블, 인쇄, 그 밖의 처리

*2 실제로 Excel을 조작하여 샘플 데이터로 테이블을 작성한 경우는 여기에서 해제하세요. 그러기 위해서는 테이블 내의 임의의 셀을 선택하고 「테이블 디자인」의 「도구」 탭을 선택한 후 「범위로 변환」을 실행합니다.

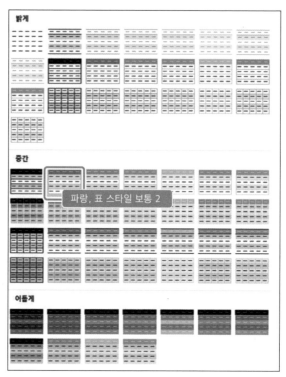

그림 11-2-6 Excel에서 「테이블로서 서식 지정」한 경우의
TableStyleMedium2

비교 예로서 name에 TableStyleLight3을 지정한 경우의 테이블도 보세요.

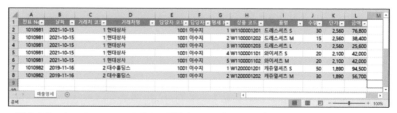

그림 11-2-7 TableStyleLight3은 「옅은 주황색, 표 스타일 밝게 3」에 해당

「옅은 주황색, 테이블 스타일(회색)3」이 적용된 것과 같은 스타일이 되었습니다.

TableStyleInfo 오렌지의 또 다른 인수 showRowStripes로는 1행마다 패턴을 설

정합니다. 여기를 True로 만들면 행이 패턴으로 표시됩니다.

또한, 이 프로그램에서는 테이블 스타일을 바꿔서 몇 번이라도 시도할 수 있도록 읽어 들인 Excel 파일을 덮어쓰지 않고 sample11_2_new.xlsx로 다른 이름으로 저장합니다.

11-3 페이지 나누기를 삽입한다

```
104: page_break_01.py

01   import openpyxl
02   from openpyxl.worksheet.pagebreak import Break
03
04
05   wb = openpyxl.load_workbook(r"..\data\sample11_4.xlsx")
06   ws = wb["인쇄용"]
07
08   for i in range(1,12):
09       page_break = Break(i * 20)
10       ws.row_breaks.append(page_break)
11
12   wb.save(r"..\data\sample11_4.xlsx")
```

1장의 시트를 끝내기 좋은 곳에 구분을 넣는 방법의 하나가 페이지 나누기의 삽
입입니다. 특히 인쇄하는 것을 전제로 한 문서의 경우에 유용합니다.

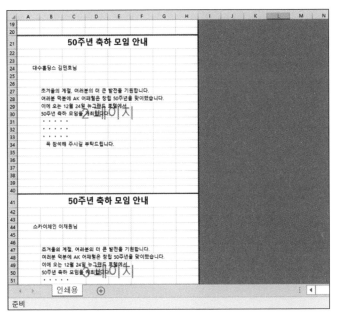

그림 11-3-1 페이지를 구분한 문서를 「페이지 나누기 미리보기」로 표시한 것

여기에서는 수신지별로 거래처 이름을 넣은 이벤트 안내문을 Excel 문서로 작성한 것이 있다고 가정하고 이것을 구분하기 좋게 일정 행마다 페이지 나누기를 삽입하는 프로그램을 생각해 봅시다. 샘플로 하는 데이터는 북 「sample11_3」의 시트 「인쇄용」에 있습니다. 이 시트에는 같은 안내 문서를 11명 고객 앞으로 작성합니다. 안내문은 같기 때문에 20행마다 페이지 나누기를 삽입하려고 합니다. 그것을 실현하는 것이 앞의 프로그램입니다.

페이지 나누기를 삽입하려면 openpyxl.worksheet.pagebreak 모듈로부터 Break 클래스를 임포트하면 좋을 것입니다(2번째 행).

페이지 나누기를 삽입하는 처리는 8번째 행부터 시작됩니다. 그 8번째 행에서는

```
for in range(1,12):
```

에 의한 반복 처리로 페이지 브레이크 포인트를 수신지의 수에 맞춰 작성합니다. range 함수에 시작값과 종료값을 주면 이 코드에서는 1 ≦ i < 12의 범위로 Break

오브젝트가 작성됩니다.

Break 오브젝트를 만들고 있는 것이 9번째 행입니다. 안내문은 20행으로 하나의 단락이므로 i번째의 문서에 넣는 페이지 나누기는 ix20번째 행인 계산입니다. 이것을

Break(i * 20)

의 인수에 있는 「i * 20」로 나타냅니다. 이 Break 오브젝트를 10번째 행에서 키워드의 row_breaks에 append( )합니다. 이로써 시트 내에서 페이지 나누기를 삽입하는 위치가 전부 정해졌습니다. 마지막에 북을 저장하면 페이지 나누기된 상태가 저장됩니다(12번째 행).

또한, 페이지 나누기를 해제하려면 「페이지 레이아웃」 탭의 「나누기」를 클릭해 표시되는 메뉴로부터 「페이지 나누기 모두 원래대로」를 선택하세요.

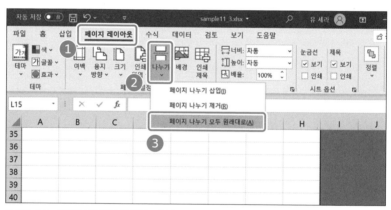

그림 11-3-2　페이지 나누기를 해제하는 순서

11-4 인쇄 설정을 한다

```
01    import openpyxl
02
03
04    wb = openpyxl.load_workbook(r"..\data\sample11_4.xlsx")
05    ws = wb["장 구성 "]
06
07    ws.oddHeader.left.text = "&D"
08    ws.oddHeader.center.text = "&F"
09    ws.oddHeader.right.text = "&A"
10
11    ws.oddFooter.center.text = "&P / &N페이지 "
12
13    wb.save(r"..\data\sample11_4_new.xlsx")
```

Excel 인쇄는 의외로 번거롭습니다. 그렇게 느끼는 것은 필자뿐만이 아닐 것 같은데 여러분은 어떠신가요?

헤더, 푸터 설정이 좀 번거롭거나 표를 전부 인쇄하려고 하니 오른쪽 열만 다음 페이지로 넘어가 버린다, 시트의 일부만 인쇄하고 싶은데 용지의 왼쪽 위부분에 작게 인쇄되어 버리던가 생각한 대로는 인쇄할 수 없는 경우가 자주 있습니다. 항상 사전에 설정을 확인·변경하고 나서 인쇄하면 되지만 좀처럼 그렇게 되지 않습니다.

특정 인쇄 설정이 정해져 있는 거라면 그것을 프로그램으로 해 두면, 함께 인쇄 설정을 적용할 수 있습니다. 이거면 설정 항목이 다방면에 걸쳐도 프로그램을 실행하는 것만으로 끝납니다. 이로써 인쇄 실수를 줄일 수 있는 분도 많지 않을까요?

여기에서는 인쇄에 자주 사용하는 설정 항목별로 프로그램을 생각했습니다. 필요한 기능을 모아서 합친 프로그램의 형태로 응용하고 나만의 인쇄 설정 프로그램을 만드세요.

여기에서 샘플로 한 데이터는 북 「sample11_4」의 시트 「장 구성」입니다. 이 시트를 대상으로 인쇄 설정을 합니다. 덧붙여서 이 데이터는 이 책의 구성을 생각할 때 만든 시트입니다[1].

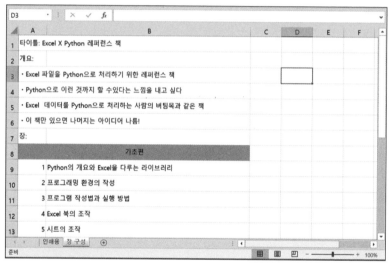

그림 11-4-1 북 「sample11_4」의 시트 「장 구성」

이전 페이지의 print_setting_01.py는 머리글, 바닥글을 설정하는 프로그램입니다. 먼저 이 설정부터 살펴봅시다.

알고 있는 것처럼 머리글, 바닥글은 왼쪽(left), 가운데 구역(center), 오른쪽(right)의 3부분으로 나눠집니다.

---

[1] 이 책의 기획 단계에서 생각한 장 구성입니다. 실제의 구성과 다른 점은 양해 부탁드립니다.

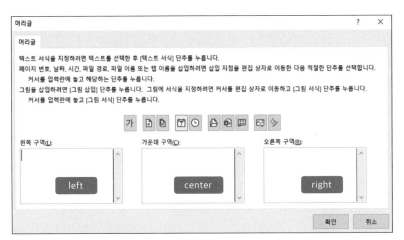

그림 11-4-2 Excel에서 설정하는 경우의 헤더

이것을 Python으로 설정하는 것이 7~9번째 행입니다. 7번째 행의

```
07    ws.oddHeader.left.text = "&D"
```

처럼 헤더에 인쇄하는 항목을 지정합니다. oddHeader와 evenHeader를 이용할 수 있는데 oddHeader로 지정하면 표시됩니다[2].

헤더/푸터로서는 &D는 현재의 날짜(7번째 행), &F는 파일명(8번째 행), &A는 시트 표제(9번째 행)를 각각 지정할 수 있습니다. 덧붙여서 인쇄 시각을 표시하고 싶을 때는 &T를 지정합니다. 11번째 행에서 푸터로 지정하고 있는 &P는 페이지 번호, &N은 총 페이지 수입니다.

헤더, 푸터를 설정한 결과는 sample11_4_new.xlsx 파일에 저장하였는데, 프로그램 실행 후에 이 파일을 열고, 「보기」 탭→「페이지 레이아웃」에서 시트 표시를 확인하면 다음과 같이 헤더, 푸터가 설정됩니다.

CHAPTER 11

테이블, 인쇄, 그 밖의 처리

---

*2 상세한 사양이 밝혀지지는 않았지만 oddHeader가 홀수 페이지용, evenHeader가 짝수 페이지용으로 이 문서는 1장의 용지에 인쇄할 수 있는 분량이므로 odd Header로 설정해야 하는 것이 아닐까라고 추측합니다.

그림 11-4-3　sample11_4_new.xlsx의 헤더

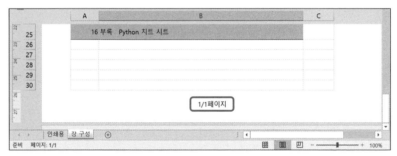

그림 11-4-4　sample11_4_new.xlsx의 푸터

　다음은 인쇄가 여러 페이지로 나눠졌을 때에 특정 행을 전체 페이지로 인쇄하는 설정을 소개합니다. 다음의 print_setting_02.py에서는 그것 외에 용지의 인쇄 방향, 용지 크기도 지정합니다.

코드 11-4-1　표제 행을 전체 페이지에 넣고 인쇄 방향, 용지 크기도 지정한다

```
106: print_setting_02.py

01    import openpyxl
02
03
```

```
04    wb = openpyxl.load_workbook(r"..\data\sample11_5.xlsx")
05    ws = wb["장 구성"]
06
07    ws.print_title_rows = "1:1"
08    ws.page_setup.orientation = "landscape"
09    ws.page_setup.paperSize = ws.PAPERSIZE_A4
10
11    wb.save(r"..\data\sample11_5_new.xlsx")
```

7번째 행을 보세요. 여기가 전체 페이지에 표시되는 표제 행의 설정입니다. 워크
시트 오브젝트 변수 ws의 print_title_rows에 지정한 1:1로 시트의 1번째 행째부터
1번째 행째까지가 타이틀행으로 각 페이지에 인쇄됩니다. 1:2로 지정하면 이번에는
1번째 행부터 2번째 행까지가 타이틀 행이 됩니다.

다음 행(8번째 행)의 page_setup.orientation으로 인쇄 방향을 지정합니다.
landscape가 가로 방향, portrait가 세로 방향입니다. 9번째 행의 page_setup.
paperSize에는 용지 크기를 상수로 지정할 수 있습니다. 용지 크기의 상수에는
PAPERSIZE_A4, PAPERSIZE_A3 등이 준비되어 있습니다. 이 프로그램에서는 A4
용지를 가로 방향으로 사용해 인쇄하도록 기술했습니다.

여기에서 프로그램을 실행 후의 북을 열고 인쇄 미리보기로 올바르게 설정되었는
지 확인합시다.

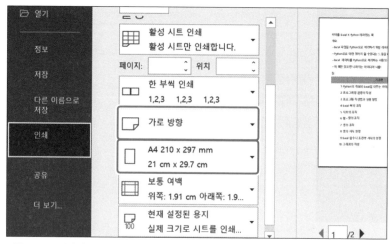

그림 11-4-5　인쇄 방향은 가로 방향, 용지는 A4로 설정했다

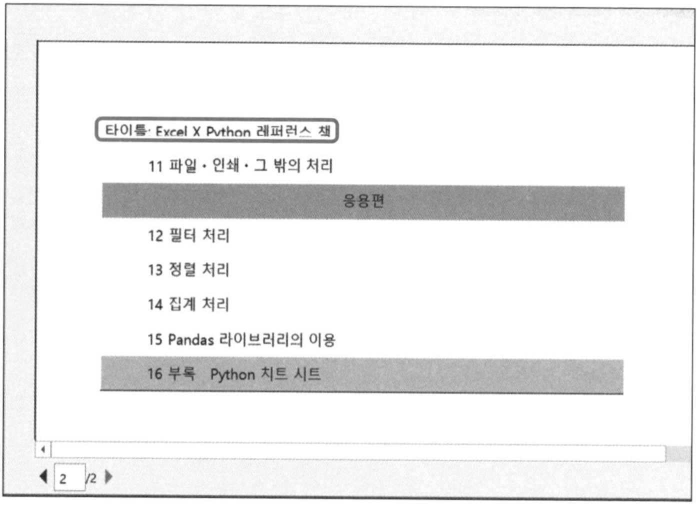

타이틀: Excel X Python 레퍼런스 책

11 파일·인쇄·그 밖의 처리

응용편

12 필터 처리

13 정렬 처리

14 집계 처리

15 Pandas 라이브러리의 이용

16 부록　Python 치트 시트

그림 11-4-6　2페이지째에도 타이틀: Excel X Python 레퍼런스 북이 표시되어 있다

다음은 인쇄 범위의 폭이 너무 넓어서 그대로 인쇄하면 밀려나오는 경우의 대응입니다.

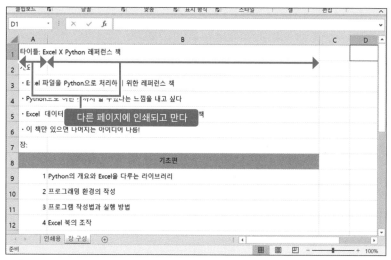

그림 11-4-7　인쇄 범위로부터 오른쪽의 열이 밀려나오고 마는 시트

B 열에 더 많은 글자가 입력될 거라고 생각해서 열 폭을 넓혔는데 그 탓에 전체의 열이 1장의 용지에는 들어가지 않게 되었습니다. 인쇄 페이지의 구분을 나타내는 점선이 2개 있듯이 그대로 인쇄하면 2페이지로 나눠집니다.

그래서 프로그램으로 가로 방향, 즉 모든 열이 한 페이지에 들어갈 수 있도록 축소 인쇄를 설정합니다.

코드 11-4-2　전체의 열을 1페이지로 인쇄하는 설정

```python
107: print_setting_03.py

01    import openpyxl

02

03

04    wb = openpyxl.load_workbook(r"..\data\sample11_5.xlsx")

05    ws = wb["장 구성 2"]

06

07    ws.page_setup.orientation = "portrait"

08    ws.page_setup.fitToWidth = 1
```

```
09    ws.page_setup.fitToHeight = 0
10    ws.sheet_properties.pageSetUpPr.fitToPage = True
11
12    wb.save(r"..\data\sample11_5_new.xlsx")
```

인쇄 방향을 설정하는 page_setup.orientation은 portrait(세로)로 합니다(7번째 행). 8번째 행의

```
08    page_setup.fitToWidth = 1
```

이 「전체 열을 1페이지로 인쇄」하는 지정입니다. 다음 행의

```
09    page_setup.fitToHeight = 0
```

는 세로는 지정하지 않음(자동)입니다. 이로써 가로 방향은 분할되지 않고 인쇄할 수 있게 되었습니다.

10번째 행의

sheet_properties.pageSetUpPr.fitToPage

를 True로 함으로써 fitToWidth와 fitToHeight 지정이 유효가 되었습니다.

이것을 실행 후, 인쇄 미리보기를 살펴봅시다.

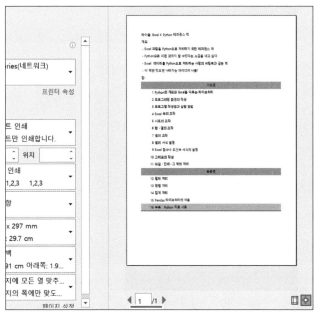

그림11-4-8 인쇄 미리보기로 잘 출력될지 확인한다

이것으로 전체 열이 1페이지로 인쇄할 수 있게 되었음을 알 수 있습니다.

인쇄 마지막의 샘플은 시트 전체가 아닌 인쇄 범위를 지정하여 인쇄하는 경우입니다. 특정 셀 범위만을 수평방향, 수직방향 모두 용지의 중앙에 인쇄하고 싶을 때의 설정입니다.

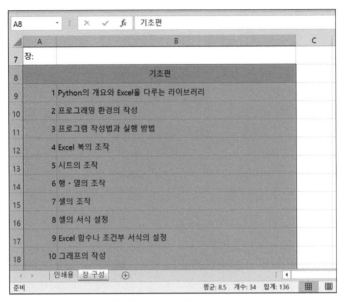

그림11-4-9 특정한 범위만을 용지 중앙에 인쇄하고 싶다

이것은 다음 프로그램을 보세요.

코드11-4-3 일부 범위를 지정한 위치에 인쇄

```
108: print_setting_04.py

01  import openpyxl
02
03
04  wb = openpyxl.load_workbook(r"..₩data₩sample11_5.xlsx")
05  ws = wb["장 구성"]
06
07  ws.print_area = "A8:B25"
08  ws.print_options.horizontalCentered = True
09  ws.print_options.verticalCentered = True
```

```
10
11   wb.save(r"..₩data₩sample11_5_new.xlsx")
```

셀의 범위를 지정하는 것은 7번째 행입니다.

```
07   ws.print_area = "A8:B25"
```

라고 기술해서 인쇄 범위를 지정합니다.

　인쇄 범위가 용지 크기에 비해 작은 것을 알고 있으므로 여기에서는 용지의 중앙에 인쇄하려고 합니다. 그래서 인쇄 위치를 8번째 행, 9번째 행처럼 print_options.horizontalCentered로 수평방향의 가운데 맞춤, 마찬가지로 verticalCentered로 수직방향의 가운데 맞춤을 설정합니다. 이로써 가로 위치, 세로 위치 모두 가운데로 맞춰집니다.

　이것을 실행하고 북의 인쇄 미리보기를 봅시다.

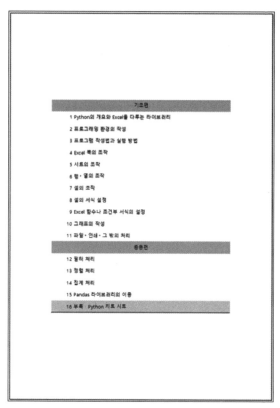

그림 11-4-10　지정한 범위를 센터링해서 인쇄하는 설정

　덧붙여 이렇게 설정한 인쇄 범위를 Excel에서 해제하려면 「페이지 레이아웃」 탭의 「인쇄 영역」을 선택하고 표시되는 메뉴로부터 「인쇄 영역 해제」를 클릭합니다.

【응용】
필터, 정렬, 집계

12-1 if문으로 추출한다

```
01    import openpyxl
02
03
04    wb = openpyxl.load_workbook(r"..\data\sample12_1.xlsx")
05    ws = wb["매출명세"]
06
07    for row in range(2, ws.max_row + 1):
       if ws["I" + str(row)].value == "드레스셔츠 S" or \
08                ws["I" + str(row)].value == "드레스셔츠 M" or \
09                ws["I" + str(row)].value == "드레스셔츠 L":
10                print(ws["H" + str(row)].value, ws["I" +
                  str(row)].value)
```

많은 양의 데이터로부터 어떤 기준으로 데이터를 선택하는 것을 추출 처리(필터 처리)라고 합니다. 다음과 같은 매출명세의 데이터가 있다고 합시다.

	A	B	C	D	E	F	G	H	I	J	K	L	M
1	전표No	날짜	거래처 코드	거래처명	담당자 코드	담당자명	명세No	상품 코드	품명	수량	단가	금액	
2	1010981	2021-10-15	1	현대상사	1001	이수지	1	W1100001201	드레스셔츠 S	30	2,560	76,800	
3	1010981	2021-10-15	1	현대상사	1001	이수지	2	W1100001202	드레스셔츠 M	15	2,560	38,400	
4	1010981	2021-10-15	1	현대상사	1001	이수지	3	W1100001203	드레스셔츠 L	10	2,560	25,600	
5	1010981	2021-10-15	1	현대상사	1001	이수지	4	W1100001101	와이셔츠 S	20	2,100	42,000	
6	1010981	2021-10-15	1	현대상사	1001	이수지	5	W1100001102	와이셔츠 M	20	2,100	42,000	
7	1010982	2021-11-16	2	대수홀딩스	1001	김민호	1	W1200001201	캐주얼셔츠 S	50	1,890	94,500	
8	1010982	2021-11-16	2	대수홀딩스	1001	김민호	2	W1200001202	캐주얼셔츠 M	30	1,890	56,700	
9	1010983	2021-11-17	3	스카이체인	1002	이재원	1	W1100001201	드레스셔츠 S	20	2,560	51,200	
10	1010983	2021-11-17	3	스카이체인	1002	이재원	2	W1100001202	드레스셔츠 M	20	2,560	51,200	
11	1010983	2021-11-17	3	스카이체인	1002	이재원	3	W1100001203	드레스셔츠 L	30	2,560	76,800	
12	1010984	2021-11-18	4	SEOUL BASE	1003	이미나	1	W1100001101	와이셔츠 S	50	2,100	105,000	
13	1010984	2021-11-18	4	SEOUL BASE	1003	이미나	2	W1100001102	와이셔츠 M	60	2,100	126,000	
14	1010985	2021-11-20	1	현대상사	1001	이수지	1	W1100001201	드레스셔츠 S	10	2,560	25,600	
15	1010985	2021-11-20	1	현대상사	1001	이수지	2	W1100001202	드레스셔츠 M	15	2,560	38,400	
16	1010985	2021-11-20	1	현대상사	1001	이수지	3	W1100001203	드레스셔츠 L	20	2,560	51,200	
17													
18													
19													
20													
21													

그림 12-1-1 원본 데이터가 되는 매출명세 목록(북 「sample12_1」의 시트 「매출명세」)

이 시트처럼 목록 형식으로 데이터를 입력하고 있고, 항목명이 설정되어 있으면
Excel 필터 기능으로 데이터를 추출할 수 있습니다.

그러기 위해서는 표 내의 임의의 셀을 선택하고 「데이터」 탭으로부터 필터의 「고
급」을 선택합니다. 그러면 「고급 필터」 대화상자 박스가 열리므로 해당하는 범위가
항목명의 셀도 포함되어 있는 상태로 선택되어 있는 것을 확인하고, 목록 범위로 지
정합니다. 이로써 각 항목에서 필터 처리를 할 수 있습니다.

그러기 위해서는 표 내의 임의의 셀을 선택하고 「데이터」 탭으로부터 「필터」를 클
릭합니다. 그러면 각 항목에서 필터 처리를 할 수 있습니다.

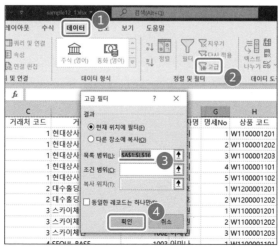

그림 12-1-2 「고급 필터 설정」 대화상자 박스에서 목록 범위를 확인하고
「확인」 버튼

이로써 각 항목의 오른쪽에 있는 삼각형 마크 버튼을 클릭해서 필터를 걸 수 있습니다.

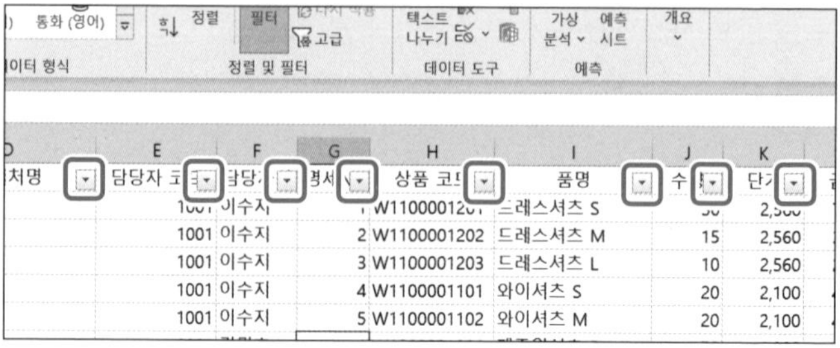

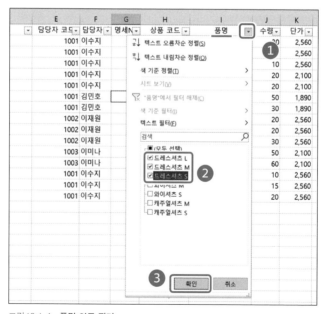

그림 12-1-3 각 항목명에 아래 방향의 삼각형 버튼이 붙어서 필터 처리를 할 수 있다

예를 들어, 품명열에서 「드레스셔츠」만으로 축소해 봅시다. 그러려면 「모두 선택」의 체크를 오프로 합니다. 다음으로 드레스셔츠는 L, M, S와 크기별로 3종류가 있으므로 그 전체에 체크를 합니다.

그림 12-1-4 **품명 열로 필터**

이로써 드레스셔츠로 축소할 수 있었습니다.

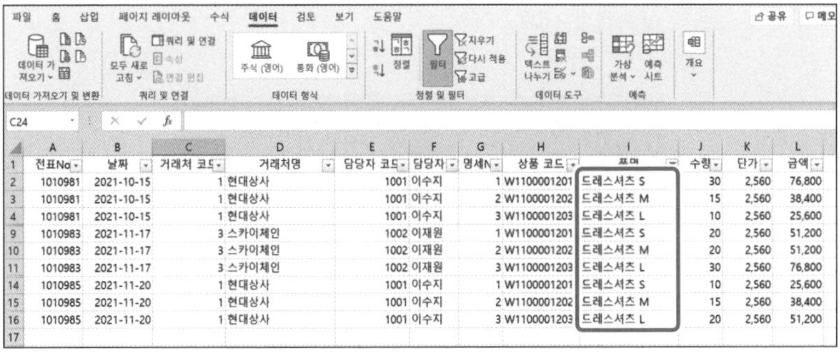

그림 12-1-5 드레스셔츠만이 추출되었다

이로써 드레스셔츠만 추출된 것인데 시험삼아 이 상태에서 북을 저장하고 Python 프로그램으로 시트 「매출명세」를 읽어오면 전체 데이터를 읽어 들입니다. 즉, Excel 상에서는 필터 대상의 데이터만 표시되어 있지만 북으로서는 전체 데이터가 있는 상태이므로 Python에서는 필터에 의해 표시되지 않는 데이터도 축소하고 맙니다. 그러므로 추출한 데이터를 프로그램에서 이용하는 경우는 프로그램으로 추출해야 합니다. 물론 Excel상에서 필터된 데이터만 복사해서 다른 시트 등에 붙이고 그것을 저장하면 그 북을 읽어 들여서 추출한 데이터만을 처리할 수 있지만 이왕이면 그 부분도 자동화하려 합니다.

그래서 프로그램으로 추출하는 방법을 살펴봅시다. 앞의 프로그램은 이 데이터에 대해서 「드레스셔츠였다면」이라는 추출 조건은 if 문으로 작성합니다.

시트 「매출명세」로부터 행을 읽어 들이는데 있어서 7번째 행의 for-in 문에서는

range(2, ws.max_row + 1)

이라고 range 함수의 인수에 시작값으로 2, 종료값으로 ws.max_row_1을 지정합니다. range 함수는 시작값 ≦ i < 종료값의 값을 반환했습니다.

종료값의 「+1」은 마지막 행까지 반복 처리의 대상으로 하기 위한 코드입니다.

그리고 다음의 8번째 행부터 각 행의 품명 열(1 열)의 값이 「드레스셔츠 S」와 같은

지 「드레스셔츠 M」과 같은지 또는 「드레스셔츠 L」과 같은지에 대해서 비교 연산자를 사용해서 조사합니다. 8번째 행, 9번째 행의 행 마지막에 있는 or[1]은 「또는」을 의미하는 부울(논리) 연산자입니다.

이 프로그램을 실행해 봅시다.

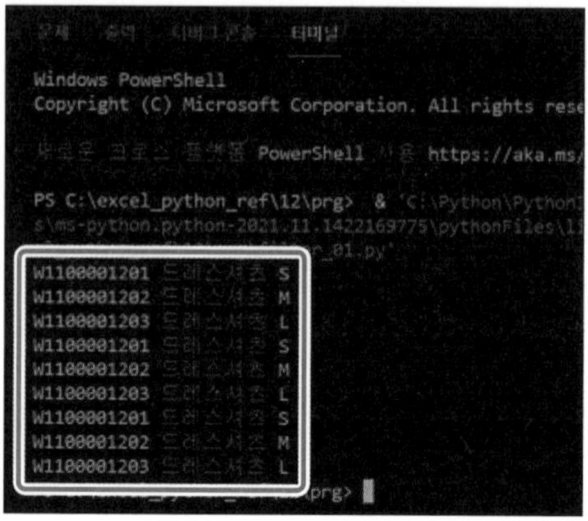

그림 12-1-6   프로그램의 실행 결과

이로써 「드레스셔츠 S」「드레스셔츠 M」「드레스셔츠 L」을 함께 추출할 수 있습니다. 만약 「드레스셔츠 LL」라든지 「드레스셔츠 XL」 등도 포함하고 싶다거나 종류가 늘어나 추출하는 조건이 늘어난 경우라도 기본적인 프로그램은 같습니다. or은 논리합이므로 이 예처럼 or로 연결하여 점점 조건을 늘려가는 것으로 대응할 수 있습니다. 다만 그러면 프로그램으로서는 장황한 작성법이 되고 맙니다. 하나하나 전체의 조건을 열거하는 것이 아니라 「드레스셔츠」로 크기에 상관없이 전부 추출하면 좋겠습니다. 그래서 다음의 「12-2 슬라이스로 추출한다」에서는 Python의 특징적인 기능 「슬라이스」를 사용한 필터링을 소개합니다.

---

*1   or 뒤에 있는 ₩(백슬래시)는 Python의 행 연속자입니다. 줄바꿈을 하지 않고 아직 행이 이어져 있음을 나타냅니다. 환경에 따라서는 ₩ 마크로 표시되기도 합니다.

12-2 슬라이스로 추출한다

```
110: filter_02.py
01    import openpyxl
02
03
04    wb = openpyxl.load_workbook(r"..\data\sample12_2.xlsx")
05    ws = wb["매출명세"]
06
07    for row in range(2, ws.max_row + 1):
08        if ws["I" + str(row)].value[:5] == "드레스셔츠":
09            print(ws["A" + str(row)].value, ws["I" +
              str(row)].value)
```

필터링할 때 데이터의 문자열 일부를 사용하여 추출하고자 하는 경우에 Python의 「슬라이스」라고도 하는 기능을 사용합니다. 예를 들어 「드레스셔츠 S」「드레스셔츠 M」「드레스셔츠 L」이라는 품명이 있을 때 크기를 고려하지 않고 「드레스셔츠」로 필터링하고자 하는 경우에 슬라이스를 사용합니다. 구체적으로 슬라이스를 사용한 프로그램 filter_02.py를 살펴봅시다. 이 프로그램은 「sample12_2」의 시트 「매출전표」로부터 슬라이스를 사용한 품명 열의 값 앞부분부터 5문자가 「드레스셔츠」에 해당하는 데이터를 추출하는 프로그램입니다.

슬라이스를 사용하고 있는 것이 8번째 행입니다. if 문 조건의 기술인 [:5} 부분이 슬라이스입니다.

ws["I" + str(row)].value[:5]

이로써 품명의 위 5자릿수를 꺼내 「드레스셔츠」와 비교합니다[1].

실행 결과를 보면 「12-1 if 문으로 추출한다」의 filter_01.py와 마찬가지로 9건의 「드레스셔츠」로 시작하는 품명이 추출됩니다.

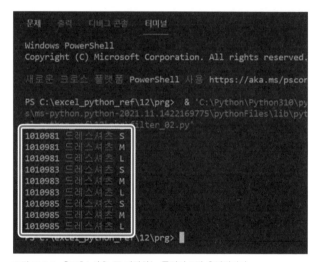

그림 12-2-1 「드레스셔츠」로 시작하는 품명이 9건 출력됩니다

슬라이스(slice)에 대해 좀 더 자세히 설명하려 합니다. 그런데 그 전에 문자열에 대해서도 설명해야 합니다.

문자열(str)형은 시퀀스형으로 분류됩니다. 시퀀스란 여러 개의 값을 순서대로 나열한 것을 한 덩어리로 메모리에 저장하는 데이터 형입니다. 특징으로서는 값인 요소를 순서대로 다루거나 특정의 요소에 인덱스로 접근할 수 있습니다. 다른 프로그래밍 언어에서는 배열이라고 불리는 리스트나 튜플도 시퀀스입니다. 여기에서는 문자열을 다루는 간단한 예를 살펴봅시다.

다음과 같은 프로그램에서 시퀀스 형의 다루는 법을 보세요.

코드 12-2-1   문자열을 시퀀스로 다루는 방법

```
111: str_sample.py

01    str1 = "드레스셔츠"
02    print(type(str1))
03    for char1 in str1:
04            print(char1)
05
06    print(str1[0])
07    print(str1[1])
08    print(str1[2])
```

1번째 행에서 변수 str1에 드레스셔츠라는 문자열을 대입합니다. 다음 실행 결과와 비교하면서 봤으면 하는데 type 함수는 인수의 형을 돌려줍니다. str1을 건네면 〈class 'str'〉로 돌아오므로 변수 str1은 문자열 형입니다. 2번째 행에서는 확인을 위해서 이것을 print 함수로 출력하도록 합니다.

이어지는 3번째 행에서 for in 문으로 str1에서 한 문자씩 변수 char1에 꺼냅니다. 문자열이 시퀀스형이므로 in 연산자의 대상을 문자열로 함으로써 1요소 즉 1문자씩 순서대로 꺼내서 처리합니다.

4번째 행에서는 반복 처리 내에서 꺼낸 문자를 그때마다 출력합니다. 그 실행 결과를 봅시다.

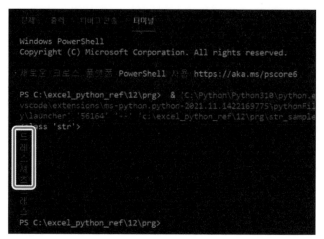

그림12-2-2 「드레스셔츠」가 앞부터 1문자씩 출력되었다

이처럼 「드레스셔츠」가 순서대로 1문자씩 출력됩니다. 문자열은 문자가 순서대로 나열된 시퀀스형이므로 이처럼 순서대로 꺼낼 수 있는 것입니다.

반복 루프로 1문자 꺼내는 것과 마찬가지로 인덱스(첨자)로 시퀀스로부터 문자를 꺼낼 수도 있습니다. str1[0]은 「드」, str1[1]은 「레」…와 같은 식으로 str1[4]면 「츠」와 같은 기술로 문자를 꺼낼 수 있습니다.

문자열을 비롯한 이러한 성질을 가진 시퀀스형이라면 슬라이스로 조작할 수 있습니다. 슬라이스의 기본 구문은

시퀀스[시작값 : 정지값 : 간격]

입니다. 이렇게 인덱스를 지정하여 문자열 부분을 빼낼 수 있습니다. 그때의 인덱스는 시작값 ≦ i 〈 정지값의 범위에서 값을 추출합니다. 처음의 「드」의 인덱스는 0이므로 마지막 (5번째)의 「츠」의 인덱스는 4입니다.

표12-2-1 문자열과 인덱스

문자열	드	레	스	셔	츠
인덱스	0	1	2	3	4

이처럼 인덱스는 0부터 시작하므로

```
print(str1[1:4])
```

로 기술하면 인덱스[1]을 시작값으로 하고, 정지값[4]의 앞까지의 3문자가 대상이 되므로 str1부터 「레스셔」를 추출합니다.

이러한 슬라이스에 의한 기술을 인수로 하여 print 함수를 사용하면 그 결과를 출력할 수 있는 것입니다. 예를 들어

```
print(str1[:3])
```

처럼 정지값만을 지정하면 시작값은 자동적으로 앞의 0이 됩니다. 그러므로 이 코드에서는 인덱스 [0]부터 [2]까지의 3문자 「드레스」를 취득하고 출력합니다.

반대로

```
print(str1[3:])
```

처럼 시작값만을 지정하면 지정한 인덱스[4]부터 마지막까지를 취득하고 「셔츠」라고 출력합니다.

다른 패턴도 봅시다.

```
print(str1[1:4:2])
```

이렇게 기술한 경우, 마지막의 2는 간격을 나타냅니다. 이렇게 지정하면 인덱스 [1]부터 시작해 하나 걸러 [4]의 이전까지를 취득하므로 「레셔」라고 출력합니다. 「드 【레】스 【셔】츠」인 것입니다.

인수의 사용법으로 이렇게 꺼낼 수도 있습니다.

```
print(str1[::-1])
```

이처럼 간격만을 그것도 마이너스로 지정해 봤습니다. 그러면 「츠셔스레드」처럼 문자열을 역순으로 취득할 수 있습니다. 물론 역순일 때도 시작값이나 정지값을 지정할 수 있습니다.

슬라이스를 알았으니, 선택한 데이터를 다른 Excel 파일로 저장하는 프로그램으로 진행해 봅시다.

코드12-2-2 추출한 데이터를 다른 파일에 써낸다

```
112: data_extract_01.py

01  import openpyxl

02

03

04  wb_in = openpyxl.load_workbook(r"..₩data₩sample12_2.xlsx")

05  ws_in = wb_in["매출명세"]

06

07  wb_out = openpyxl.Workbook( )

08  ws_out = wb_out.active

09  list_row = 1

10  for row in ws_in.iter_rows( ):

11      if row[8].value[:5] == "드레스셔츠" or list_row == 1:

12          for cell in row:

13              ws_out.cell(list_row,cell.col_idx).value = cell.value

14

15      list_row += 1

16
```

17   wb_out.save(r"..₩data₩추출 완료 데이터_1.xlsx")

이 프로그램에서는 다른 북을 다루므로 4번째 행부터 보길 바랍니다. 먼저 프로 그램은 워크 시트 오브젝트 변수 wb_in에 sample12_2.xlsx를 읽어 들입니다.

이어서 5번째 행에서 워크시트 변수 ws_in에는 시트 「매출명세」를 읽어 들입니다. 여기에서 이 시트가 어떻게 되어 있는지 보세요.

	A	B	C	D	E	F	G	H	I	J	K	L	
1	전표No	날짜	거래처 코드	거래처명	담당자 코드	담당자명	명세No	상품 코드	품명		수량	단가	금액
2	1010981	2021-10-15	1	현대상사	1001	이수지	1	W1100001201	드레스셔츠 S		30	2,560	76,800
3	1010981	2021-10-15	1	현대상사	1001	이수지	2	W1100001202	드레스셔츠 M		15	2,560	38,400
4	1010981	2021-10-15	1	현대상사	1001	이수지	3	W1100001203	드레스셔츠 L		10	2,560	25,600
5	1010981	2021-10-15	1	현대상사	1001	이수지	4	W1100001101	와이셔츠 S		20	2,100	42,000
6	1010981	2021-10-15	1	현대상사	1001	이수지	5	W1100001102	와이셔츠 M		20	2,100	42,000
7	1010982	2021-11-16	2	대우홀딩스	1001	김민호	1	W1200001201	캐주얼셔츠 S		50	1,890	94,500
8	1010982	2021-11-16	2	대우홀딩스	1001	김민호	2	W1200001202	캐주얼셔츠 M		30	1,890	56,700
9	1010983	2021-11-17	3	스카이체인	1002	이재원	1	W1100001201	드레스셔츠 S		20	2,560	51,200
10	1010983	2021-11-17	3	스카이체인	1002	이재원	2	W1100001202	드레스셔츠 M		20	2,560	51,200
11	1010983	2021-11-17	3	스카이체인	1002	이재원	3	W1100001203	드레스셔츠 L		30	2,560	76,800
12	1010984	2021-11-18	4	SEOUL BASE	1003	이미나	1	W1100001101	와이셔츠 S		50	2,100	105,000
13	1010984	2021-11-18	4	SEOUL BASE	1003	이미나	2	W1100001102	와이셔츠 M		60	2,100	126,000
14	1010985	2021-11-20	1	현대상사	1001	이수지	1	W1100001201	드레스셔츠 S		10	2,560	25,600
15	1010985	2021-11-20	1	현대상사	1001	이수지	2	W1100001202	드레스셔츠 M		15	2,560	38,400
16	1010985	2021-11-20	1	현대상사	1001	이수지	3	W1100001203	드레스셔츠 L		20	2,560	51,200
17													
18													
19													
20													

그림 12-2-3 북 「sample12_2」의 시트 「매출명세」

7번째 행에서는 추출한 데이터를 꺼내는 북의 오브젝트를 만듭니다.

openpyxl.Workbook( )

으로 새로운 워크시트 오브젝트를 작성하고, 변수명을 wb_out로 합니다. 다음 8번째 행의

wb_out.active

로 7번째 행의 Workbook( )에 의해 자동적으로 작성된 워크시트 오브젝트를 변수 ws_out로 다루도록 합니다.

9번째 행에서 변수 list_row에 1을 대입합니다. list_row는 ws_out 시트의 써넣는 행을 나타냅니다. 이로써 데이터를 추출하는 준비가 되었습니다.

10번째 행부터가 꺼내고 싶은 데이터를 추출하는 처리입니다. 시트로부터 1행씩 꺼내면서 추출하는 데이터인지 여부를 판단해 나갑니다.

10번째 행의

```
10    for row in ws_in.iter_rows( ):
```

로 시트 「매출명세」의 각 행을 row에 취득합니다. iter_row 메서드는 인수를 지정하지 않는 기본값으로는 1번째 열부터(데이터가 있는 범위의) 마지막 열, 1번째 행부터 (마찬가지로 데이터가 있는 범위의) 마지막 열까지 루프 처리합니다.

다음 행의 if 문으로는

row[8].value[:5]

과 row[8] 값에 슬라이스 처리를 합니다. row[8]은 9번째 열, 즉 품명을 기록한 1열을 나타냅니다. A 열이 row[0]부터 시작하는 것입니다.

이 슬라이스 처리에 의해 품명의 위 5자릿수(문자)가 「드레스셔츠」와 같을 때 또는

list_row == 1

일 때, 즉 1번째 행일때도 그 행이 옮겨 적는 대상으로 하는 것과 같은 조건으로 했습니다. 1번째 행도 대상으로 하고 있는 것은 표의 헤더(항목명)도 원본 데이터처럼 넣고 싶기 때문입니다.

다음의 12번째 행부터가 데이터를 옮겨 적는 처리입니다. 12번째 행에서

```
12    for cell in row:
```

로 함으로써 처리 대상의 행부터 각 셀(cell)을 꺼냅니다. 다음의

```
13    ws_out.cell(list_row,cell.col_idx).value = cell.value
```

는 list_row가 나타내는 행의 출력 대상의 cell 열 인덱스인 cell.col_idx가 나타내는
열에 cell.value를 대입하는 처리를 나타냅니다. 이로써 입력 측과 출력 측의 열 순서
가 같게 됩니다.

그리고 1행만큼의 각 열을 옮겨 적으면

```
list_row += 1
```

입니다. 처리 대상을 다음 행으로 이동하도록 list_row에 1을 더합니다.

마지막으로 wb_out.save 메서드로 추출한 데이터를 합친 출력용의 워크북 오브
젝트를 추출 완료 데이터_1.xlsx라는 이름으로 저장합니다.

이것을 실행하고 프로그램이 제대로 동작했는지 여부를 확인해봅시다.

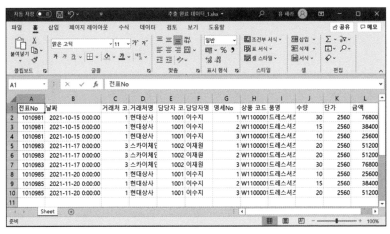

그림 12-2-4 data_extract_01.py로 작성한 추출 완료 데이터_1.xlsx

드레스셔츠의 매출 데이터가 추출 완료 데이터_1.xlsx로 추출했습니다.

추출 완료 데이터_1.xlsx에 추출한 데이터를 잘 보면 날짜에 0:00:00이 붙어 있
습니다. 이것은 아무리 봐도 불필요합니다.

원본 데이터(sample12_2.xlsx)의 날짜 셀에서 서식 설정을 확인하면 분류가 날짜
로 되어 있습니다.

그림 12-2-5 원본 데이터 측의 날짜 열의 셀 서식 설정

그런데 openpyxl에서는 이것을 옮겨 적으면 Date Time형으로 취급하기 때문에 날짜뿐만 아니라 0:00:00와 시분초가 붙는 사양으로 되어 있는 것 같습니다.

그래서 data_extract_01.py를 개량하여 이 불필요한 정보를 삭제한 형태로 옮겨 적는 프로그램으로 했습니다.

구체적으로는 날짜를 옮겨 적을 때 date( ) 메서드를 사용하여 DateTime형에서 날짜 부분만 꺼내도록 바꿨습니다.

코드 12-2-3 옮겨 적은 후에 날짜 서식을 갖춘다

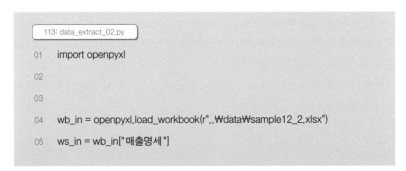

```
113: data_extract_02.py

01   import openpyxl

02

03

04   wb_in = openpyxl.load_workbook(r"..\data\sample12_2.xlsx")

05   ws_in = wb_in["매출명세"]
```

```
06
07    wb_out = openpyxl.Workbook( )
08    ws_out = wb_out.active
09    list_row = 1
10    for row in ws_in.iter_rows( ):
11        if row[8].value[:5] == "드레스셔츠" or list_row
          == 1:   #row[ ]는 row[0]
12            for cell in row:
13                if cell.col_idx == 2 and list_row != 1:
14                    ws_out.cell(list_row,cell.col_idx).
                      value = cell.value.date( )
15                else:
16                    ws_out.cell(list_row,cell.col_idx).
                      value = cell.value
17
18            list_row += 1
19
20    wb_out.save(r"..\data\추출 완료 데이터 _2.xlsx")
```

바뀐 건 13번째 행부터 16번째 행입니다. 16번째 행 자체는 이전의 13번째 행과 거의 같으나 새롭게 13번째 행부터 15번째 행의 코드가 추가됨에 따라 인덴트가 1단계 깊어졌습니다.

변경사항을 구체적으로 살펴봅시다. data_extract_02.py의 13번째 행에서는 col_idx가 2이며 list_row가 1이 아닐 때(!= 1)라는 조건으로 if 문을 만들었습니다. 이것이 True일 경우에는 14번째 행의 date 메서드에 의해 DateTime 형에서 날짜 부분만 꺼내도록 합니다. row의 인덱스가 0부터 시작하는 것에 비해 cell의 col_idx 프로퍼티는 1부터 시작하는 것에 주의하세요.

15번째 행의 else에 의해 13번째 행의 조건에 일치하지 않는 경우 16번째 행이 실행됩니다. 16번째 행은 이전 13번째 행과 같습니다. 날짜 이외의 데이터는 문제가 없었기 때문에 특별히 처리를 바꿀 필요는 없기 때문입니다.

이것을 실행한 결과, 날짜에서 시각의 표시는 없어지고 생각한 대로 데이터를 얻었습니다.

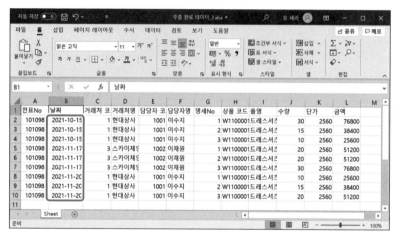

그림 12-2-6　날짜만을 꺼낸 추출 완료 데이터_1.xlsx

12-3 sorted 함수로 정렬한다

추가로 사용하는 라이브러리 : pprint、operator

114: sort_01.py

```
01  import openpyxl
02  from pprint import pprint
03  from operator import itemgetter
04
05
06  wb = openpyxl.load_workbook("..₩data₩추출 완료 데이터_2.xlsx")
07  ws = wb.active
08
09  sales_list = [ ]
10  for row in ws.iter_rows( ):
11      if row[0].row == 1:
12          header_cells = row
13      else:
14          row_dic = { }
15          for k, v in zip(header_cells, row):
16              row_dic[k.value] = v.value
17          sales_list.append(row_dic)
18
19  pprint(sales_list, sort_dicts=False)
20
21  sorted_list_a = sorted(sales_list, key=itemgetter("거래처 코드", "날짜"))
22  pprint(sorted_list_a, sort_dicts=False)
```

Excel 상의 데이터를 정렬하는 목적은 무엇일까요?

- **보기 좋게 하고 싶다**
- **정렬한 키 항목에서 수량이나 금액의 누적 합계를 구하고 싶다**

등을 생각할 수 있습니다. Excel은 정렬 기능도 강력합니다.

북 「추출 완료 데이터_2」의 시트 「Sheet」상의 데이터를 거래처 코드, 날짜순으로 정렬합니다.

그림 12-3-1 이 데이터를 거래처 코드순, 날짜 순으로 정렬하려고 한다

먼저 시트 전체를 선택한 후에 「홈」 탭으로부터 「정렬 및 필터」→ 「사용자 지정 정렬」을 선택합니다. 시트 전체를 선택하려면 행 번호 1의 하나 위(열 번호 A의 왼쪽)를 클릭합니다.

「정렬」 대화상자 박스가 표시됩니다. 정렬 키는 열의 항목명으로 지정합니다.

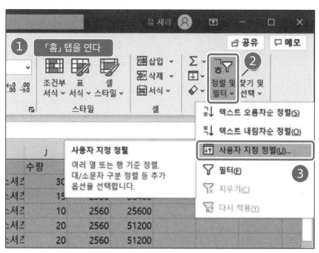

그림 12-3-2 「사용자 지정 설정」을 선택한다

정렬기준에는 「거래처 코드」를 지정합니다. 정렬 키는 「셀 값」입니다. 순서는 「오름차순」입니다. 「오름차순」은 작은 것부터 정렬하는 것입니다. 큰 것부터 정렬하는 것은 내림차순이라고 합니다.

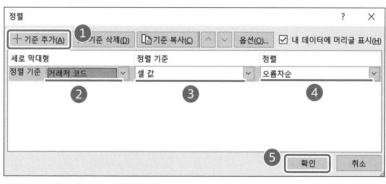

그림 12-3-3 「최우선 코드」로 정렬을 설정

또 다른 키를 추가하고자 「기준 추가」를 클릭합니다. 그러면 다음으로 우선되는 키를 입력할 수 있게 됩니다.

그래서 날짜를 선택합니다. 정렬은 셀 값, 순서는 오름차순입니다. 덧붙여서 이 순서를 오름차순이 아닌 내림차순으로 하면 최근 날짜 순으로 나열합니다.

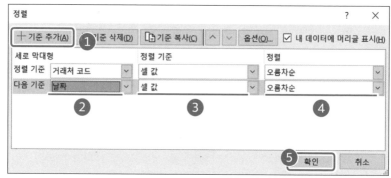

그림 12-3-4 「다음 기준」에 「날짜」로의 정렬을 설정

거래처 코드, 날짜는 오름차순으로 정렬합니다. 「확인」을 클릭하면 정렬을 실행합니다.

	A	B	C	D	E	F	G	H	I	J	K	L	M
1	전표No	날짜	거래처 코	거래처명	담당자 코	담당자명	명세No	상품 코드	품명	수량	단가	금액	
2	1010981	2021-10-15	1	대상사	1001	이수지	1	W1100001	드레스셔츠	30	2560	76800	
3	1010981	2021-10-15	1	대상사	1001	이수지	2	W1100001	드레스셔츠	15	2560	38400	
4	1010981	2021-10-15	1	대상사	1001	이수지	3	W1100001	드레스셔츠	10	2560	25600	
5	1010985	2021-11-20	1	대상사	1001	이수지	1	W1100001	드레스셔츠	10	2560	25600	
6	1010985	2021-11-20	1	대상사	1001	이수지	2	W1100001	드레스셔츠	15	2560	38400	
7	1010985	2021-11-20	1	대상사	1001	이수지	3	W1100001	드레스셔츠	20	2560	51200	
8	1010983	2021-11-17	3	스카이체인	1002	이재원	1	W1100001	드레스셔츠	20	2560	51200	
9	1010983	2021-11-17	3	스카이체인	1002	이재원	2	W1100001	드레스셔츠	20	2560	51200	
10	1010983	2021-11-17	3	스카이체인	1002	이재원	3	W1100001	드레스셔츠	30	2560	76800	
11													

그림 12-3-5 「거래처 코드」와 「날짜」로의 정렬

이로써 데이터가 「거래처 코드」순으로 정렬되고 그 후에 거래처별로 날짜 순으로 정렬되었습니다. 이 시트를 Python 프로그램으로 읽어 들이면 정렬한 순서대로 읽어 들일 수 있습니다. Excel에서 자유자재로 정렬할 수 있습니다. 그렇게 하는 것이 손쉽다고 생각하는 분이 있을 수도 있겠습니다.

그래서 Python에서 Excel 데이터를 정렬하는 이점을 생각해봅시다. 먼저 실제로 정렬하는 프로그램을 만들어 봤습니다. 그것이 앞의 sort_01.py입니다.

이 장은 응용에 초점을 맞추어 현실적인 처리를 의식하고 프로그래밍합니다. 그러므로 조금 프로그램이 어려워졌다고 느껴질 수도 있겠습니다. 시퀀스형의 리스트(list)와 마찬가지로 이터러블한 사전(dictionary)이 프로그램에 등장했기 때문에 메모리상에서 데이터가 어떻게 되어 있는지 연상하기 어려울지도 모르겠습니다.

이터러블(iterable)은 「반복할 수 있는」 의미입니다. 시퀀스형인 리스트, 튜플, 문자열은 이터러블입니다. 덧붙여 openpyxl의 시트 오브젝트에는 iter_rows( )라는 메서드가 있습니다. 이 책에서도 몇 번 등장하는데 이 메서드는 그 이름으로부터 상상할 수 있듯이 시트로부터 row(행)를 반복해 취득합니다.

그럼 앞의 코드(sort_01.py)를 자세히 살펴봅시다. 생소한 임포트문이 나왔습니다. 2번째 행과 3번째 행의

```
02    from pprint import pprint
03    from operator import itemgetter
```

에 대해서는 나중에 설명하도록 하고 여기에서는 건너뜁니다.

for in 문에 의한 루프 처리 내에서 사전의 리스트를 만드는 부분이 이 프로그램의 가장 중요한 포인트입니다.

for in 문 앞에 있는 9번째 행의

```
09    sales_list = [ ]
```

는 리스트 초기화입니다. 리스트는 다른 프로그래밍 언어에서 배열이라고 불리는 것과 비슷합니다. 리스트는 0개 이상의 요소의 나열을 표현합니다. 같은 시퀀스형인 문자열형과의 차이는 문자열형에는 문자만 저장할 수 있는데 리스트에는 여러 가지 데이터형을 저장할 수 있습니다. 여기에서는 사전을 리스트에 저장하는 것입니다. 리스트는 각 괄호([ ]=브라켓이라고도 합니다)로 요소 전체를 감쌉니다.

간단한 예로서 거래처별 판매 단가를 열거한 데이터를 생각해봅시다. 같은 상품이라도 거래처에 의해 여러 개의 단가가 있을 수 있습니다. 그것을 리스트에 기억한다고 합시다. 이것을 프로그램 내에서 사용하도록 하려면

```
price_lst =[3500, 3600, 3700]
```

처럼 요소인 단가를 콤마로 구분하고 전체를 [ ]로 감쌉니다. 이것이 리스트 price_lst로서, 이후의 처리에서 price_lst로서 이용할 수 있게 됩니다.

9번째 행의

```
09    sales_list = [ ]
```

라는 초기화는 앞으로 어떤 요소를 몇 개 sales_list에 넣을지 모르겠지만 우선은 아무것도 들어있지 않은 상태에서 sales_list라는 리스트를 만든다는 의미입니다.

또한 Python에는 리스트와 비슷한 튜플(tuple)이라는 데이터 구조가 있습니다. 튜플은

```
price_tpl =(3500, 3600, 3700)
```

처럼 둥근 괄호 (( ))로 전체를 감쌉니다. 리스트와 튜플의 차이는 뮤터블인지 아닌지 입니다. 뮤터블이란 작성 후 변경할 수 있다는 의미입니다. 리스트는 뮤터블이기 때문에 프로그램 내에서 요소를 수정할 수 있으므로 리스트를 작성 후에 요소를 삭제하거나 추가할 수 있습니다. 한편 튜플은 이뮤터블이므로 요소를 수정할 수는 없습니다. 모두 인덱스 번호로 접근할 수 있고 다른 형의 요소를 혼재할 수 있습니다.

리스트, 튜플과 나란히 Python에서 자주 사용하는 데이터 구조가 사전(딕셔너리) 입니다. row_dic = { } 가 사전의 초기화입니다. 사전은 다른 프로그래밍에서는 연상 배열이나 해시테이블, 키 밸류 페어 등으로 불리는 것으로 키와 값의 짝으로 데이터를 기억합니다. 값을 읽고 쓸 때는 키로 지정합니다. 사전에는 이런 특징이 있습니다.

표 12-3-1 사전의 특징

사전(딕셔너리)
● 키와 값의 조합으로 기억한다
● 중괄호 { }(브레이스)로 전체를 감싼다
● 각 요소는 콤마(,)로 구분한다 예) persons = {1001:"길동", 1002:"철수", 1003:"영희"}
● 키로 요소의 값에 접근한다 예) persons[1002]는 철수를 반환한다
● 요소를 바꿔 적을 수 있다(이뮤터블) 예) persons[1002] = "길동"

사전은 뮤터블이므로 요소를 수정하거나 추가, 삭제할 수 있습니다.

리스트, 튜플, 사전은 모두 중첩할 수 있습니다. 리스트의 각 요소가 리스트로 되어 있는 것, 튜플의 요소가 더불어 튜플로 되어 있는 것, 사전의 값이 리스트로 되어 있는 것과 같은 다차원인 데이터를 작성할 수 있습니다.

다음으로 어려운 zip 함수입니다. zip 함수는 인수로서 주어진 여러 개의 이터러블(리스트, 튜플, 문자열 등) 오브젝트를 조합해서 새로운 이터러블 오브젝트를 만드는 데 편리한 함수입니다. 구체적인 코드로 그 사용법을 살펴봅시다.

zip 함수가 나오기 직전부터 설명합니다. 10번째 행에 나오는 iter_rows 메서드는 cell(셀) 오브젝트를 요소로 하는 튜플을 반환값으로 반환합니다. row[0].row 프로퍼티가 1일 때는 1번째 행째이므로(11번째 행), row 오브젝트에는 항목명이 포함되어 있습니다. 그래서 header_cells에 대입하도록 했습니다(12번째 행).

항목명이 아닌 행의 오브젝트의 처리가 13번째 행부터 시작됩니다. 그 처리에서는 15번째 행의

```
for k, v in zip(header_cells, row) :
```

에 주목합시다.

row는 각 행의 cell 오브젝트를 요소로 하는 튜플입니다[1]. 이 기술에 의해 zip 함수는 header_cells(항목명)와 row(항목값) 두 개의 튜플로부터 동시에 요소를 취득해서 각각 요소 k와 v에 넣어 줍니다.

그 이전 행의 row_dic은 { }로 초기화하므로 사전이 되었습니다. 그러므로 16번째 행의

```
row_dic[k.value] = v.value
```

로 항목명을 키로 하고, 각 행의 셀 값을 키와 연결한 값으로 하는 사전을 작성합니다.

이 14번째 행부터 16번째 행의 처리에 의해 1행분으로 다음과 같은 사전을 row_dic으로 할 수 있습니다.

```
{'전표No': 1010981, '날짜': datetime.datetime(2021, 10, 15, 0, 0), '거래처 코드': 1, '거래처명': '현대상사', '담당자 코드': 1001, '담당자명': '이수지', '명세 No': 1, '상품 코드': 'W1100001201', '품명': '드레스셔츠 S', '수량': 30, '단가': 2560, '금액': 76800}
```

이처럼 해서 작성한 사전 row_dic을 sales_list 리스트의 append 메서드의 인수로 지정하고 리스트에 추가하는 것입니다. 리스트는 오브젝트이므로 메서드를 갖고 있습니다.

여기부터가 프로그램의 2번째 행에서 Python의 표준 라이브러리 pprint 모듈로부터 임포트해 둔 pprint 함수의 사용입니다.

pprint를 사용하면 리스트나 사전 등의 이터러블을 말끔하게 정형해서 출력해 줍니다.

---

[1] 값을 가진 셀이 전부 포함되는 범위의 셀이 오브젝트가 됩니다.

02   from pprint import pprint

라고 임포트한 것은 하나하나

pprint.pprint( )

라고 적지 않고 끝낼 수 있기 때문입니다. pprint 함수의 2번째 인수

sort_dicts = False

는 키로 사전을 정렬하지 않을 것을 지정합니다. sort_dicts = True로 할지 sort_dicts 지정을 생략하면 키에 의해 정렬됩니다.
 이렇게 항목명과 값을 사전으로 추가한 sales_list를 pprint 함수로 출력하면 다음과 같이 터미널에 표시됩니다.

```
[{'전표No': 1010981,
  '날짜': datetime.datetime(2021, 10, 15, 0, 0),
  '거래처 코드': 1,
  '거래처명': '현대상사',
  '담당자 코드': 1001,
  '담당자명': '이수지',
  '명세No': 1,
  '상품 코드': 'W1100001201',
  '품명': '드레스셔츠 S',
  '수량': 30,
  '단가': 2560,
  '금액': 76800},
 {'전표No': 1010981,
  '날짜': datetime.datetime(2021, 10, 15, 0, 0),
  '거래처 코드': 1,
```

    '거래처명': '현대상사',
    '담당자 코드': 1001,
    '담당자명': '이수지',
    '명세No': 2,
    '상품 코드': 'W1100001202',
    '품명': '드레스셔츠 M',
    '수량': 15,
    '단가': 2560,
    '금액': 38400},
    …(중략)…
{'전표No': 1010983,
    '날짜': datetime.datetime(2021, 11, 17, 0, 0),
    '거래처 코드': 3,
    '거래처명': '스카이체인',
    '담당자 코드': 1002,
    '담당자명': '이재원',
    '명세No': 3,
    '상품 코드': 'W1100001203',
    '품명': '드레스셔츠 L',
    '수량': 30,
    '단가': 2560,
    '금액': 76800}]

이처럼 pprint 함수로 출력하면 사전이 시트 행의 순서대로 리스트에 추가되어 있는 걸 알 수 있습니다.

이 리스트를 정렬합니다. 그러기 위해서는 sorted 함수를 사용해서 리스트를 정렬합니다. 리스트 내에는 사전이 나열되어 있으므로 정확하게 말하면 리스트 내의 사전을 정렬하는 것입니다. sorted 함수를 사용하면 리스트나 사전, 튜플 등의 데이터를 정렬할 수 있습니다. sorted 함수는 정렬한 새로운 리스트를 반환값으로서 반환합니다.

여기에서 3번째 행에서

```
03    from operator import itemgetter
```

로서 임포트해 둔 itemgetter를 사용합니다. sorted 함수의 인수에는 순서대로 이터러블 오브젝트, key, reverse를 지정할 수 있는데 key에 itemgetter를 사용하면 간단하게 사전의 키를 정렬 순으로 지정할 수 있습니다.

예를 들어

```
sorted(sales_list, key = itemgetter("거래처 코드", "날짜"))
```

로 하면 거래처 코드, 날짜의 오름차순으로 정렬한 결과를 반환해 줍니다. 이것을 사용해서 다음과 같은 처리를 기술합니다.

```
sorted_list_a = sorted(sales_list, key = itemgetter("거래처 코드", "날짜"))
pprint(sorted_list_a, sort_dicts=False)
```

이것을 실행한 결과는 다음과 같습니다.

```
[{'전표No': 1010981,
  '날짜': datetime.datetime(2021, 10, 15, 0, 0),
  '거래처 코드': 1,
  '거래처명': '현대상사',
  '담당자 코드': 1001,
  '담당자명': '이수지',
  '명세No': 1,
  '상품 코드': 'W1100001201',
  '품명': '드레스셔츠 S',
  '수량': 30,
  '단가': 2560,
  '금액': 76800},
```

```
{'전표No': 1010981,
 '날짜': datetime.datetime(2021, 10, 15, 0, 0),
 '거래처 코드': 1,
 '거래처명': '현대상사',
 '담당자 코드': 1001,
 '담당자명': '이수지',
 '명세No': 2,
 '상품 코드': 'W1100001202',
 '품명': '드레스셔츠 M',
 '수량': 15,
 '단가': 2560,
 '금액': 38400},
    …
(중략)
    …
{'전표No': 1010985,
 '날짜': datetime.datetime(2021, 11, 20, 0, 0),
 '거래처 코드': 1,
 '거래처명': '현대상사',
 '담당자 코드': 1001,
 '담당자명': '이수지',
 '명세No': 1,
 '상품 코드': 'W1100001201',
 '품명': '드레스셔츠 S',
 '수량': 10,
 '단가': 2560,
 '금액': 25600},
    …
(중략)
    …
{'전표No': 1010983,
 '날짜': datetime.datetime(2021, 11, 17, 0, 0),
```

 '거래처 코드': 3,
 '거래처명': '스카이체인',
 '담당자 코드': 1002,
 '담당자명': '이재원',
 '명세No': 1,
 '상품 코드': 'W1100001201',
 '품명': '드레스셔츠 S',
 '수량': 20,
 '단가': 2560,
 '금액': 51200},
{'전표No': 1010983,
 '날짜': datetime.datetime(2021, 11, 17, 0, 0),
 '거래처 코드': 3,
 '거래처명': '스카이체인',
 '담당자 코드': 1002,
 '담당자명': '이재원',
 '명세No': 2,
 '상품 코드': 'W1100001202',
 '품명': '드레스셔츠 M',
 '수량': 20,
 '단가': 2560,
 '금액': 51200},
{'전표No': 1010983,
 '날짜': datetime.datetime(2021, 11, 17, 0, 0),
 '거래처 코드': 3,
 '거래처명': '스카이체인',
 '담당자 코드': 1002,
 '담당자명': '이재원',
 '명세No': 3,
 '상품 코드': 'W1100001203',
 '품명': '드레스셔츠 L',
 '수량': 30,

```
'단가': 2560,
'금액': 76800}]
```

이와 같이 거래처 코드의 값을 1번째 우선키, 날짜를 2번째 우선키로 해서 정렬됩니다.

여기까지면 아마도 Python에 의한 정렬 처리가 편리하다고 아직 느끼기는 어려울 것입니다. 반대로 「뭔가 귀찮아」라고 생각되었지도 모르겠습니다.

그러나 이렇게 사전의 리스트로 해서 데이터를 만들어 두면 어떤 키로 정렬해도 간단하게 할 수 있습니다. 예를 들어 「상품 코드」→「거래처 코드」순으로 정렬하고 싶다면

```
sorted_list_b = sorted(sales_list, key = itemgetter("상품 코드", "거래처
코드"))
```

를 추가하고 pprint 출력해서 하면 됩니다. Excel에서 하려고 하면 하나하나 기존의 정렬 설정을 무효화하고 새롭게 「우선하는 키」의 설정을 만들어야 합니다.

이렇게 프로그램을 만들어 정렬을 하는 이점은 한번 사전의 리스트로서 메모리에 읽어 들이면 여러 가지 키로 몇 번이라도 정렬할 수 있을 것입니다. 다양한 각도로 데이터를 분석하고 싶을 때는 역시 프로그램으로 대응하는 것이 편리한 국면이 많지 않을까요?

리스트의 sort 메서드

여기까지 sorted 함수에 의한 사전의 리스트 정렬을 봐 왔는데 리스트에는 sort 메서드가 있습니다. 그 사용법도 접해봅시다.

sort 메서드는 sorted 함수와는 달리 리스트 그 자체를 정렬합니다. 이러한 프로그램을 보세요.

코드 12-3-1　sort 메서드를 사용한 리스트를 정렬하는 프로그램의 예

```
115: sort_02.py
01    price_lst =[3600,3700,3500]
02    price_lst.sort( )
03    print(price_lst)
```

이 프로그램의 실행 결과는 터미널에 price_lst를 오름차순으로 정렬한 결과를

[3500, 3600, 3700]

이라고 출력합니다.

또한, 다음과 같이 sort 메서드의 인수에 reverse = True를 지정하면 내림차순으로 정렬할 수 있습니다.

price_lst.sort(reverse=True)

이것을 실행한 결과는

[3700, 3600, 3500]

입니다.

12-4 키 브레이크로 집계한다

추가로 사용하는 라이브러리 : operator

116: sum_quantity_01.py

```python
01  import openpyxl
02  from operator import itemgetter
03
04
05  wb1 = openpyxl.load_workbook(r"..₩data₩추출 완료 데이터_3.xlsx")
06  ws1 = wb1.active
07
08  sales_list = [ ]
09  for row in ws1.iter_rows( ):
10      if row[0].row == 1:
11          header_cells = row
12      else:
13          row_dic = { }
14          for k, v in zip(header_cells, row):
15              row_dic[k.value] = v.value
16          sales_list.append(row_dic)
17
18  sorted_list_a = sorted(sales_list, key=itemgetter("상품 코드", "날짜"))
19
20  wb2 = openpyxl.Workbook( )
21  ws2 = wb2.active
22  ws2.title ="상품 코드별 수량"
23  list_row = 1
24
25  ws2.cell(list_row,1).value = "상품 코드"
```

```
26    ws2.cell(list_row,2).value = "날짜"

27    ws2.cell(list_row,3).value = "품명"

28    ws2.cell(list_row,4).value = "수량"

29    ws2.cell(list_row,5).value = "합계"

30

31    sum_q = 0

32    old_key = ""

33    for dic in sorted_list_a:

34        if old_key == "":

35            old_key = dic["상품 코드"]

36

37        if old_key == dic["상품 코드"]:

38            sum_q += dic["수량"]

39        else:

40            ws2.cell(list_row,5).value = sum_q

41            sum_q = dic["수량"]

42            old_key = dic["상품 코드"]

43

44        list_row += 1

45        ws2.cell(list_row,1).value = dic["상품 코드"]

46        ws2.cell(list_row,2).value = dic["날짜"].date( )

47        ws2.cell(list_row,3).value = dic["품명"]

48        ws2.cell(list_row,4).value = dic["수량"]

49

50    ws2.cell(list_row,5).value = sum_q

51

52    wb2.save(r"..₩data₩매출 수량 집계_1.xlsx")
```

정렬에 지정한 키 항목을 사용하여 그대로 집계 처리를 작성할 수 있습니다. 이 정렬을 전제로 한 집계 방법을 「키 브레이크 집계(키 나눔 집계)」라고 합니다. 이전 항의 「12-3 sorted 함수로 정렬한다」에서는 마지막으로 상품 코드, 날짜 순으로 정렬하는 처리를 소개했습니다. 그래서 그 처리를 발전시켜서 상품 코드로 수량을 합계해봅시다.

여기에서는 북 「추출 완료 데이터_3」의 시트 「Sheet」에 있는 데이터를 상품 코드 날짜 순으로 정렬합니다.

	A	B	C	D	E	F	G	H	I	J	K	L
1	전표No	날짜	거래처 코	거래처명	담당자 코	담당자명	명세No	상품 코드	품명	수량	단가	금액
2	1010981	2021-10-15	1	현대상사	1001	이수지	1	W1100001	드레스셔	30	2560	76800
3	1010981	2021-10-15	1	현대상사	1001	이수지	2	W1100001	드레스셔	15	2560	38400
4	1010981	2021-10-15	1	현대상사	1001	이수지	3	W1100001	드레스셔	10	2560	25600
5	1010985	2021-11-20	1	현대상사	1001	이수지	1	W1100001	드레스셔	10	2560	25600
6	1010985	2021-11-20	1	현대상사	1001	이수지	2	W1100001	드레스셔	15	2560	38400
7	1010985	2021-11-20	1	현대상사	1001	이수지	3	W1100001	드레스셔	20	2560	51200
8	1010983	2021-11-17	3	스카이체	1002	이재원	1	W1100001	드레스셔	20	2560	51200
9	1010983	2021-11-17	3	스카이체	1002	이재원	2	W1100001	드레스셔	20	2560	51200
10	1010983	2021-11-17	3	스카이체	1002	이재원	3	W1100001	드레스셔	30	2560	76800

그림 12-4-1 북 「추출 완료 데이터_3」의 시트 「Sheet」

이 데이터를 바탕으로 북 「매출 수량 집계_1」의 시트 「상품 코드별 수량」과 같이 집계합니다.

	A	B	C	D	E
1	상품 코드	날짜	품명	수량	합계
2	W1100001201	2021-10-15	드레스셔츠 S	30	
3	W1100001201	2021-11-17	드레스셔츠 S	20	
4	W1100001201	2021-11-20	드레스셔츠 S	10	60
5	W1100001202	2021-10-15	드레스셔츠 M	15	
6	W1100001202	2021-11-17	드레스셔츠 M	20	
7	W1100001202	2021-11-20	드레스셔츠 M	15	50
8	W1100001203	2021-10-15	드레스셔츠 L	10	
9	W1100001203	2021-11-17	드레스셔츠 L	30	
10	W1100001203	2021-11-20	드레스셔츠 L	20	60

그림 12-4-2 그림 12-4-1의 데이터를 집계한 결과

이것을 프로그램화한 것이 앞의 sum_quantity_01.py입니다. 18번째 행에서
sorted_list_a에 정렬한 사전 리스트를 대입할 때까지는 이전 항의 「12-3 sorted 함
수로 정렬한다」에서 설명한 sort_01.py와 같은 처리입니다.

그것에 이어서 20번째 행에서

openpyxl.Workbook( )

에 의한 새로운 워크북 오브젝트를 작성하고 wb2.active로 자동으로 작성되는 워크
시트를 선택한 다음

ws2.title = "상품 코드별 수량"

과 타이틀 프로퍼티에 문자열 「상품 코드별 수량」을 대입합니다. 이처럼 시트명을 붙
일 수 있습니다.

그리고 23번째 행부터 29번째 행까지의 코드에서 ws2(워크시트)의 셀A1부터
E1까지의 값으로서 「상품 코드」로부터 순서대로 항목명을 입력합니다. 그 후, 수량
집계를 위한 변수 sum_q와 키 깨짐을 판단하기 위한 변수 old_key를 초기화합니
다(31번째 행, 32번째 행).

33번째 행의 for dic in sorted_list a로 정렬한 sorted_list_a로부터 1행만큼의
사전을 dic에 꺼냅니다. 첫 사전을 dic에 읽어 들인 직후에서는 34번째 행의

if old_key == ""

는 True(참)가 됩니다. 그러므로 35번째 행의

old_key = dic["상품 코드"]

로 old_key에 첫 상품 코드를 입력합니다. 이 시점에서는 old_key에 첫 상품 코드
를 넣은 참이므로 37번째 행의

```
if old_key == dic[" 상품 코드 "]
```

는 True 를 반환합니다. 그러므로 다음 행의

```
sum_q += dic[" 수량 "]
```

으로 수량을 sum_q 에 더합니다. 그리고 list_row += 1 을 하고(44번째 행), 시트의 2번째 행에 상품 코드, 날짜, 품명, 수량까지를 사전으로부터 써넣으면 루프의 앞 (33번째 행)으로 돌아갑니다. 그리고 리스트 sorted_list_a 로부터 다음 사전을 dic 에 읽어 들입니다.

프로그램상에서는 이러한 정렬이나 집계처리는 전부 메모리 상에서 이뤄지기 때 문에 북을 저장하지 않는 한은 눈에는 보이지 않습니다. 다만 이것은 다음 시트의 상태를 메모리상에서 실현하고 있으므로 동작을 참고하기 위해 Excel 에서의 이미 지를 봅시다.

	B	C	D	E	F	G	H	I	J	K	L	M
1		거래처 코.	거래처명	담당자 코.	담당자명	명세No	상품 코드	품명	수량	단가	금액	
2	2021-10-15	1	현대상사	1001	이수지		W1100001201	드레스셔츠 S	30	2560	76800	
3	2021-11-17	3	스카이체인	1002	이재원		W1100001201	드레스셔츠 S	20	2560	51200	
4	2021-11-20	1	현대상사	1001	이수지		W1100001201	드레스셔츠 S	10	2560	25600	
5	2021-10-15	1	현대상사	1001	이수지		W1100001202	드레스셔츠 M	15	2560	38400	
6	2021-11-17	3	스카이체인	1002	이재원		W1100001202	드레스셔츠 M	20	2560	51200	
7	2021-11-20	1	현대상사	1001	이수지		W1100001202	드레스셔츠 M	15	2560	38400	
8	2021-10-15	1	현대상사	1001	이수지		W1100001203	드레스셔츠 L	10	2560	25600	
9	2021-11-17	3	스카이체인	1002	이재원		W1100001203	드레스셔츠 L	30	2560	76800	
10	2021-11-20	1	현대상사	1001	이수지		W1100001203	드레스셔츠 L	20	2560	51200	
11												

그림 12-4-3　북 「추출 완료 데이터_3」의 시트 「Sheet」를 상품 코드, 날짜 순으로 정렬한 상태

데이터의 정렬은 이 그림과 같으므로 연상하기 어려운 부분은 그림12-4-3과 비교 하면서 읽어보세요.

여기부터 2회째의 루프에 들어갑니다. 시트상 다음 행의 상품 코드는 아직 old_ key 와 같으므로 또한 수량 값을 sum_q 에 더합니다. 이와 같이 해서 상품 코드가 W1100001201의 사전을 3건만큼 읽어 들이는 동안에 sum_1 값은 60이 됩니다.

루프, 상품 코드가 W1100001202로 되어 있는 사전을 읽어 들인 단계에서 34번 째 행의

```
old_key == dic["상품 코드"]
```

가 False(거짓)입니다. 여기에서 반복 처리의 내에서는 39번째 행의 else 측의 처리
가 실행됩니다.

여기에서는 sum_q를 합계 열에 써넣기(40번째 행), 상품 코드가 W1100001202
의 첫 수량을 그대로 sum_q에 대입합니다(41번째 행). old_key를 W1100001202
로 갱신하여 44번째 행부터의 시트에 옮겨 적기로 처리를 진행합니다. 옮겨 적기가
끝나면 또한 33번째 행으로 돌아가서 다음 사전을 읽어 들어 집계라는 처리를 반복
합니다.

이처럼 해서 상품 코드의 교체를 계기로 키 브레이크 처리로 수량을 집계하는 것
입니다.

for 루프를 빠져나간 다음에 sum_q를 합계 열에 써넣는 처리가 있습니다(50번째
행). 이것은 마지막으로 집계한 상품 코드의 수량은 변수 sum_q에는 써넣는 것, 이
것을 해당하는 셀 위치에 써넣는 처리가 for 루프의 내에서는 마련되어 있지 않기 때
문입니다. 이 처리만으로는 누락되므로 별도 써넣는 처리를 기술합니다.

이렇게 해서 상품 코드의 키 브레이크로 수량을 집계할 수 있습니다.

그럼, 이번에는 거래처 코드별로 상품 코드로 수량을 집계할 필요가 있다고 합시
다. 어떻게 하면 좋을까요?

거래처 코드와 상품 코드 두 가지를 키에 키 브레이크 처리로 집계하는 방법을 생
각할 수 있습니다. 그러나 그것으로는 프로그램의 로직이 조금 복잡해집니다. 모처
럼 Excel과 Python을 조합하여 업무를 효율화하는 방법을 생각하고 있으므로 각각
의 좋은 점을 이용해서 Excel×Python 다운 방법으로 해봅시다. 구체적으로는 거래
처별로 시트를 나누어 써내도록 하면 시트별로 상품 코드로 수량을 집계하는 것만
으로 끝냅니다. 이제까지 봐온 키 브레이크를 응용해서 거래처 코드가 바뀔 때에 써
내는 대상의 시트를 변경하고 그 내에서는 상품 코드가 바뀌었을 때 집계를 하도록
합니다. 이렇게 하면 프로그램의 난이도는 올라가지 않습니다. 전체 집계를 1장의
시트로 합치려고 하면 키 브레이크 처리를 이중으로 실행해야 하며, 상당히 프로그
램은 복잡해질 것 같습니다. 이처럼 생각할 여지나 선택지가 늘어나는 것이 Python
을 사용하는 이점일 지도 모르겠습니다.

그럼 먼저 집계 후의 북을 봅시다.

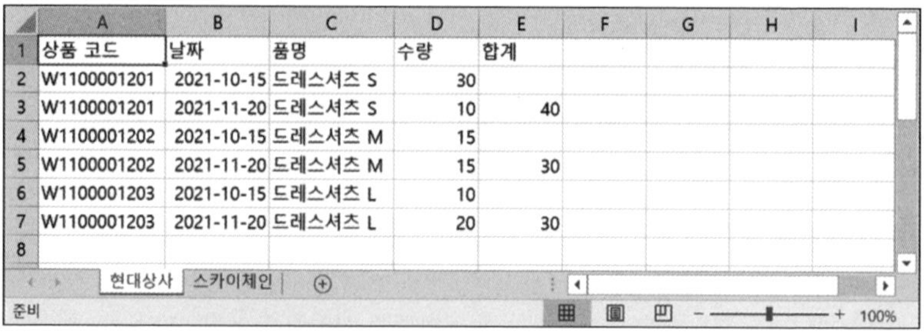

그림 12-4-4 거래처별로 시트를 작성하고 상품 코드별로 수량을 집계한다

북 「추출 완료 데이터_3」의 시트 「Sheet」를 이처럼 집계하는 프로그램이 다음의 sum_quantity_02.py 입니다.

코드 12-4-1 거래처별로 시트를 나눠서 집계한다

```
117: sum_quantity_02.py

01    import openpyxl
02    from operator import itemgetter
03
04
05    wb1 = openpyxl.load_workbook(r"..\data\추출 완료 데이터 _3.xlsx")
06    ws1 = wb1.active
07
08    sales_list = [ ]
09    for row in ws1.iter_rows( ):
10        if row[0].row == 1:
11            header_cells = row
12        else:
13            row_dic = { }
14            for k, v in zip(header_cells, row):
15                row_dic[k.value] = v.value
16            sales_list.append(row_dic)
17
```

406

```
18   wb2 = openpyxl.Workbook( )
19   sorted_list_b = sorted(sales_list, key=itemgetter("거래처 코드", "상품 코드", "날
     짜")) 20
21
22   old_key = ""
23   for dic in sorted_list_b:
24       if old_key != dic["거래처 코드"]:
25           old_key = dic["거래처 코드"]
26           ws2 = wb2.create_sheet(title=dic["거래처명"])
27           list_row = 1
28           ws2.cell(list_row,1).value = "상품 코드"
29           ws2.cell(list_row,2).value = "날짜"
30           ws2.cell(list_row,3).value = "품명"
31           ws2.cell(list_row,4).value = "수량"
32           ws2.cell(list_row,5).value = "합계"
33
34       list_row += 1
35       ws2.cell(list_row,1).value = dic["상품 코드"]
36       ws2.cell(list_row,2).value = dic["날짜"].date( )
37       ws2.cell(list_row,3).value = dic["품명"]
38       ws2.cell(list_row,4).value = dic["수량"]
39
40   wb2.remove(wb2["Sheet"])
41
42   for ws2 in wb2:
43       sum_q = 0
44       old_key = ""
45       for i in range(2, ws2.max_row + 1):
46           if old_key == "":
47               old_key = ws2.cell(i,1).value
48
```

```
49          if old_key == ws2.cell(i,1).value:
50              sum_q += ws2.cell(i,4).value
51          else:
52              ws2.cell(i-1,5).value = sum_q
53              sum_q = ws2.cell(i,4).value
54              old_key = ws2.cell(i,1).value
55
56      ws2.cell(i,5).value = sum_q
57
58  wb2.save(r"..\data\매출 수량 집계_2.xlsx")
```

sorted 함수에 의한 정렬부터 봐 나갑시다. 19번째 행에서는 거래처 코드, 상품 코드, 날짜 순으로 사전의 리스트를 정렬합니다. sorted_list_b에 정렬된 결과가 들어갑니다. sorted_list_b와 앞의 sumquantity_01.py와는 변수명이 바뀌어 있는데 특별히 의미는 없습니다.

그리고 거래처별로 시트에 출력하기 위해서 거래처 코드를 키에 키 브레이크 처리를 작성합니다.

이번의 키 브레이크 처리는 이전의 키 브레이크 처리와는 목적이 다릅니다. 거래처 코드를 첫 번째 키로 해서 사전 리스트를 정렬해 두고 새로운 거래처 코드를 읽으면 새로운 시트를 만들기 위해서 키 브레이크 처리를 합니다.

구체적으로는 22번째 행부터가 시트용의 키 브레이크 처리입니다. for 루프의 앞에서

```
22  old_key = ""
```

로서 old_key를 빈 문자로 합니다(22번째 행).

for 루프로는 sorted_list_b로부터 하나씩 사전을 읽어 들이고, dic에 넣습니다.

처음(루프의 첫 바퀴)에는 old_key는 빈 문자입니다. 그러므로 24번째 행의

```
24    if old_key != dic["거래처 코드"]
```

가 성립해 True를 반환합니다. 그때는 old_key에 읽어 들인 거래처 코드를 넣습니다.

다음의 25번째 행에서 wb2.create_sheet 메서드에 의해 새로운 시트를 작성합니다. 그때에 인수에

title=dic["거래처명"]

으로 해서 거래처명을 시트명으로 합니다. 다음으로 현재 출력 측 시트의 몇 번째 행에 써내고 있는지를 나타내기 위한 변수 list_row를 1로 합니다(27번째 행).

그리고 새로운 시트를 작성했을 때의 처리가 계속됩니다. 다음에 작성한 시트의 1번째 행에 항목명을 써넣습니다(28~32번째 행).

1번째 행일 때 항목명의 행을 만드는 처리가 끝나면 list_row에 1을 더하고 시트의 2번째 행에 각 항목의 값을 써넣습니다(프로그램의 34~38번째 행). 그리고 for 루프를 반복하여 거래처 코드가 바뀔 때까지 즉 dic에 읽어 들인 거래처 코드가 old_key와 같을 때는 같은 시트에 각 행의 값을 써넣기, 다른 거래처 코드가 오면 또한 새로운 시트를 작성해서 항목명을 써넣기, 이번의 거래처 데이터를 옮겨 적어가는 것입니다.

40번째 행의

```
40    wb2.remove(wb2["Sheet"])
```

로는 워크북 오브젝트의 remove 메서드로 워크시트를 삭제합니다. 인수에 wb2["Sheet"]로 지정된 시트는 워크북 작성 시에 자동으로 작성된 시트입니다. 프로그램은 거래처별로 시트를 작성하므로 이 시트「Sheet」는 사용하지 않습니다. 불필요한 시트이므로 삭제 처리를 합니다. 이로써 남은 시트는 거래처별 시트만 되는 것입니다.

여기까지가 거래처별로 시트를 나누는 처리입니다.

이제부터는 각 시트로 상품 코드마다의 수량을 집계합니다.

42번째 행의 for 루프로 북 내 모든 시트에 대해서 상품 코드 수량의 집계를 해 나갑니다. 전체 시트에 대한 반복 처리를 실행하고자

```
42    for ws2 in wb2:
```

로 워크북으로부터 순서대로 시트를 꺼내서 처리해 나갑니다.

각 시트에서 반복하는 처리 내에서는 먼저 수량 집계용의 변수 sum_q를 0으로 하고 old_key를 빈 문자로 만듭니다(43번째 행, 44번째 행). 다음에 for in range 문을 사용해서 각 시트의 2번째 행부터 마지막 행까지를 대상으로 수량을 집계합니다(45번째 행). old_key가 빈 문자일 때는 첫 번째 행이기 때문에 그때는 셀 A2의 값을 old_key에 넣습니다(46번째 행).

ws2.cell(i,1).value

가 거래처별로 분류한 각 시트의 셀 A2의 값입니다. 이것을 old_key에 대입합니다(47번째 행). 덧붙여서 1번째 행 즉 A 열은 상품 코드가 입력됩니다.

루프의 2바퀴째 이후에는 old_key와 현재 조작하고 있는 행의 상품 코드가 같으면 수량을 sum_q에 집계합니다(50번째 행). old_key와 상품 코드가 다를 때는 51번째 행부터의 처리로 sum_q를 합계 열로 써넣는 것인데 이때 52번째 행에서는

ws2.cell(i-1,5).value

와 써넣는 대상 행의 지정을

i - 1

로 합니다. 그 시점에서 대상으로 하고 있는 행에서는 이미 키가 되는 상품 코드가 바뀝니다. 이 때 sum_q는 직전까지의 상품 코드의 합계값입니다. 써넣는 대상의 행을 비켜 놓는 것은 이전 상품 코드의 마지막 행, 즉 현재 행의 1행 위에 상품별 합계를 기입하고 싶기 때문입니다.

상품 코드가 바뀐 것을 받고, sum_q에 새로운 상품 수량을 대입하고(53번째 행), old_key에 새로운 상품 코드를 대입하고(54번째 행), 같은 루프를 또 반복합니다.

마지막 행의 처리가 끝났을 때는 i 값은 늘어나지 않으므로 이번은 같은 행의 합계 열인

> **ws2.cell(i,5).value**

에 sum_q를 대입합니다(56번째 행).

이로써 거래처별, 상품별로 수량을 집계할 수 있었습니다. 이 프로그램에서는 매출 수량 집계_2.xlsx 이라는 파일명으로 집계 결과를 저장합니다. 상정한 대로 분류, 집계되어 있는 것을 확인해 보세요.

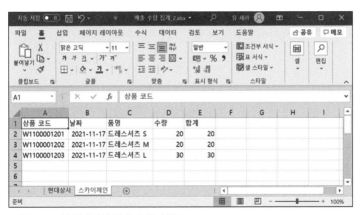

그림 12-4-5 북 「매출 수량 집계_2」를 연 것

12-5 사전을 사용해서 집계한다

```python
01  import openpyxl
02
03
04  def print_header(ws):
05      ws["A1"].value = "담당자"
06      ws["B1"].value = "수량"
07      ws["C1"].value = "금액"
08      ws["D1"].value = "거래처"
09      ws["E1"].value = "수량"
10      ws["F1"].value = "금액"
11
12
13  wb1 = openpyxl.load_workbook(r"..\data\sample12_5.xlsx")
14  ws1 = wb1.active
15  sales_data = {}
16  for row in range(2, ws1.max_row + 1):
17      person = ws1["E" + str(row)].value
18      customer = ws1["C" + str(row)].value
19      quantity = ws1["J" + str(row)].value
20      amount = ws1["L" + str(row)].value
21      sales_data.setdefault(person, {"name": ws1["F" +
          str(row)].value , "quantity": 0, "amount":0})
22      sales_data[person].setdefault(customer, {"name":
          ws1["D" + str(row)].value , "quantity": 0, "amount":0})
23      sales_data[person][customer]["quantity"] += int(quantity)
```

```
24          sales_data[person][customer]["amount"] += int(amount)

25          sales_data[person]["quantity"] += int(quantity)

26          sales_data[person]["amount"] += int(amount)

27      #print(sales_data)

28

29      wb2 = openpyxl.Workbook( )

30      ws2 = wb2.active

31      print_header(ws2)

32      row = 2

33      for person_data in sales_data.values( ):

34          ws2["A" + str(row)].value = person_data["name"]

35          ws2["B" + str(row)].value = person_
            data["quantity"]

36          ws2["C" + str(row)].value = person_
            data["amount"]

37          for customer_data in person_data.values( ):

38              if isinstance(customer_data,dict):

39                  for item in customer_data.values( ):

40                      ws2["D" + str(row)].value = customer_data["name"]

41                      ws2["E" + str(row)].value = customer_data["quantity"]

42                      ws2["F" + str(row)].value = customer_data["amount"]

43                  row +=1

44

45      ws2["F" + str(row)].value =  "=SUM(F2:F" + str(row-1) + ")"

46      ws2["E" + str(row)].value = " 합계 "

47

48

49      wb2.save(r"..₩data₩담당자 거래처별 집계 .xlsx")
```

[응용] 필터, 정렬, 집계

413

이 항에서는 Python의 사전(딕셔너리)을 사용한 집계 처리를 설명합니다. 담당자 코드, 거래처 코드로 수량, 금액을 집계하는 것인데 사전에는 setdefault( )라는 메서드가 있으며, 지정한 키가 존재하지 않으면 추가하고 존재하면 아무것도 하지 않는 처리를 해 줍니다. 이 특징을 살려서 사전에 의한 집계 처리를 작성합니다.

집계하는 원본 데이터로서 북 「sample12_5」을 준비했습니다.

	A	B	C	D	E	F	G	H	I	J	K	L
1	전표No	날짜	거래처 코드	거래처명	담당자 코드	담당자명	명세No	상품 코드	품명	수량	단가	금액
2	1010981	2021-10-15	1	현대상사	1001	이수지	1	W1100001201	드레스셔츠 S	30	2,560	76,800
3	1010981	2021-10-15	1	현대상사	1001	이수지	2	W1100001202	드레스셔츠 M	15	2,560	38,400
4	1010981	2021-10-15	1	현대상사	1001	이수지	3	W1100001203	드레스셔츠 L	10	2,560	25,600
5	1010981	2021-10-15	1	현대상사	1001	이수지	4	W1100001101	와이셔츠 S	20	2,100	42,000
6	1010981	2021-10-15	1	현대상사	1001	이수지	5	W1100001102	와이셔츠 M	20	2,100	42,000
7	1010982	2021-11-16	2	대우홀딩스	1001	김민호	1	W1200001201	캐주얼셔츠 S	50	1,890	94,500
8	1010982	2021-11-16	2	대우홀딩스	1001	김민호	2	W1200001202	캐주얼셔츠 M	30	1,890	56,700
9	1010983	2021-11-17	3	스카이체인	1002	이재원	1	W1100001201	드레스셔츠 S	20	2,560	51,200
10	1010983	2021-11-17	3	스카이체인	1002	이재원	2	W1100001202	드레스셔츠 M	20	2,560	51,200
11	1010983	2021-11-17	3	스카이체인	1002	이재원	3	W1100001203	드레스셔츠 L	30	2,560	76,800
12	1010984	2021-11-18	4	SEOUL BASE	1003	이미나	1	W1100001101	와이셔츠 S	50	2,100	105,000
13	1010984	2021-11-18	4	SEOUL BASE	1003	이미나	2	W1100001203	와이셔츠 M	60	2,100	126,000
14	1010985	2021-11-20	1	현대상사	1001	이수지	1	W1100001201	드레스셔츠 S	10	2,560	25,600
15	1010985	2021-11-20	1	현대상사	1001	이수지	2	W1100001202	드레스셔츠 M	15	2,560	38,400
16	1010985	2021-11-20	1	현대상사	1001	이수지	3	W1100001203	드레스셔츠 L	20	2,560	51,200
17												
18												

그림 12-5-1 원본 데이터가 되는 북 「sample12_5」

이 매출명세의 수량, 금액을 거래처 레벨, 담당자 레벨로 집계합니다. 일반적으로 영업 담당자는 여러 개의 거래처를 담당합니다. 자신의 거래처 매출의 합계가 각 담당자의 매출로는 여러 개의 거래처(물론 각각 담당하는 거래처입니다)의 데이터를 집계해야 합니다.

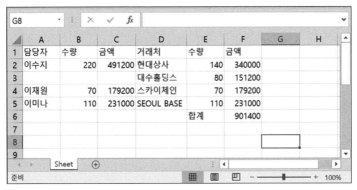

	A	B	C	D	E	F	G	H
1	담당자	수량	금액	거래처	수량	금액		
2	이수지	220	491200	현대상사	140	340000		
3				대수홀딩스	80	151200		
4	이재원	70	179200	스카이체인	70	179200		
5	이미나	110	231000	SEOUL BASE	110	231000		
6					합계	901400		
7								
8								
9								

그림 12-5-2   출력하는 북「담당자 거래처별 집계」. 각 담당자 별로 거래처를 나눠서 집계했다

이것은 담당자별로 다룬 수량, 금액을 집계한 데이터입니다. 이 안에서 이수지씨의 거래처는 현대상사와 대수홀딩스로 각각의 합계값도 합칩니다. 이 데이터를 만드는 것이 앞의 aggregate_ sales_01.py입니다. 그 코드를 살펴 봅시다.

프로그램의 처음에 openpyxl을 임포트한 다음 def로 print_ header함수를 정의합니다(4~10번째 행). 여기에서 정의하는 print_ header 함수는 출력 파일의 각 항목별로 헤더로서 표제를 붙이는 처리를 하는 것으로 기술했습니다. 인수로서 워크시트 오브젝트를 받습니다. 이것을 실행함으로써 지정한 워크시트의 셀 A1부터 F1에 표제를 붙일 수 있습니다(5~10번째 행).

이 책에서 이제까지 봐온 것처럼 셀 번지의 지정은 여러 가지 방법이 있습니다. 이 프로그램에서는

```
ws["A1"].value = "담당자"
```

처럼 Excel 사용자에게 친숙한 A1, B2와 같은 셀 번지로 지정합니다. 셀 번지를 사용할 때는

```
sheet_obj["A1"]
```

이라는 서식입니다. 다른 서식과의 차이에 주의하세요.

그럼 집계 부분으로 진행합시다.

14번째 행의 wb1.active로 sample12_5.xlsx에 하나만 존재하는 시트 「매출명세」를 변수 ws1로 다루도록 합니다. 다음에

```
sales_data = { }
```

로 변수 sales_data에 빈 사전을 작성합니다.

16번째의 for in문 내에서 range 함수를 사용합니다. range 함수에는 시작값과 정지값을 줍니다. 1과 sh.max_row + 1입니다. 지금까지 열심히 읽어온 독자분은 몇 번이나 같은 설명을 보고 싫증이 났을지도 모르겠지만, max_row 프로퍼티는 데이터가 입력되어 있는 마지막 행을 반환합니다. 그러므로 range 함수는 정지값의 하나 앞까지만 반복하기 때문에 마지막 행도 처리하기 위해서 1을 더하는 것입니다. 이로써 입력되어 있는 전체 행을 다룰 수 있습니다.

반복 처리의 안쪽을 살펴봅시다.

sample12_5.xlsx의 E 열에는 담당자 코드가 들어 있으므로 변수 person에 대입합니다(17번째 행). C 열은 거래처 코드이기 때문에 customer에 대입합니다(18번째 행). 계속해서 수량을 quantity, 금액을 amount에 대입합니다(19번째 행).

다음의 21번째 행에 나오는 사전의 setdefault 메서드가 이 집계 처리의 가장 중요한 부분입니다. setdefault 메서드로 키로서 담당자 코드, 값으로서 name, quantity, amount라는 3가지 요소를 가진 사전을 줍니다. 값 이것 또한 사전으로 되어 있는 것입니다. 이처럼 사전은 중첩으로 할 수 있습니다. 사전의 내에 사전을 만들 수 있는 것입니다.

name 값은

```
sh["F" + str(row)].value
```

이므로 F 열 즉 담당자명입니다. quantity, amount는 초기값으로서 0을 줍니다. 여기에 담당자 레벨의 합계를 구해가는 것입니다.

setdefault 메서드의 편리한 점은 지정한 키가 존재하지 않으면 추가해 주고 존재하면 아무것도 하지 않는 것입니다. 그러므로 행을 읽어 들일 때마다 setdefault( ) 해도 됩니다.

시트로부터 집계 대상이 되는 범위의 1번째 행을 읽어 들어서 첫 setdefault 메서드를 실행한 부분으로부터 변수 sales_data로는 시트의 1행만큼을 처리함에 있어서 다음과 같이 집계를 진행해 나갑니다.

먼저 시트 1번째 행의 데이터는 다음과 같습니다.

표12-5-1 프로그램이 처리하는 첫 행의 데이터

현대상사	1001	이수지	1	W1100001201	드레스셔츠S	30	2560	76800

이것을 먼저 22번째 행의

```
sales_data[person].setdefault(customer, {"name": sh["D" + str(row)].
value , "quantity": 0, "amount":0})
```

으로 처리합니다. 여기에서는 person(담당자)를 키로 하는 사전의 내에 customer (거래처 코드)가 존재하지 않으면 키로 추가하고, 값으로서 사전을 만듭니다. 이 사전은 name 키에 거래처명, quantity 키에 수량, amount 키에 금액이라는 3종류의 요소를 가집니다. 이때 수량과 금액에 대해서는 초기값 0을 설정합니다.

이 코드까지 처리하면 sales_data는 다음과 같이 됩니다.

```
{1001: {'name': ' 이수지 ', 'quantity': 0, 'amount': 0, 1: {'name': ' 현대상
사 ', 'quantity': 0, 'amount': 0}}}
```

이것을 보면 담당자의 사전 내에 거래처의 사전이 들어있는 것을 알 수 있습니다.

이 다음 수량과 금액의 집계가 시작됩니다. 표12-5-1의 데이터를 23번째 행부터 26번째 행까지 처리합니다. 이 부분의 코드를 다시 잘라냅시다.

```
23   sales_data[person][customer]["quantity"] += int(quantity)
24   sales_data[person][customer]["amount"] += int(amount)
25   sales_data[person]["quantity"] += int(quantity)
26   sales_data[person]["amount"] += int(amount)
```

여기까지 처리를 진행하면 sales_data 사전은 다음의 상태가 됩니다.

{1001: {'name': ' 이수지 ', 'quantity': 30, 'amount': 76800, 1: {'name': ' 현
대상사 ', 'quantity': 30, 'amount': 76800}}}

이것만으로는 조금 이해하기 어려울 수도 있겠습니다. 21번째 행부터 26번째 행
까지 1행씩 보면서 어떻게 데이터를 처리해 나가는지를 보세요.

먼저 21번째 행의

```
21   sales_data.setdefault(person, {"name": ws1["F" + str(row)].value , "quantity": 0,
     "amount":0})
```

를 처리한 시점에서 sales_data 는

{1001: {'name': ' 김영희 ', 'quantity': 0, 'amount': 0}}

으로 되어 있습니다. 담당자인 김영희씨의 정보를 위해서 키가 초기 상태로 추가된
형태입니다. 이어서 22번째 행의

```
22   sales_data[person].setdefault(customer, {"name": ws1["D" + str(row)].value ,
     "quantity": 0, "amount":0})
```

으로 처리가 진행하면

{1001: {'name': ' 이수지 ', 'quantity': 0, 'amount': 0, 1: {'name': ' 현대상
사 ', 'quantity': 0, 'amount': 0}}}

이라고 거래처 정보가 사전 형식으로 추가되었습니다. 점점 앞으로 진행해봅시다.
23번째 행의

```
sales_data[person][customer]["quantity"] += int(quantity)
```

로 거래처의 데이터로서 수량을 추가합니다. 이로써 sales_data는

```
{1001: {'name': '이수지', 'quantity': 0, 'amount': 0, 1: {'name': '현대상
사', 'quantity': 30, 'amount': 0}}}
```

이라고 변환합니다. 이 다음의 처리는 함께 보세요(24~26번째 행).

```
24  sales_data[person][customer]["amount"] += int(amount)
25  sales_data[person]["quantity"] += int(quantity)
26  sales_data[person]["amount"] += int(amount)
```

이에 따라 24번째 행에서 거래처의 금액 합계(아래 ①), 25번째 행에서 담당자의
수량(같은 ②), 26번째 행에서 담당자의 금액(같은 ③)에 각각 수치가 추가됩니다.

```
{1001: {'name': '이수지', 'quantity': 0, 'amount': 0, 1: {'name': '현대상
사', 'quantity': 30, 'amount': 76800}}}···①
{1001: {'name': '이수지', 'quantity': 30, 'amount': 0, 1: {'name': '현대상
사', 'quantity': 30, 'amount': 76800}}} ···②
{1001: {'name': '이수지', 'quantity': 30, 'amount': 76800, 1: {'name': '현
대상사', 'quantity': 30, 'amount': 76800}}}···③
```

여기까지 왔으면 반복 처리의 처음으로 돌아갑니다. 처리 범위의 2번째 행(시트
「매출명세」에서는 3번째 행)의 데이터를 얼추 처리한 상태가

```
{1001: {'name': '이수지', 'quantity': 45, 'amount': 115200, 1: {'name': '
현대상사', 'quantity': 45, 'amount': 115200}}}
```

입니다. 이 다음 중첩의 사전 내에서 키에 존재하지 않는 거래처 코드가 나오면 거기에서 새롭게 추가합니다. 또한 바깥쪽의 사전에서 키에 존재하지 않는 담당자 코드가 나오면 즉 다른 담당자의 데이터가 나오면 그것도 추가하고, 마찬가지로 집계를 반복합니다. +=이라는 복합 연산자가 집계를 담당하는 것입니다.

매출명세 시트를 마지막까지 처리하면 sales_data 사전은 다음과 같이 됩니다.

```
{1001: {'name': '이수지', 'quantity': 220, 'amount': 491200, 1: {'name':
'현대상사', 'quantity': 140, 'amount': 340000}, 2: {'name': '대수홀딩스',
'quantity': 80, 'amount': 151200}}, 1002: {'name': '이재원', 'quantity':
70, 'amount': 179200, 3: {'name': '스카이체인', 'quantity': 70, 'amount':
179200}}, 1003: {'name': '이미나', 'quantity': 110, 'amount': 231000, 4:
{'name': 'SEOUL BASE', 'quantity': 110, 'amount': 231000}}}
```

여기까지 데이터를 합쳤다면 이 사전을 새로운 Excel의 시트에 전개해 나갑니다. 29번째 행의 openpyxl.Workbook()으로 새로운 북을 열고 wb2.active으로 자동으로 1장 작성되어 있는 시트를 선택합니다(30번째 행). 31번째 행에서 프로그램 앞에서 정의한 print_header 함수에 워크시트 오브젝트 ws2를 전달하고 항목명을 입력합니다. 새로운 시트의 2번째 행 이후에 사전 형식의 변수 sales_data로부터 담당자 레벨의 집계한 수량·금액, 거래처 레벨의 수량·금액을 옮겨 적습니다. 옮겨 적는 처리가 33번째 행부터의 처리입니다.

33번째 행의

```
for person_data in sales_data.values():
```

로 sales_data로부터 담당자마다 사전을 person_data로서 취득할 수 있습니다. person_data는 예를 들어 다음과 같은 데이터입니다.

{'name': ' 이수지 ', 'quantity': 220, 'amount': 491200, 1: {'name': ' 현
대상사 ', 'quantity': 140, 'amount': 340000}, 2: {'name': ' 대수홀딩스 ',
'quantity': 80, 'amount': 151200}}

이 안의 name(이수지)을 A 열, quantity(220)을 B 열, amount(491200)을 C 열
의 값에 설정하면 (34~36번째 행), 다음은 37번째 행부터의 처리로 person_data
로부터 customer_data에 거래처의 사전을 꺼냅니다.

여기에서 주의해야 할 것은 person_data로부터 꺼내는 것은 사전뿐만은 아닙니
다. person_data 값을 요소 순으로 꺼내면 거래처의 사전뿐만이 아니라 담당자명이
나 담당자 레벨의 수량, 금액도 당연히 꺼냅니다. 그럴 때에는 isinstance 함수를 사
용해서 필요한 값만을 꺼냅니다.

isinstance 함수는 오브젝트의 형을 판정해 줍니다. 1번째 인수의 오브젝트가 2
번째 인수 형의 인스턴스, 또는 서브 클래스의 인스턴스면 True(참)를 반환합니다.

여기에서는

```
isinstance(customer_data,dict)
```

로 customer_data가 dict(사전)의 인스턴스인지 조사합니다.

그 결과 True를 반환할 때만 D 열에 name(거래처명), E 열에 quantity(거래처 레
벨의 수량), F 열에 amount(거래처 레벨의 금액)를 입력합니다.

sales_data로부터의 시트로 옮겨 적기를 끝내면 집계 데이터의 마지막으로서 다
음 행의 F 열에

```
"=SUM(F2:F" + str(row-1) + ")"
```

으로서 합계의 SUM 함수를 지정합니다. 이것은 프로그램으로부터 Excel 함수를
사용하는 예입니다. 써낸 북을 열었을 때 자동적으로 SUM 함수에 의해 계산이 실
행되고 시트를 열었을 때는 금액의 합계값이 요구되는 것입니다. 물론 이 책에서 소
개한 다른 코드와 조합해서 금액의 합계값을 프로그램으로 산출해서 시트에 입력할
수도 있습니다. 그때의 코드가 어떻게 될지 연습문제로 꼭 생각해보세요.

이로써 담당자·거래처별로 수량과 금액을 집계하는 표를 작성할 수 있었습니다. 49번째 행에서 이것을 「담당자 거래처별 집계.xlsx」로서 저장합니다.

12-6 리스트로 크로스 집계한다

```python
01  import openpyxl
02
03
04  customers = [ ]
05  products = [ ]
06
07  wb_in = openpyxl.load_workbook(r"..\data\sample12_6.xlsx")
08  ws_in1 = wb_in["거래처"]
09  for row in range(1, ws_in1.max_row + 1):
10      customer = [ws_in1["A" + str(row)].value,ws_
        in1["B" + str(row)].value]
11      customers.append(customer)
12
13  ws_in2 = wb_in["상품"]
14  for row in range(1, ws_in2.max_row + 1):
15      product = ws_in2["A" + str(row)].value + ":" +
        ws_in2["B" + str(row)].value
16      products.append(product)
17
18  sales_amount= [[0]*(len(products) + 2) for i in range(len(customers)+1)]
19
20  for j in range(2,len(products) + 2):
21      sales_amount[0][j] = products[j - 2]
22
23  sales_amount[0][0] = " 거래처 코드 "
```

```python
24      sales_amount[0][1] = "거래처명"
25
26      for i in range(1,len(customers)+1):
27          sales_amount[i][0] = customers[i-1][0]
28          sales_amount[i][1] = customers[i-1][1]
29
30      ws_in3 = wb_in["매출명세"]
31      for row in range(2, ws_in3.max_row + 1):
32          customer = ws_in3["C" + str(row)].value
33          product = ws_in3["H" + str(row)].value
34          amount = ws_in3["J" + str(row)].value
35          for i in range(len(customers)+1):
36              if customer == sales_amount[i][0]:
37                  for j in range(2,len(products)+2):
38                      if product == sales_amount[0][j][:11]:
39                          sales_amount[i][j] += amount
40
41      wb_out = openpyxl.Workbook()
42      ws_out = wb_out.active
43      row = 1
44      for sales_row in sales_amount:
45          col = 1
46          customer_sum = 0
47          for sales_col in sales_row:
48              if row ==1 and col > 2:
49                  ws_out.cell(row, col).value = sales_col[12:]
50              else:
51                  ws_out.cell(row, col).value = sales_col
52              if row > 1 and col > 2:
53                  customer_sum += sales_col
54              col += 1
```

```
55        if row == 1:
56                ws_out.cell(row, col).value = " 합계 "
57        else:
58                ws_out.cell(row, col).value = customer_sum
59        row += 1
60
61   wb_out.save(r"..₩data₩크로스집계.xlsx")
```

여기에서는 매출명세를 거래처와 상품으로 크로스 집계합니다. 2차원의 리스트를 사용해서 크로스 집계하는 방법을 살펴봅시다. 2차원의 리스트는 다른 프로그래밍 언어에서는 「2차원 배열」이라고도 하는 것입니다. 세로축을 거래처, 가로축을 상품으로서 수량을 집계합니다.

북 「sample12_6」의 시트 「매출명세」의 수량이 크로스 집계의 대상입니다.

	A	B	C	D	E	F	G	H	I	J	K	L
1	전표No	날짜	거래처 코드	거래처명	담당자 코드	담당자명	명세No	상품 코드	품명	수량	단가	금액
2	1010981	2021-10-15	1	현대상사	1001	이수지	1	W1100001201	드레스셔츠 S	30	2,560	76,800
3	1010981	2021-10-15	1	현대상사	1001	이수지	2	W1100001202	드레스셔츠 M	15	2,560	38,400
4	1010981	2021-10-15	1	현대상사	1001	이수지	3	W1100001203	드레스셔츠 L	10	2,560	25,600
5	1010981	2021-10-15	1	현대상사	1001	이수지	4	W1100001101	와이셔츠 S	20	2,100	42,000
6	1010981	2021-10-15	1	현대상사	1001	이수지	5	W1100001102	와이셔츠 M	20	2,100	42,000
7	1010982	2021-11-16	2	대수홀딩스	1001	김민호	1	W1200001201	캐주얼셔츠 S	50	1,890	94,500
8	1010982	2021-11-16	2	대수홀딩스	1001	김민호	2	W1200001202	캐주얼셔츠 M	30	1,890	56,700
9	1010983	2021-11-17	3	스카이체인	1002	이재원	1	W1100001201	드레스셔츠 S	20	2,560	51,200
10	1010983	2021-11-17	3	스카이체인	1002	이재원	2	W1100001202	드레스셔츠 M	20	2,560	51,200
11	1010983	2021-11-17	3	스카이체인	1002	이재원	3	W1100001203	드레스셔츠 L	30	2,560	76,800
12	1010984	2021-11-18	4	SEOUL BASE	1003	이마나	1	W1100001101	와이셔츠 S	50	2,100	105,000
13	1010984	2021-11-18	4	SEOUL BASE	1003	이마나	2	W1100001102	와이셔츠 M	60	2,100	126,000
14	1010985	2021-11-20	1	현대상사	1001	이수지	1	W1100001201	드레스셔츠 S	10	2,560	25,600
15	1010985	2021-11-20	1	현대상사	1001	이수지	2	W1100001202	드레스셔츠 M	15	2,560	38,400
16	1010985	2021-11-20	1	현대상사	1001	이수지	3	W1100001203	드레스셔츠 L	20	2,560	51,200
17												

거래처 상품 매출명세 ⊕

그림 12-6-1   크로스 집계의 기본이 되는 데이터는 북 「sample12_6」의 시트 「매출명세」

이 북에는 「매출명세」 외에 2장의 시트 「거래처」와 「상품」이 있으며 「매출명세」에 나오는 거래처와 상품이 입력되어 있습니다.

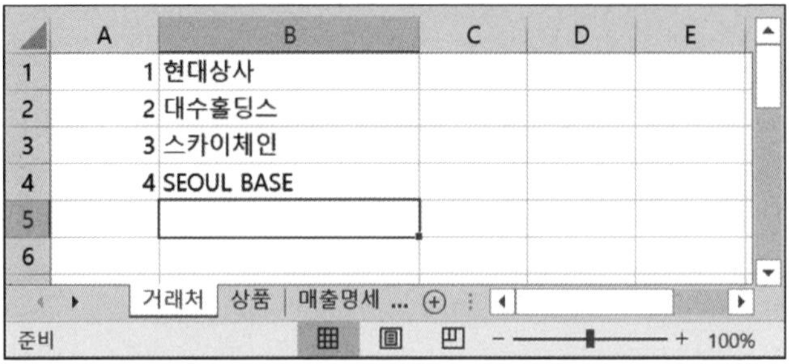

그림 12-6-2　시트 「거래처」

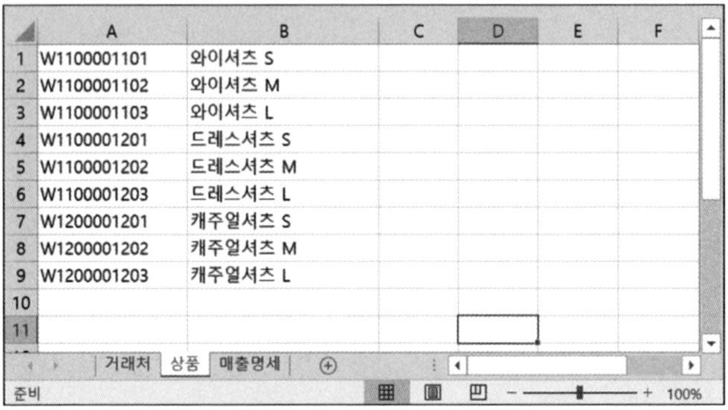

그림 12-6-3　시트 「상품」

이 데이터를 바탕으로 거래처와 상품으로 크로스 집계하는 것인데 집계에 사용하는 것은 「거래처 코드」(시트 「매출명세」의 C 열)과 「상품 코드」(같은 시트 「매출명세」의 H 열)입니다. 열 표제에는 상품 코드보다 이해하기 쉽다는 이유로 품명을 표시하도록 합니다.

그림 12-6-4 거래처 코드와 상품 코드로 수량을 크로스 집계한 결과

이것을 프로그래밍한 것이 앞의 aggregate_sales_02.py 입니다. 이 프로그램을 차분히 살펴봅시다.

4번째 행의 customers는 거래처를 넣기 위한 리스트로 5번째 행의 products는 상품을 담기 위한 리스트입니다. 여기서 초기화해 둡니다.

8번째 행에서 변수 ws_in1로서 시트「거래처」를 다룰 수 있게 합니다. 이어지는 9번째 행의 for 문에서는 range 함수를 사용해서 모든 거래처의 코드와 이름을 customers 리스트에 추가합니다.

customer 이라는 변수명으로 거래처 코드와 거래처명의 리스트를 만들고 customers에 append(추가)되어 있으므로 customers는 다음과 같은 2차원의 리스트가 됩니다.

[[1, '현대상사'], [2, '대수홀딩스'], [3, '스카이체인'], [4, 'SEOUL BASE']

다음에 시트 [상품]을 ws_in2로 조작합니다(13번째 행). 시트 [거래처]와 마찬가지로 모든 상품의 코드와 이름을 products리스트에 넣는데 products 리스트에 append되어 있는 product는(리스트가 아닌) 문자열형입니다. append 앞의 행(15번째 행)에서

```
15    product = ws_in2["A" + str(row)].value + ":" + ws_in2["B" + str(row)].value
```

로서 상품 코드와 품명을 ":"를 감싸서 연결합니다. 그러므로 products 리스트는 다음과 같은 1차원 리스트입니다.

```
['W1100001101:와이셔츠 S', 'W1100001102:와이셔츠 M',
 'W1100001103:와이셔츠 L', 'W1100001201:드레스셔츠 S',
 'W1100001202:드레스셔츠 M', 'W1100001203:드레스셔츠 L',
 'W1200001201:캐주얼셔츠 S', 'W1200001202:캐주얼셔츠 M',
 'W1200001203:캐주얼셔츠 L']
```

18번째 행의

```
18   sales_amout= [[0]*(len(products) + 2) for i in range(len(customers)+1)]
```

은 리스트 내포 표기에 의한 리스트 초기화입니다. sales_amount는 크로스 집계용의 2차원 리스트입니다.

```
[0]*(len(products) + 2)
```

로 products 리스트의 요소 수를 바탕으로 0을 요소로 가진 1차원 리스트를 만듭니다. 그리고

```
for i in range(len(customers)+1)
```

의 루프에 의해 customers 수를 바탕으로 그 1차원 리스트를 반복 작성합니다. 즉,

```
[0, 0, 0, 0, 0, 0, 0, 0, 0, 0, 0]
```

의 리스트를 5개 가진 리스트가 작성됩니다. 조금 이해하기 어렵습니다. 집계 대상의 품명은 9종류 있습니다. 그래도 위의 리스트에는 그것보다 2개 많게 0을 11개 나열했습니다. 첫 0은 거래처 코드를 넣기 위해 준비했습니다.

마찬가지로 2번째는 거래처명을 넣기 위한 0입니다. 나머지 9개의 0이 상품으로 할당됩니다.

같은 이유로 [0, 0, 0, 0, 0, 0, 0, 0, 0, 0, 0] 리스트는 5개 만듭니다. 크로스 집계의 대상이 되는 거래처는 4개 회사인데 1번째 행에는 「상품 코드:품명」을 대입할 것이기 때문입니다.

그 대입 처리는 20번째 행의

```
20    for j in range(2,len(products) + 2):
```

부터 시작하며 24번째 행의

```
24    sales_amount[0][1] = "거래처명"
```

까지 실행한 데서 다음과 같이 됩니다.

표12-6-1   24행까지로 작성되는 크로스 집계용의 표

거래처 코드	거래처명	W1100001101: 와이셔츠 S	W1100001102: 와이셔츠 M	...	W1200001203: 캐쥬얼셔츠 L
0	0	0	0	...	0
0	0	0	0	...	0
0	0	0	0	...	0
0	0	0	0	...	0

다음 26번째 행의

```
26    for i in range(1,len(customers)+1):
```

의 루프로 거래처 코드와 거래처명을 편집합니다. range 함수의 인수에 1이라고 시작값을 지정한 것은 「거래처 코드」, 「거래처명」이 들어 있는 열 표제 행을 건너뛰기 위해서입니다. customers[i-1][0]은 거래처 코드, customers[i-1][1]은 거래처명을 나타냅니다. 여기까지 처리하면 다음과 같이 되며 집계 준비 완료입니다.

표12-6-2　24번 행까지 작성되는 크로스 집계용의 표

거래처 코드	거래처 명	W1..	W1..	W1..	W1..	W1..	W1..	W1..	W1..	W1..
1	현대상사	0	0	0	0	0	0	0	0	0
2	대수홀딩스	0	0	0	0	0	0	0	0	0
3	스카이체인	0	0	0	0	0	0	0	0	0
4	SEOUL BASE	0	0	0	0	0	0	0	0	0

다음으로 시트 「매출명세」를 읽어 들여 리스트에 집계하는 것인데 31번째 행에서

```
31    for row in range(2, ws_in3.max_row + 1):
```

이라고 range 함수의 인수로 시작값 2를 지정하는 것은 「매출명세」의 1번째 행이
항목명이기 때문입니다. 이로써 시트의 2번째 행부터 순서대로 데이터를 읽어 들어
나갈 수 있습니다.

32번째 행에서 변수 customer에 C 열의 거래처 코드를 대입, 33번째 행에서
product에 H 열의 상품 코드를 대입, 34번째 행에서 amount에 J열의 수량을 대
입하면 2차원 리스트를 조사합니다.

35번째 행의 for in 문의 내에 36번째 행의 if 문을 중첩으로 해서 거래처 코드가
일치하는 조건

```
customer == sales_amount[i][0]
```

에 매치한 행으로 상품 코드가 일치하는 조건

```
product == sales_amount[0][j][:11]
```

의 열을 찾으면 수량을 매치한 행·열의 셀에 더합니다. 상품 코드가 일치하는지 여부
를 조사할 때는 「상품 코드 : 품명」의 문자열로부터 슬라이스를 사용해서 앞부터 11
문자의 상품 코드를 꺼내 비교합니다.

41번째 행의

```
openpyxl.Workbook( )
```

부터가 출력 처리입니다. 44번째 행의

```
44    for sales_row in sales_amount:
```

로 2차원의 리스트로부터 1차원 리스트에 상응하는 행을 꺼냅니다. 이 for 루프의 내에서는 47번째 행의

```
47    for sales_col in sales_row:
```

로 행으로부터 열을 꺼내고 출력 대상의 셀을 편집합니다.

```
row ==1 and col > 2
```

가 성립할 때(48번째 행)는 C 열 이후의 열 표제이므로

```
sales_col[12:]
```

로 슬라이스를 사용해서 「상품 코드 : 품명」으로부터 품명 부분(12번째 문자 이후)을 꺼냅니다(49번째 행). if 문의 처리가 끝나면 다음에 처리 내의 셀이

```
row > 1 and col > 2
```

의 조건이 성립하는지 즉 2번째 행 이후에서 3번째 열(C 열) 이후인지 여부를 조사합니다(52번째 행). 이것이 True일 때는 거래처의 합계를 구하기 위해서 customer_sum에 sales_col 값을 합계해 나갑니다. 그리고 1행의 처리가 끝나면 customer_sum의 값을 표의 오른쪽에 입력합니다. 이 처리를 반복함으로써 거래처x상품 코드

의 크로스 집계를 할 수 있는 것입니다.

마지막으로 집계 결과를 「크로즈집계.xlsx」로 저장하고 크로스 집계는 종료입니다 (61번째 행).

12-7 pandas 라이브러리와 조합해서 사용한다

pandas 라이브러리는 Python의 데이터 분석과 머신러닝 세계에서는 유명한 라이브러리로 거대한 표 데이터, 행렬을 해석할 수 있습니다.

pandas에는 3종류의 데이터 형식이 있습니다. 첫 번째 Series는 1차원 배열입니다. Python의 리스트와 비슷합니다. 두 번째는 DataFrame(데이터 프레임)이고 DataFrame은 행과 열을 가진 2차원 배열 데이터입니다. DataFrame을 이용함으로써 CSV 파일이나 같은 2차원 표인 Excel 시트상의 데이터를 프로그램으로 유연하게 다룰 수 있습니다. 여기에서는 Data Frame을 사용합니다. 세 번째 데이터 형식은 Panel입니다. 이것은 3차원 배열 데이터입니다

DataFrame을 사용해서 할 수 있는 것은 이 책에서 지금까지 살펴본 것처럼 필터 처리, 정렬(소트), group by(그룹핑)에 의한 집계, 피봇 테이블에 의한 크로스 집계 등. 이것이 실로 간단한 기술로 프로그래밍할 수 있습니다. 여기에서는 pandas 라이브러리를 사용한 집계의 예를 몇 가지 살펴보려고 합니다.

당장 pandas의 강력한 기능을... 너무나도 해보고 싶지만 그 전에 pandas를 설치해 주세요

pandas는 외부 라이브러리이므로 pip 명령으로 설치해야 합니다. Visual Studio Code 터미널에서

```
pip install pandas
```

라고 입력합니다.

그림 12-7-1　pip install pandas로 설치

　그러면 설치가 시작되며 다음은 터미널 화면에 진행 상황이 표시됩니다. 설치가
종료하고 프롬프트가 표시될 때까지 기다립시다.

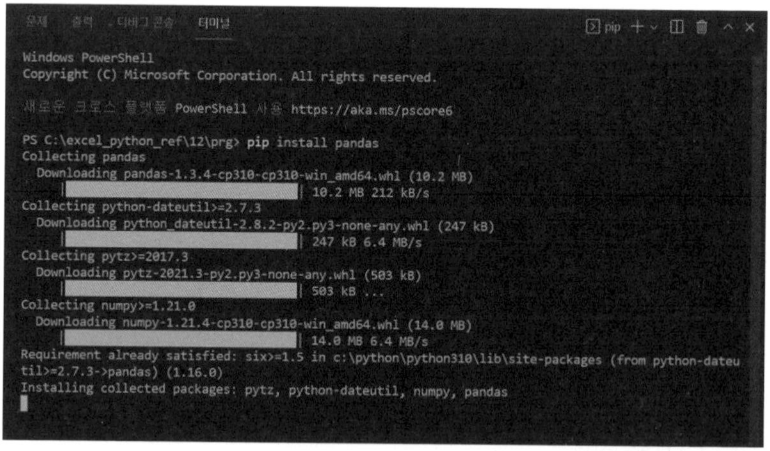

그림 12-7-2　pandas를 설치 중인 터미널

　pandas를 설치하면 수치 계산 라이브러리의 Numpy도 동시에 설치됩니다. 다른
외부 라이브러리와 비교하면 용량이 커서인지 설치에 조금 시간이 걸립니다. 설치가
끝날 때까지 조금만 기다리세요.

　pandas 준비가 끝났으면 바로 사용해 봅시다. 먼저 시작으로 북「sample12_7」의
시트「매출명세」를 DataFrame에 읽어 들이고 피봇 테이블을 만들고 거래처 코드,
상품 코드로 수량을 크로스 집계합니다.

코드 12-7-1   거래처 코드와 상품 코드로 수량을 크로스 집계한다

```
120: use_pandas_01.py

01    import pandas as pd

02

03

04    df = pd.read_excel(r"..\data\sample12_7.xlsx", sheet_name="매출명세")
05    print(len(df))
06    print(df.size)

07

08    df2 = df.pivot_table(index="거래처 코드",columns="상품 코드", values="수량", \
09        fill_value=0, margins=True, aggfunc="sum")
10    print(df2)
```

짧은 코드이므로 1행씩 읽어 나갑시다. 1번째 행의

import pandas as pd

인데 pandas 라이브러리는 pd라고 임포트할 때 별명을 붙이는 것이 일반적입니다.
여기에서도 그걸 따랐습니다.

4번째 행의 read_excel 함수는 Excel의 시트를 읽어 들이고 DataFrame을 반환
합니다. 그것을 데이터 프레임 오브젝트 변수 df로 받습니다. 인수로서 건넨 시트는
북 「sample12_7」의 시트 「매출명세」입니다. 데이터 자체는 이 장에서 몇 번 본 것과
같습니다.

8번째 행의 df.pivot_table 메서드는 이것만으로 변수 df2에 DataFrame으로서
피봇 테이블을 반환합니다. 피봇 테이블은 Excel에서 사용한 적이 있는 분도 많을지
도 모르겠습니다. 표로부터 특정 필드(항목)을 행과 열로 배치하고 값을 집계하는
기능입니다.

인수에 지정한 항목을 살펴봅시다.

- index ··· 세로의 집계 항목(여러 개 지정할 수 있음)
- columns ··· 가로의 집계 항목(여러 개 지정할 수 있음)
- values ··· 집계 대상의 값 항목을 지정[1]
- fill_value ··· NaN(결손값 Not a Number)을 무엇으로 채울지. 여기에서는 0을 채운다
- aggfun ··· 집계 함수를 지정(기본값은 mean(평균값), count나 sum을 지정할 수 있는 것 외 람다식 등도 지정할 수 있다)

마지막(10번째 행)의

```
print(df2)
```

로 피봇 테이블을 터미널에 출력합니다. 거래처 코드, 상품 코드로 수량이 집계되어 있는 것을 알 수 있습니다. All로 세로 합계(상품 합계), 가로 합계(거래처 합계)도 출력됩니다.

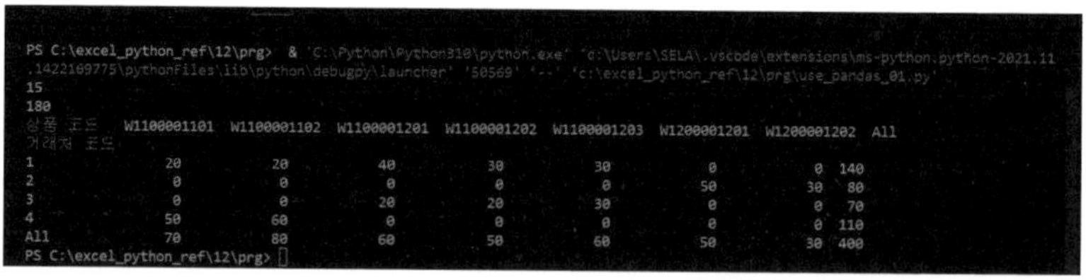

그림 12-7-3 피봇 테이블로서 출력된 집계 결과

결과를 터미널에 출력하는 것뿐만 아니라 DataFrame의 to_excel 메서드로 Excel의 시트로서 출력할 수 있습니다. 이것에 대응한 프로그램을 보세요.

---

[1] 행 끝의 ₩는 행 계속자입니다.

코드 12-7-2 프로그램으로 작성한 피봇 테이블을 Excel에 써낸다

```
121: use_pandas_02.py

01    import pandas as pd
02
03
04    df = pd.read_excel(r"..\data\sample12_7.xlsx", sheet_name="매출명세")
05
06    df2 = df.pivot_table(index="거래처 코드",columns="상품 코드", values="수량", \
07    fill_value=0, margins=True, aggfunc="sum")
08
09    with pd.ExcelWriter(r"..\data\피봇 테이블_01.xlsx") as writer:
10        df2.to_excel(writer, sheet_name="거래처 상품별 수량")
```

9번째 행 이후가 처리 결과를 Excel 파일에 써내는 코드입니다. ExcelWriter 오브젝트를 사용해서 출력 파일에 피봇 테이블_01.xlsx를 지정하고 sheet_name을 「거래처 상품명 수량」으로서 출력을 설정합니다(9번째 행). 이어서 10번째 행의 to_excel 메서드로 데이터 프레임을 파일에 써냅니다(10번째 행).

이로써 pandas로 작성한 피봇 테이블을 Excel 파일에 출력했습니다.

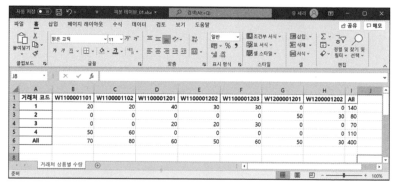

거래처 코드	W1100001101	W1100001102	W1100001201	W1100001202	W1100001203	W1200001201	W1200001202	All
1	20	20	40	30	30	0	0	140
2	0	0	0	0	0	50	30	80
3	0	0	20	20	30	0	0	70
4	50	60	0	0	0	0	0	110
All	70	80	60	50	60	50	30	400

그림 12-7-4 피봇 테이블_01.xlsx 에 써낸 거래처 및 상품별 수량

그러나 padas 라이브러리는 Excel 파일의 가공을 목적으로 하지 않기 때문에 세세하게 지정할 수 없습니다. 이 책과 같이 Excel 파일을 불러오고 가공해서 다시 Excel 파일에 써내는 것을 목적으로 한다면 pandas 라이브러리를 openpyxl 라이브러리와 함께 사용하는 것이 좋을 것입니다. 그 방법도 소개합니다.

구체적으로는 pandas 기능으로 만든 DataFrame 오브젝트로부터 openpyxl 의 dataframe_to_rows 함수로 데이터를 1행씩 취득하는 사용법이 편리합니다. 또한, 읽어 들인 행을 Worksheet.append 메서드로 Excel 시트에 붙여 넣을 수도 있습니다.

이것을 실제 프로그램으로 봅시다.

코드 12-7-3 pandas 로 만든 데이터를 openpyxl 로 가공한다

```
122: use_pandas_03.py

01    import openpyxl
02    from openpyxl.utils.dataframe import dataframe_to_rows
03    import pandas as pd
04
05
06    df = pd.read_excel(r"..₩data₩sample12_7.xlsx", sheet_name="매출명세")
07
```

```
08    df2 = df.pivot_table(index="거래처 코드",columns="상품 코드", values="수량", ₩
09      fill_value=0, margins=True, aggfunc="sum")
10
11    wb_out = openpyxl.Workbook( )
12    ws_out = wb_out.active
13    for row in dataframe_to_rows(df2, index=True, header=True):
14      #print(row)
15      ws_out.append(row)
16
17    wb_out.save(r"..₩data₩피봇 테이블_02.xlsx")
```

dataframe_to_rows 함수를 사용하기 쉽게 하기 위해 2번째 행에서 openpyxl. utils.dataframe으로부터 dataframe_to_rows를 직접 임포트했습니다.

13번째 행이 pandas로 작성한 피봇 테이블의 데이터 프레임으로부터 openpyxl 의 함수로 데이터를 꺼내는 처리입니다. 데이터 프레임 df2로부터 dataframe_to_rows 함수로 데이터 프레임의 행을 다음과 같이 리스트로 해서 꺼낼 수 있습니다.

```
[None, 'W1100001101', 'W1100001102', 'W1100001201',
'W1100001202', 'W1100001203', 'W1200001201', 'W1200001202',
'All']
['거래처 코드']
[1, 20, 20, 40, 30, 30, 0, 0, 140]
[2, 0, 0, 0, 0, 0, 50, 30, 80]
[3, 0, 0, 20, 20, 30, 0, 0, 70]
[4, 50, 60, 0, 0, 0, 0, 0, 110]
['All', 70, 80, 60, 50, 60, 50, 30, 400
```

use_pandas_03.py에서는 14번째 행에서 각 행의 값을 터미널에 출력하도록 합니다.

다시 13번째 행을 보세요. dataframe_to_rows 함수의 인수로 한

index=True, header=True

의 지정은 각각 행 인덱스와 열 헤더를 출력할지(True) 안 할지(False)입니다. use_pandas_03.py의 코드에서는 모두 True로 했습니다. 그러므로 이 출력 결과의 1번째 행 및 각 리스트의 첫 번째 요소가 헤더로 되어 있습니다. 이렇게 꺼낸 1행씩의 출력을 워크시트 오브젝트의 append 메서드로 ws_out에 추가합니다(15번째 행).

이 시트 및 책은 메모리상에 저장되어 있으므로 마지막으로 「피봇 테이블_02.xlsx」로 저장합니다(17번째 행). 이 Excel 파일을 열면 다음과 같이 시트가 작성되어 있습니다.

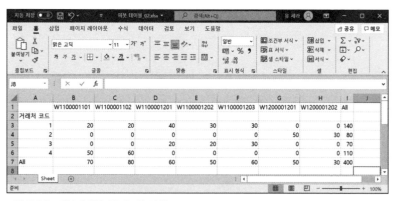

그림 12-7-5 피봇 테이블_02.xlsx를 연 것

이것을 「12-6 리스트로 크로스 집계한다」의 집계 결과와 비교해 봅시다.

그림12-7-6 크로스 집계.xlsx을 연 것(그림12-6-4를 다시 게재)

일단 열의 수가 다릅니다. 데이터 프레임의 pivot_table 메서드의 경우, 집계 대상 값이 없는 열은 제외됩니다. 또한 자동으로 All로 가로 세로 모두 합계를 냅니다. 이것은 편리합니다.

거래처 코드와 상품 코드로 크로스 집계하고 있으므로 행 표제가 거래처 코드, 열 표제가 상품 코드가 되어 있는 것은 어쩔 수 없지만 이곳은 역시 모두 코드를 거래처와 품명으로 표시를 바꾸려고 합니다.

이 변환은 openpyxl로 가공을 합시다. 다음 프로그램을 보세요.

코드12-7-4 pandas 데이터를 openpyxl로 가공한다

```
123: use_pandas_04.py

01  import openpyxl
02  from openpyxl.utils.dataframe import dataframe_to_rows
03  import pandas as pd
04
05
06  df = pd.read_excel(r"..₩data₩sample12_7.xlsx", sheet_name="매출명세")
07
08  df2 = df.pivot_table(index="거래처 코드",columns="상품 코드", values="수량", ₩
09      fill_value=0, margins=True, aggfunc="sum")
10
11  wb_out = openpyxl.Workbook( )
```

```
12   ws_out = wb_out.active

13   for row in dataframe_to_rows(df2, index=True, header=True):

14       ws_out.append(row)

15

16   wb_in = openpyxl.load_workbook(r"..₩data₩sample12_7.xlsx")

17   ws_out["A2"].value = "거래처명"

18   ws_in1 = wb_in["거래처"]

19   for row_out in range(2,ws_out.max_row + 1):

20       customer = ws_out["A" + str(row_out)].value

21       for row_in in range(1,ws_in1.max_row + 1):

22           if customer == ws_in1["A" + str(row_in)].value:

23               ws_out["A" + str(row_out)].value = ws_
                 in1["B" + str(row_in)].value

24

25   ws_in2 = wb_in["상품"]

26   for col_out in range(2,ws_out.max_column + 1):

27       product = ws_out.cell(1, col_out).value

28       for row_in in range(1, ws_in2.max_row + 1):

29           if product == ws_in2["A" + str(row_in)].value:

30               ws_out.cell(1, col_out).value = ws_
                 in2["B" + str(row_in)].value

31

32   wb_out.save(r"..₩data₩피봇 테이블_03.xlsx")
```

추가한 처리를 대략적으로 설명합니다. 17~23번째 행은 워크시트 ws_out의 A
열의 거래처 코드를 순서대로 변수 customer에 넣고 sample12_7.xlsx의 시트「거
래처」의 같은 A 열에 같은 거래처 코드가 없는지 스캔하는 코드입니다. 이 북에도 시
트「상품」과 시트「거래처」가 있으므로 같은 거래처 코드가 있으면 23번째 행의

```
ws_out["A" + str(row_out)].value = ws_in1["B" + str(row_in)].value
```

로 시트 「거래처」의 B 열에 들어있는 거래처명을 워크시트 ws_out의 거래처 코드가
들어가 있는 셀에 대입합니다. 이로써 「거래처 코드를 거래처명으로 바꾼다」를 할 수
있습니다. 이 처리를 거래처 코드의 수만큼 반복해서 거래처 코드를 거래처명으로
바꿉니다.

25~30번째 행의 처리는 마찬가지로 시트 「상품」을 바탕으로 상품 코드를 상품명
으로 바꾸는 처리입니다. 이 프로그램으로 피봇 테이블을 작성한 시트를 보세요.

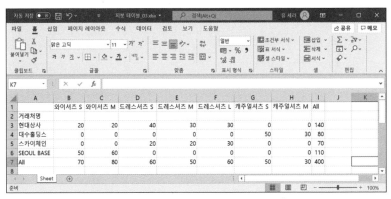

그림 12-7-7 코드가 표시되어 있던 상품과 거래처를 각각 명칭으로 바꿨다(피봇 테이블_03.xlsx)

이처럼 기본적인 테이블 처리에는 pandas 라이브러리를 사용하고 그것만으로는
처리를 할 수 없는 부분을 openpyxl 라이브러리로 보완하는 사용법을 생각할 수 있
습니다.

피봇 테이블 이외의 예를 조금 봅시다.

먼저 소개하고 싶은 것은 데이터 프레임의 query 메서드에 의한 추출 처리입니다.

코드12-7-5　데이터 프레임의 query 메서드로 데이터를 추출한다

```
124: use_pandas_05.py

01  import openpyxl
02  from openpyxl.utils.dataframe import dataframe_to_rows
03  import pandas as pd
04
05
06  df = pd.read_excel(r"..\data\sample12_7.xlsx", sheet_name="매출명세")
07  df2 = df[["거래처명", "품명", "금액"]].query("금액 > 50000")
08
09  wb_out = openpyxl.Workbook( )
10  ws_out = wb_out.active
11  for row in dataframe_to_rows(df2, index=False, header=True):
12          ws_out.append(row)
13
14  wb_out.save(r"..\data\query_01.xlsx")
```

6번째 행에서 북 「sample12_7」의 시트 「매출명세」를 데이터 프레임 오브젝트 변
수 df에 읽어 들이고 그것을 query 메서드로 「금액이 50000보다 크다」 행만 추출합
니다(7번째 행). 열도 거래처명, 품명, 금액만을 취득하도록 했습니다. 이것을 새로운
북에 작성된 시트에 append 메서드로 추가해 나갑니다(9~12번째 행). 이 처리 결과
를 저장한 query_01.xlsx를 봅시다.

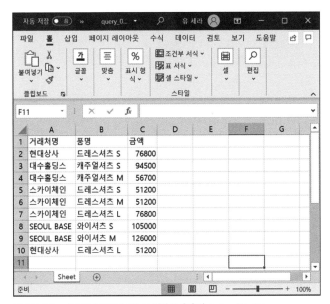

그림 12-7-8 　금액이 50000보다 큰 행만을 추출한 query_01.xlsx

50000보다 큰 매출명세만이 추출됩니다.

다음에 groupby에 의한 집계 결과를 Excel에 출력합니다.

코드12-7-6 　groupby를 사용해서 특정 항목을 집계한다

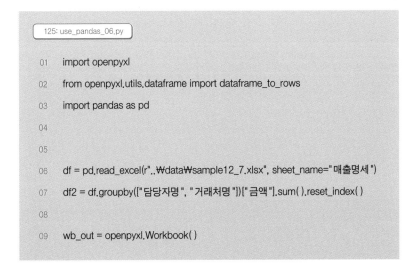

```
125: use_pandas_06.py

01    import openpyxl

02    from openpyxl.utils.dataframe import dataframe_to_rows

03    import pandas as pd

04

05

06    df = pd.read_excel(r"..\data\sample12_7.xlsx", sheet_name="매출명세")

07    df2 = df.groupby(["담당자명", "거래처명"])["금액"].sum().reset_index()

08

09    wb_out = openpyxl.Workbook()
```

```
10    ws_out = wb_out.active
11    for row in dataframe_to_rows(df2, index=False, header=True):
12        ws_out.append(row)
13
14    wb_out.save(r"..\data\groupby_01.xlsx")
```

use_pandas_06.py 에서는 북 「sample12_7」의 시트 「매출명세」를 데이터 프레임 오브젝트 변수 df 에 읽어 들이고 7번째 행 groupby 메서드로 담당자명, 거래처명으로 각각 금액을 합계합니다.

reset_index( )

로 데이터 프레임으로서 인덱스를 다시 만들고 데이터 프레임 df2 에 대입합니다.

이 df2 로부터 각 행을 새로운 북에 append 하고 groupby_01.xlsx라는 이름으로 Excel북을 저장하는 것이 이 프로그램의 대략적인 구조입니다. 그 실행 결과를 봅시다.

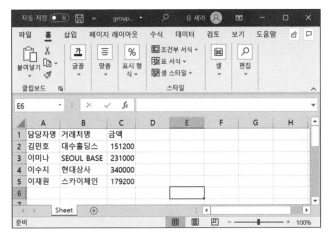

그림 12-7-9 항목마다의 집계에 pandas의 groupby를 사용해서 특정 항목을
집계했다 (groupby_01.xlsx)

이로써 담당자명, 거래처명별로 금액의 집계를 했습니다. 이처럼 Excel의 세세한
조작이나 설정이 특기인 openpyxl과 집계가 특기인 pandas는 좋은 점만 선별해서
조합하면 효과적입니다.

Python3
치트 시트

Python을 처음 접하는 분에게는 이 책 외에 입문서를 1권 읽고 기본 문법을 배우기를 추천드리지만, 문법은 잊어버리거나 다른 프로그래밍 언어와 뒤섞여 헷갈리기 쉽습니다. 그럴 때 이 치트 시트를 참조하세요.

▶ 기본 데이터형

int	(정수형)	-145, -12, 0, 156, 17800
float	(부동 소수점 수형)	-12.567, 9.543
bool	(부울형)	True(참), False(거짓)
str	(문자열형)	'Hello', "See you", '가', "안녕하세요"

▶ 연산자

● 산술 연산자

연산의 내용	기호	
덧셈	+	x + 1
뺄셈	−	3 - 2
곱셈	*	y * 4
나눗셈	/	6 / 2
나머지셈	%	6 % 4 (결과는 2)
몫을 정수	//	3 // 2 (결과는 1)
거듭 제곱	**	5**3 (결과는 125)

● 대입 (복합대입) 연산자

연산 사용 방법	연산 내용
x = 1	x에 1을 대입
x += y	x + y의 결과를 x에 대입
x -= y	x - y의 결과를 x에 대입
x *= y	x * y의 결과를 x에 대입
x /= y	x / y의 결과를 x에 대입
x %= y	x / y의 나머지를 x에 대입

● 비교 연산자

연산 사용 방법	연산 내용
x == y	x와 y가 같을 때 True를 반환한다
x != y	x와 y가 같지 않을 때 True
x < y	x가 y보다 작을 때 True
x <= y	x가 y 이하일 때 True
x > y	x가 y보다 클 때 True
x >= y	x가 y 이상일 때 True

● 부울 (논리) 연산자

연산 사용 방법	연산 내용
x and y	논리곱, x와 y 모두 True면 True
x or y	논리합, x와 y 둘 중 어느 하나가 True면 True
not x	부정, x가 True면 False, False면 True

▶ 함수 정의

def 함수명(인수 목록): ──── 콜론이 필요

├───→ 구문

├───→ ⋮

├───→ return 반환값 ──── 반환값이 없는 경우는 return 문을 생략할 수 있다

└─── 인덴트된 부분이 함수의 내용

▶ 주석

여기에 주석을 적는다

▶ 임포트

import 모듈명(패키지명)

······· 라이브러리(모듈 또는 패키지)를 임포트한다

import 모듈명(패키지명) as 별칭

······· 임포트해서 별칭을 붙인다

from 모듈명(패키지명) import 클래스명(함수명)

······· 모듈로부터 특정 클래스나 함수를 임포트한다

▶ 시퀀스

list(리스트)	변수명 = [요소1, 요소2, …] 뮤터블: 요소를 수정할 수 있다 인덱스로 요소에 접근할 수 있다

test_lst = [90,87,67,56,78] ⟶ test_lst[1]은 87

tuple(튜플)	변수명 = (요소1, 요소2, …]) 이뮤터블: 요소를 수정할 수 없다 인덱스로 요소에 접근할 수 있다

name_tpl = ("홍길동", "성춘향", "이몽룡", "심청이", "향단이")

⟶ name_tpl[4]는 향단이

* Python에서는 문자열도 시퀀스

▶ 리스트의 메서드

append	리스트의 끝에 요소를 추가한다 test_lst = [90,87,67,56,78] test_lst.append(99)	test_lst는 [90, 87, 67, 56, 78, 99]
insert	지정한 위치에 요소를 추가한다 test_lst = [90,87,67,56,78] test_lst.insert(1,56)	test_lst는 [90, 56, 87, 67, 56, 78, 99]
pop	특정 요소를 삭제한다 test_lst = [90,87,67,56,78] test_lst.pop(3)	test_lst는 [90, 87, 67, 78]

▶ 시퀀스 연산

in 연산자   특정값이 포함되어 있는지 여부

test_lst = [90,87,67,56,78]

67 in test_lst 는 True 를 반환한다

66 in test_lst 는 False 를 반환한다

▶ 슬라이스

변수명 [시작위치 : 종료위치]

시퀀스의 일부를 꺼낸다

name_tpl = ("홍길동", "성춘향", "이몽룡", "심청이", "향단이")

name_tpl[1:3] 는 ('성춘향', '이몽룡') 을 반환한다

········ 시작 위치부터 종료 위치의 앞까지

name_tpl[2:] 는 ('이몽룡', '심청이', '향단이') 를 반환한다

········ 시작 위치부터 마지막까지

name_tpl[:3] 는 ('홍길동', '성춘향', '이몽룡') 를 반환한다

········ 처음부터 종료 위치의 앞까지

▶ 리스트 내포 표기

lst = [식 for 변수 in 이터러블 오브젝트]

리스트를 간결한 표기로 작성할 수 있다

squares = [x**2 for x in range(10)]

squares 는 [0, 1, 4, 9, 16, 25, 36, 49, 64, 81]

for 문을 사용해 적으면

```
squares = [ ]
for x in range(10):
    squares.append(x**2)
```

가 되는 부분을 리스트 내포 표기라면 1행으로 적을 수 있다

▶ range 함수

일련 번호를 생성한다. 반환값은 range형의 오브젝트

range(종료값)　　　　0 ≦ i < 종료값

　　　　　　　　　list(range(5))로서 리스트를 생성하면 [0, 1, 2, 3, 4]

range (시작값, 종료값, [스텝])

　　　　　　　　　시작값 ≦ i < 종료값

　　　　　　　　　스텝은 생략하면 1

　　　　　　　　　list(range(1,5))는 [1, 2, 3, 4]

　　　　　　　　　list(range(1,5,2))는 [1, 3]

▶ 사전 (딕셔너리)

변수명 = [키1:값1, 키2:값2, …]

뮤터블: 요소를 수정할 수 있다

키로 요소에 접근할 수 있다

　　　　　persons_dic = {1001:"김 바 다 ", 1002:"이 강 산 ", 1003:"박 구 름 ",

　　　　　2001:" 이하늘 "}

　　　　　persons_dic[1003]은 박구름을 반환한다

Appendix

▶ 출력

x = 5
print(x)   5를 출력
print("x =",x)   x = 5를 출력

x = 5
y = 8
print("x =",x, "y =",y)   x = 5 y = 8을 출력

▶ 조건 분기

if 조건식 : ── 조건식의 끝에는 콜론을 붙인다
├──→ 처리1 ┐
│   ── 조건식이 성립할 때(참일 때), 실행하는 블록
├──→ 처리2 ┘
│
└── 인덴트된 부분이 블록

if 조건식 : ── 조건식의 끝에는 콜론을 붙인다
├──→ 처리1 ── 조건식이 참일 때, 처리1을 실행한다
else:
├──→ 처리2 ── 조건식이 거짓일 때, 처리2를 실행한다
│
└── 인덴트

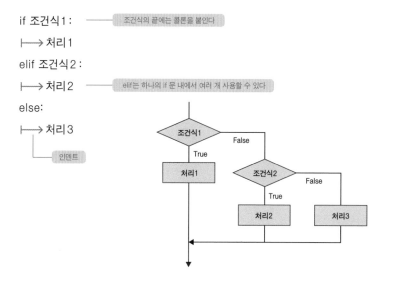

if 조건식1 : ——— 조건식의 끝에는 콜론을 붙인다

├──→ 처리1

elif 조건식2 :

├──→ 처리2 ——— elif는 하나의 if 문 내에서 여러 개 사용할 수 있다

else:

├──→ 처리3

인덴트

▶ for in 문에 의한 루프

for 변수 in 이터러블 오브젝트 : ——— 조건식의 끝에는 콜론을 붙인다

├──→ 처리1 ┐
                ├── 리스트나 튜플 등의 이터러블·오브젝트의
├──→ 처리2 ┘   전체 요소를 반복해 처리한다

인덴트

▶ for in 문에 range 함수를 조합한 루프

for 변수 in range([시작값 ,] 최대값 [, 스텝]): ——— 조건식의 끝에 콜론을 붙인다

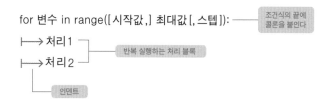

├──→ 처리1 ┐
                ├── 반복 실행하는 처리 블록
├──→ 처리2 ┘

인덴트

▶ while 문에 의한 루프

while 조건식:

├──→ 처리1
├──→ 처리2 ──── 조건식이 성립하는 동안 반복 실행하는 처리 블록

└── 인덴트

▶ 예외처리

try: ──── 끝에는 콜론을 붙인다

├──→ 통상 처리

except Exception as e: ──── 예외 오브젝트를 변수 e 등으로 받는다

├──→ 예외 처리   Exception은「예외」

프로그래밍의 세계에서는 유명한 0 나눗셈 예외로의 대응 예

try:

├──→ print(1 / 0) ──── ZeroDivisionError가 발생한다

except ZeroDivisionError as e:

├──→ print(e)   division by zero라고 출력

▶ enumerate 함수

이터러블 오브젝트로부터 인덱스와 값을 하나씩 꺼낸다

for 인덱스, 값 in enumerate(이터러블·오브젝트):

name_tpl = ("홍길동", "성춘향", "이몽룡", "심청이", "향단이")
for i, name_one in enumerate(name_tpl):
⊢─→ print(i,name_one)

출력 결과

```
0 홍길동
1 성춘향
2 이몽룡
3 심청이
4 향단이
```

▶ zip 함수

zip 함수는 여러 개의 이터러블 오브젝트(리스트, 튜플, 문자열 등)를 동시에 다루고 싶을 때 도움이 됩니다.

출력 결과

code_lst = [1001,1002,1003]
name_lst = ["김바다", "이강산", "박구름"]
for cd, nm in zip(code_lst, name_lst):
⊢─→ print(cd,nm)

```
1001 김바다
1002 이강산
1003 박구름
```

▶ 서식 설정

● 문자열의 format 메서드

name_tpl = ("홍길동", "성춘향", "이몽룡", "심청이", "향단이")

for i, name_one in enumerate(name_tpl):

⊢⟶ print("{}번은(는) {}".format(i, name_one))

치환 필드 {}에 값을 삽입한다

출력 결과

> 0번은(는) 홍길동
> 1번은(는) 성춘향
> 2번은(는) 이몽룡
> 3번은(는) 심청이
> 4번은(는) 향단이

● f문자열(f-strings) Python3.6 이후

name_tpl = ("홍길동", "성춘향", "이몽룡", "심청이", "향단이")

for i, name_one in enumerate(name_tpl):

⊢⟶ print(f"{i}번은(는) {name_one}")

치환 필드에 변수를 지정할 수 있다

(출력 결과는 위와 같음)

INDEX
색인

INDEX

Excel×Python
코드 레시피 125

초판 1쇄 인쇄 2022년 5월 10일
초판 1쇄 발행 2022년 5월 15일

저자 : 카네히로 카즈미
번역 : 김은철, 유세라

펴낸이 : 이동섭
편집 : 이민규, 탁승규
디자인 : 조세연, 김형주
영업·마케팅 : 송정환, 조정훈
e-BOOK : 홍인표, 서찬웅, 최정수, 김은혜, 이홍비, 김영은
관리 : 이윤미

㈜ 에이케이커뮤니케이션즈
등록 1996년 7월 9일 (제302-1996-00026호)
주소 : 04002 서울 마포구 동교로 17안길 28, 2층
TEL : 02-702-7963~5 FAX : 02-702-7988
http://www.amusementkorea.co.kr

ISBN 979-11-274-5349-7 13000